Carl Amery

Das Ende der Vorsehung

Die gnadenlosen Folgen des Christentums

Rowohlt

Schutzumschlag- und Einbandentwurf von Werner Rebhuhn

1.–15. Tausend September 1972

Gesetzt aus der Aldus-Buchschrift und der Palatino
(Linofilm-Super-Quick)
Gesamtherstellung Clausen & Bosse, Leck/Schleswig
Werkdruckpapier Peter Temming AG, Glückstadt
Printed in Germany
ISBN 3 498 00008 X

Meinem Vater – für die Ansätze

Erster Teil: Materialien

Einleitung

«Die Welt lebt bereits im Notstand; nur will das niemand wahrhaben. Es sind keine Geister der Zukunft, die ich beschwöre, sondern ein Zustand, der bereits existiert. Wir gehen einer explosiven Interaktion aller unserer Sünden entgegen: der Sünden, die wir gegen unser geistiges und materielles Erbe begangen haben. Nach unseren Berechnungen geht es mit der Welt vor dem Jahre 2100 rapide abwärts. Tod und Entbehrungen werden auch bei uns Millionen Menschen erfassen. Da wir fünfzig bis hundert Jahre brauchen, um entsprechende Veränderungen herbeizuführen, müssen wir handeln – sofort.»

Diese Worte sprach kein Prophet und kein linker Gesellschaftskritiker, sondern der eminente italienische Manager Aurelio Peccei, Fiat-Verwaltungsdirektor und einstmals Generaldirektor des Schreibmaschinenkonzerns Olivetti. Die Berechnungen, von denen er sprach, wurden vom Club of Rome in Auftrag gegeben, einem Zusammenschluß von siebzig Managern aller Industrienationen; sie wurden von der Volkswagen-Stiftung finanziert und auf einem Megacomputer in den USA durchgeführt, mit einer gewaltigen Menge von Variablen. Alle Ergebnisses waren gleich niederschmetternd. Sie können (vereinfacht) von der Graphik abgelesen werden, die am Ende dieses Buches eingefügt ist.

Peccei ist kein Theologe, Prophet oder Historiker. Das bekanntgegebene Ziel des Club of Rome ist es, politische und wirtschaftliche Führer der Welt durch die Ergebnisse der Prognostik zu sinnvollem Handeln anzuregen. Aber dieser Aufruf zu sofortigem Handeln muß wirkungslos bleiben, wenn es sich auf pragmatischen Reformismus beschränkt. Die Fakten, von denen die Berechnung ausgeht, wurden und werden von Menschen geschaffen; Menschen, die aus bestimmten historischen und ideellen Voraussetzungen handeln und gehandelt haben. Werden die Wurzeln dieser historischen und ideellen Haltungen nicht freigelegt, werden die notwendigen Vorschläge immer auf politischen und gesellschaftlichen Widerstand stoßen; und nur wenn man sich klarmacht, wie tief diese Wurzeln in unseren kollektiven Untergrund hinabreichen, wird der notwendige, das heißt der radikale und höchst schmerzvolle Prozeß einer planetarischen Revolution (um eine solche geht es) eingeleitet werden können.

Im folgenden wird der Versuch gemacht, zu zeigen, daß der gegenwärtige Weltzustand durch einen weltweiten Konsens herbeigeführt worden ist. Dieser Konsens entstand durch die restlose Übernahme und Verinnerlichung einiger Leitvorstellungen der judäisch-christlichen Tradition. Mit anderen Worten: es gibt eine christliche Geschichte, an der wir alle teilhaben, wobei ‹wir› fast alle artikulierten Gegner des Christentums und der Kirchen miteinschließt. Diese Geschichte hatte segensreiche und gnadenlose Folgen. Es ist nicht der Sinn dieser Arbeit, die segensreichen Folgen zu leugnen (was sich im einzelnen zeigen wird); notwendiger jedoch ist das Erkennen der gnadenlosen Folgen, die uns alle betreffen.

Das Christentum war also erfolgreich; viel erfolgreicher, als selbst seine professionellen Verteidiger zu behaupten pflegen. Und es verdankt diesen Erfolg nicht in erster Linie seinen Getreuen, sondern seinen Häretikern und Abtrünnigen, ja seinen aufgeklärten humanistischen, liberalen, marxistischen Feinden. Der Erfolg des Christentums besteht in seiner wirksamen Teilnahme am Aufbau eines Machtpotentials, das in den letzten Jahrhunderten insbesondere den Verlauf der Weltgeschichte bestimmt hat. Es hat sich auf dem geographischen und historischen Boden des Christentums entfaltet, was selbstverständlich kein Zufall ist. Es hat in der Unterwerfung fremder Kulturen, in der Durchsetzung seiner eigenen Denk-

und Aktionsformen, in der Beherrschung der Natur alle bisher bekannten Mächte weit übertroffen und ist dabei, diesen Sieg in der Form der sogenannten Welt-Zivilisation zu konsolidieren. Dieser Sieg ist aber nichts anderes als die notwendige Voraussetzung für die Unglückskurve des großen Computers.

Spätestens hier ist eines klar: es geht nicht um Erfolg oder Mißerfolg der Botschaft Jesu. Es geht nicht um Erfolg oder Mißerfolg der Kirchen, der Theologie, des christlichen Sittengesetzes. Denn gerade die Felder, auf denen das Christentum Erfolg konstituierte: Politik, Wirtschaft, Wissenschaft – konnten und durften die ersten Christen weder von der Sache noch von der Methode her interessieren. Zweifellos wäre die Welt von heute im Urteil der ersten Christen ein totaler Mißerfolg, ja ein düsterer Triumph des Feindes. Aber «Erfolg» als Begriff hat sich ja längst verselbständigt: dieses Buch zum Beispiel wird in den Augen der Öffentlichkeit nicht dann ein Erfolg sein, wenn es den Zustand der Welt in seinem Sinne verändert, sondern wenn es sich auf dem Markt durchsetzt. Mit anderen Worten: nicht das Erreichen ursprünglicher Ziele und Absichten ist das landläufige Kriterium des Erfolgs, sondern die Effizienz in der Durchsetzung gegenüber anderen Kräften. Das Christentum hat – als Bewußtseinszustand oder Bewußtseinskomponente eines großen und aktiven Teils der Menschheit – die Welt verändert, beziehungsweise half sie verändern. Das war seine Effizienz, seine Wirkkraft; und diese Wirkkraft reicht über die Grenzen des christlich-kirchlichen Selbstverständnisses hinaus.

Da diese Arbeit das Christentum als Faktor der Weltveränderung bewußt anerkennt, aber eben diese Weltveränderung kritisiert, setzt sie sich bewußt von folgenden üblichen und traditionellen Betrachtungsweisen ab:

erstens – der kirchlich-konservativen. Diese sieht den historischen Prozeß der letzten Jahrhunderte als einen betrüblichen Abfall von der ewigen Wahrheit und ihren bestellten Hütern, sieht die unmenschlichen Aspekte unserer Existenz als gerechte Quittung für diesen Abfall und ist also über die Unglücksprognosen der neueren Futurologie weiter nicht erschrocken;

zweitens – der aufklärerisch-antichristlichen verschiedener Spielart. Diese sieht im Christentum nichts als eine bestimmte, vielleicht nicht ganz schwarze, aber doch sehr dunkle Erbschaft der Unmündigkeit, ein Gefäß alter Ängste vor Jenseits, Hinterwelt und unerklärlichen Kräften, als Herrschaftsinstrument zur Fortführung vorgeschichtlich-unmenschlicher Zustände, und läßt die Menschwerdung des Menschen grundsätzlich erst mit dem Ende der Kirchenmacht beginnen;

drittens – der chrstlich-progressistischen. Diese Interpretation, der fast alle neueren Theologen, aber auch marxistische Denker wie Ernst Bloch zuneigen, stülpt die historische Sicht der Konservativen gleichsam um, definiert die faktische innere und organisatorische Entwicklung des institutionellen Christentums als Abfall oder Mißdeutung der ursprünglichen Botschaft und die Säkularisierung der Welt (die *secular city* des Harvey Cox) als notwendige Voraussetzung für ein ursprüngliches, in seinen wahren Absichten wiederhergestelltes Christentum.

Diesen Betrachtungsweisen ist – bei aller Differenzierung – eines gemeinsam: sie interpretieren das Christentum und seine Folgen letztlich nicht als weltlichen Gegenstand, sondern als Kampf zwischen Licht und Finsternis – wobei Licht und Finsternis je nach Standpunkt verteilt werden. Aus dem geheimnisvollen Nirgendwo schlagen und schlugen die Dämonen zu: Satan, die Herrschaftsstrukturen, der kollektive Ödipus-Komplex – und ruinieren oder gefährden den lichten Bauplan der Geschichte. Unsere Betrachtungsweise wird grundsätzlich von dergleichen absehen. Die Botschaften der beiden Testamente, das Kirchenwesen, die Theologien und Frömmigkeitsrichtungen und – vor allem – die daraus erwachsende Praxis werden Teil unseres Gegenstandes sein, aber als *Funktionen*, nicht als Plus- und Minuspunkte einer geschichtsphilosophischen Beurteilung. Der konservative wie der progressistische Feinschmecker der Kirchenkritik wird daher vergebens nach parteilichen Angriffen auf Doktrinen, Glaubensüberzeugungen, Aktionsmethoden suchen; sie waren, was sie waren, und sind, was sie sind: Posten der Bilanz, die wir aufstellen wollen. Weder wird Franz von Assisi benutzt, um Torquemada zu entschuldigen, noch werden Konstantin oder Pius XII. als Agenten des altbösen Feindes entlarvt; weder für Schandpfähle noch für Altarpodeste werden Kandidaten gesucht.

Dem Leser wird also letzten Endes der Standpunkt empfohlen, den ein unvoreingenommener nichteuropäischer (oder außerirdischer) Beobachter einnehmen dürfte. Dieser wird das Christentum als Teil einer sehr aggressiven, unaufhaltsamen Macht beurteilen, die sich seit ein paar Jahrhunderten mit Missionaren und Kanonenbooten, mit Faktoreien und Impfstationen, mit Banken, Napalm und Entwicklungshelfern über den Rest des Planeten hergemacht hat. Der liberale oder der christliche Offizier, der atheistische oder der calvinistische Pflanzer werden für ihn kaum unterscheidbare Individualitäten sein; und in vielen Fällen wird er kaum feststellen können, ob gewisse gesellschaftliche Transformationen aus christlichen oder marxistischen Impulsen entstehen.

Ist eine solche Sicht von außen legitim? Sie ist nicht nur legitim, sie ist unbedingt notwendig für unser Thema. Nicht die erbitterten Querelen zwischen Römischen und Utraquisten, zwischen Stalinisten und Trotzkisten verändern das Leben der Welt, wie sie das Leben unserer Vorfahren und Zeitgenossen verändern, sondern ihre Gemeinsamkeiten; nicht die Anhänger der einen oder anderen Konfession, Sekte oder antichristlichen Gruppierung haben den Traktor, die Stechuhr und den Röntgenschirm erfunden, sondern die Erben und Akteure einer gemeinsamen Erfolgsgeschichte, die heute, auf dem Höhepunkt ihrer Triumphe, in die totale Katastrophe abzukippen droht.

Damit ist das Programm des Buches gegeben; und mit dem Programm seine sogenannte Zielgruppe. Angesprochen sind alle, welche die Grundvorstellungen der judäisch-christlichen Tradition übernommen und verinnerlicht haben; angesprochen und aufgefordert, diese Grundvorstellungen einer leidenschaftlichen Reflexion zu unterwerfen. Nicht der «Dialog» auf der Basis gemeinsamer Überzeugungen wird angestrebt, sondern der Dialog auf der Basis gemeinsam zu revidierender Überzeugungen. Die Revision muß erfolgen, weil diese Überzeugungen in kausalem Zusammenhang mit der grausamen Kurve stehen, die der Prophet an die Wand geschrieben hat. Die Tradition, um die es geht, dieses gemeinsame Erbe der Vorstellungen und Überzeugungen ist heute weit wirksamer in weltlichen Mächten als im verfaßten Christentum; wirksamer im Deutschen Industrie- und Handelstag, im Zentralkomitee der KPdSU, im Pentagon und in den Formationen der Technokratie als etwa im Vatikan oder im Weltkirchenrat.

Die zentralen Fragen für uns lauten also:

– Welche Vorstellungen der judäisch-christlichen Tradition haben sich im Kräfteparallelogramm der Geschichte durchgesetzt?

– Auf wessen Kosten erfolgte diese Durchsetzung? – Und vor allem:

– Welcher Kritik müssen sie heute, im Kampf um das Jahr 2050 oder 2100, unterworfen werden?

Zum Schluß noch eine Bemerkung, die eigentlich überflüssig, aber beim infantilen Zustand unseres Geistesbetriebs leider doch angezeigt ist: der gleiche Verlag hat vom gleichen Verfasser anno 1963 eine Streitschrift herausgebracht, die sich gegen den westdeutschen Katholizismus richtete. Sie hat beträchtliche Aufregung erzeugt, welche den Verfasser doch recht nachdenklich machte (was vielleicht die ersten Schritte auf seinem gegenwärtigen Weg bedingte). In vielen Punkten ging die Streitschrift von Überzeugungen aus, die der Verfasser arglos mit den sogenannten ‹progressiven› Christen teilte, und die im folgenden relativiert oder zurückgenommen werden. Die «Kapitulation» von 1963 war gegen einen Katholizismus gerichtet, der (wenigstens scheinbar) noch im Mittelpunkt der gesellschaftlichen Kräfte Westdeutschlands stand. Das hat sich äußerlich vielleicht nicht sehr, innerlich aber sehr gründlich geändert. Es ist deshalb nur folgerichtig, daß von dieser Sorte Kritik im folgenden nichts oder fast nichts mehr zu finden ist. Der Letzte, der dem schwerkranken Löwen der Fabel einen Hufschlag versetzt, ist der Esel. Er weiß noch nicht, daß kräftigere Raubtiere unterwegs sind – oder er wagt sich nicht an sie heran. Auf jeden Fall hätte ein solcher Esel seinen Beruf verfehlt, wenn er Schriftsteller geworden wäre.

Das Bündnis

Die ältesten Voraussetzungen für den totalen Sieg der christlich orientierten Menschheit, der gleichzeitig die totale planetarische Krise ist, reichen in die Vorzeit des Alten Bundes zurück – und diese ältesten Voraussetzungen sind die wirksamsten geblieben.

Für unsere Suche bietet sich also der historische Weg an. Er beginnt mit dem Fundament, das bereits in den ersten Kapiteln (I bis IX) des Buches Genesis, des ersten Buchs der Bibel, gelegt wurde. Hier finden sich die Bündnisse und Garantien, auf denen heute das Selbstverständnis der ganzen Menschheit ruht, soweit sie historisch aktiviert worden ist. Ohne dieses Selbstverständnis wäre der Weg in die heutige Welt nicht erklärbar. Man mag, wie Professor Jacques Monod das tut, alle bisherigen Welterklärungen und die daraus resultierenden Werte für Tun und Lassen unter dem Begriff des Animismus zusammenfassen: Tatsache bleibt dennoch – und wir werden versuchen es zu zeigen –, daß sich der jüdisch- mosaische Ansatz von allen anderen vorzeitlichen Ansätzen des menschlichen Selbstverständnisses grundsätzlich und qualitativ unterscheidet.

Ausdrücklich sei darauf verwiesen, daß hier keine wesentlich neuen Weisheiten angeboten werden: es handelt sich fast durchweg um Arbeitsresultate der zeitgenössischen Theologie und Geschichtsforschung.

Die Prämissen des biblischen Schöpfungsberichts und der ihm folgenden Erzählungen lassen sich etwa so zusammenfassen:

Erstens – Der Mensch wird an einem eigenen Tag der Schöpfung gebildet, und zwar nach Gottes Bild und Gleichnis. Wie groß immer der Abstand zwischen höheren Wirbeltieren und Insekten, zwischen Primaten und anderen Säugetieren sein mag, wie geringfügig sich die ihysiologischen Unterschiede innerhalb der Primatenarten im Vergleich dazu ausnehmen mögen: Dem Menschen allein ist Gottesebenbildlichkeit zugeschrieben. Keinem anderen Lebewesen, keiner anderen Kreatur, auch nicht der gesamten Harmonie des Kosmos wird dieses Privileg eingeräumt. Aus der Tatsache, daß ihm die Kommunikation zu anderen Arten des Lebens wie auch zu den riesigen, gleichgültigen Dingen des Kosmos verschlossen ist, wird gefolgert, daß ein tiefer Graben zwischen dem Menschen und dem Rest der Schöpfung angelegt ist; ein Graben, der nicht als Unglück empfunden, sondern als Ausweis der grundsätzlichen Höherwertigkeit betrachtet wird.

Dies gilt bis heute. Es gilt auch für den eingefleischten Materialisten, der ganz physiologisch über die Entstehung unserer Art denkt. Er so wenig wie der Gläubige haben sich der Überzeugung entledigt, daß der Mensch in Theorie und Praxis der Kulminationspunkt ist: er ist *telos,* Ende und Ziel des Weltgeschehens.

Zweitens – Jedem möglichen Zweifel über diese absolute und totale Überlegenheit steht Gottes Auftrag entgegen. Es ist der ausdrückliche Auftrag der totalen Herrschaft. Der Mensch wird gerufen, diese Erde zu erfüllen, sie sich untertan zu machen. Magische Auflagen sind nicht damit verbunden, das heißt, es ist ihm völlig freigestellt, wie er diesen Auftrag vollzieht. Sonne und Mond sind Beleuchtungskörper, sonst nichts; Rohstoffe, Flora, Fauna sind ein Arsenal, über das er frei verfügt, sind Jagdterrain und Ernteakker.

Drittens – Diese Zuordnung ist ursprünglich als völlige Harmonie angelegt, als Paradies. Die sehr realistischen Autoren des Alten Testaments sahen natürlich klar, daß wir in keinem Paradies leben. Sie kannten gründlicher als wir den Hunger, die Krankheit, die Mühsal und Plackerei unseres Daseins. Aber dieser, der Spezies unerträgliche Zustand wird als Ergebnis einer Fehlentscheidung gedeutet – als Verfehlung des Daseinsziels. ‹Ein Ziel verfehlen› heißt griechisch *hamartanein*; das Verbum wird in christlicher Sprache allgemein mit ‹sündigen› übersetzt, und die erste, in der Genesis beschriebene Zielverfehlung nennen wir Erbsünde.

Sie ist ein Ärgernis, ein Skandal, der als solcher charakterisiert wird. Sie ist nicht, wie die biologische und ökologische Evidenz es nahelegen würde, eine zwingende Folge der Schöpfungsordnung selbst, ihrer Lebensketten von Aufstieg und Untergang, von Bewährung und mangelnder Anpassung, von Fressen und Gefressenwerden. Sie ist vielmehr ein Webfehler, der vom Menschen in den Teppich des göttlichen Wohlwollens eingeschmuggelt wurde – und es wird etwas dagegen unternommen werden –, der Schlange wird dereinst der Kopf zertreten. Das heißt aber: Heilsgeschichte wird verheißen.

Viertens – Schöpfungsauftrag, und das heißt auch Schöpfungsgarantie, werden in den Kapiteln VIII und IX der Genesis nochmals präzisiert. Diese Stelle, hochbedeutsam wie sie für unser gesamtes Gefühls- und Geistesleben, aber auch für unsere wirtschaftliche und soziale Praxis ist, hat wesentlich weniger Beachtung gefunden als der Schöpfungsbericht; sie sei daher kurz rekapituliert.

Nach der Sintflut verlassen Noah und die Seinen die Arche. In einem feierlichen Opfer wird Versöhnung gefeiert, der Pakt zwischen Gott und Mensch wird erneuert, und der Regenbogen erstrahlt als Bundeszeichen. Und nun offenbart Gott einen Entschluß, der lautet: «Nicht aufhören werden Saat und Ernte mehr, Furcht und Zittern» (das heißt Furcht und Zittern vor dem Menschen) «wird die Tiere nicht mehr verlassen.» Die Begründung, die Gott selbst für diese Garantie gibt, zeugt vom hohen Reflexionsgrad der alten Autoren. Gott erklärt nämlich, daß es zwar Grund zu hundert und tausend neuen Sintfluten geben werde, ebensoviel Grund wie für die erste und eine, weil der Mensch «böse sei von Jugend auf» – mit anderen Worten, Gott selbst hat einen Lernprozeß durchgemacht, er hat gelernt, daß Strafe, auch kosmische, die Grundbefindlichkeit des Menschen nicht verändert. Von nun an steht er sozusagen bedingungslos zu seinem Erbarmen. Die Stabilität der Erde, die Hinordnung der gesamten planetarischen Biosphäre auf den Menschen wird erneut bestätigt und detailliert – ungeachtet aller Verbrechen, die er gegen sich selbst und gegen die Biosphäre begehen kann und begehen wird. Er, der Mensch, ist ausdrücklich aus dem ökologischen Zusammenhang herausgenommen, dessen logische Risiken nicht für ihn gelten, was immer andere Arten überkommen mag. Seine, des Menschen, kollektive Unsterblichkeit ist durch göttliches Edikt gesichert.

– Soweit das Bündnis und seine Garantien. Wir alle, auch die, welche keinerlei religiöse Instruktion mehr genossen, kennen sie – und halten sie, ob wir das reflektieren oder nicht, für selbstverständlich. Wir machen uns nicht klar, wie entschieden sie alle unsere Ansichten über die Welt und den Menschen bestimmt, wie sehr sie vor allem unsere Praxis programmiert haben. Es ist deshalb notwendig zu zeigen, vor welchem Menschheitshintergrund sie erstmals formuliert wurden, und welche Negationen, welche Zurückweisungen sonstiger Welt- und Schöpfungsbilder sie enthalten.

Erstens – Der Mensch ist ein Geschöpf ganz eigener Art. Er steht für sich; und dieses Für-sich-selbst-Stehen impliziert, daß Tiere, Pflanzen, Himmelskörper zu seinem Dienst bestimmt sind. Mit dieser These setzt sich das jüdische Denken radikal vom primitiven Denken, aber auch von der religiösen Grundstimmung aller Mittelmeerkulturen ab. Für den Primitiven ist die Dichte, die Verschlossenheit der Schöpfung, der Sterne, der Tiere, der Bäume, keineswegs ein Kriterium für ihre absolute Dienstbarkeit, sondern eher für ihre überragende Mächtigkeit. Im Kreisen von Sonne, Mond und Planeten; im Rauschen der Haine; in den gelben, gleichgültigen Augen des Löwen sieht er, fühlt er das Numinose am Werk, das es zu beschwichtigen oder (mit den vorwissenschaftlichen Mitteln der Magie) zu bändigen gilt. Trennung von ‹Heiligem› und Profanem wäre ihm widersinnig. Und die mediterranen Hochkulturen, die Israel umgaben, hatten aus dieser ursprünglichen Verschlingung eine politische Virtuosität gemacht. Der Exodus aus Ägypten ist, folgerichtig, nichts als die Konsequenz eines radikalen inneren Auszuges: der Verbannung aller dieser kosmischen, animalischen, tausendfach verschlungenen Götter- und Weltpotenzen ins Nichts, der Entschluß zu einem unsichtbaren Gott ohne Namen. Die Stämme, die ausziehen, negieren damit nicht nur Ägypten. Sie wandern in ein Gelobtes Land, das von orgiastischen Kulten erfüllt ist. Der Kampf um die Reinheit der Lehre (das heißt auch: Reinheit der Negation) wird zur historischen Existenz Israels schlechthin. Wie es – anfänglich – die Dämonen und Idole der Philister und Amalekiter zurückdrängt, die doch immer wieder durch unbewußte Pforten zurückkehren, so verschließt sich Israel der chaldäischen Sterndeuterei, wird es sich später (mit wechselndem Erfolg, aber im ganzen unter Wahrung seiner Identität) gegen die Spekulationen der griechisch-hellenistischen Umwelt zur Wehr setzen.

Die kosmisch-polytheistische Grundstimmung der Antike, welche einige der schönsten Werke der menschlichen Kunst hervorgebracht hat, bleibt ihm völlig fremd. Es nimmt nicht wunder, daß Denker aus dem griechisch-römischen Raum dies als Ärgernis, zumindest als Mangel an differenziertem religiösen Denken empfinden. Tacitus faßt das in einem Satz zusammen, der gegen die Juden gerichtet ist: *profanum illis omnia quae apud nos sacra* – alles ist ihnen profan, was uns geheiligt ist. (*Sacrum* wird hier selbstverständlich vorchristlich gebraucht: Moral oder Ethik steckt gar keine in dem Wort, es beschreibt das Numinose, das gleichzeitig oder wechselweise «gut» und «böse» sein kann.) Die Anklage der alten Welt gegen das Juden- und später das Christentum wurde wegen des Tatbestands der *asebeia*, der *impietas* erhoben; also der Negation aller ziemlichen Verehrung für das der Welt innewohnende Heilige, Numinose. Der Tatbestand war sicher vorhanden. Weder die alten Apologeten, die in den Christenverfolgern nur Werkzeuge eines finstern Wahns bzw. Satans sahen, noch die undifferenzierten Tiraden der alten und marxistischen Aufklärung, die einfach alles ‹Religiöse› in den großen Opiumschrank schmeißen, sind dieser radikalen Andersartigkeit der jüdischen Tradition ansichtig geworden – und wurden infolgedessen auch niemals ihrer eigenen, fragwürdigen Prämissen gewahr. (Seit Bloch hat sich dies glücklicherweise geändert; davon später mehr.)

Wie Gollwitzer und andere nachgewiesen haben, verläuft die entscheidende Grenze nicht einmal zwischen Polytheismus und Monotheismus, sondern zwischen jeder Art von ‹Theismus› und dem neuen Gottesverständnis der judäischen Überlieferung. Die Bilder der Genesis-Kosmogonie machen dies hinreichend klar.

Zweitens – Eine der für die Gegenwart wichtigsten Negationen steckt in der altbiblischen Erbsünde-Erzählung. Es ist fast irreführend, den Ausdruck auf den Genesis-Bericht von der Paradiesvertreibung anzuwenden; und zwar deshalb, weil der Begriff der Erbsünde in späteren Jahrhunderten, vor allem durch Augustinus, sehr fragwürdig verinnerlicht wurde. Fast alle Interpreten sind sich heute einig, daß diese Verinnerlichung manichäisch-dualistisch bedingt war: sündige Verderbtheit als Gefangenschaft in den Trieben des Leibes. Nun kannte aber die alte biblische Tradition diesen Dualismus nicht. (Hier ist nicht der Ort, eine Exegese der Stelle zu versuchen: «Sie erkannten, daß sie nackt waren.» Es sei nur darauf hingewiesen, daß Leszek Kolakowski eine sehr geistreiche Interpretation unternommen hat.) Der Fluch Gottes, den die Genesis enthält, handelt keineswegs vom inneren Menschen und seiner Verderbtheit. Hier geht es, ganz handfest, um das Ende des Paradieses, das heißt aber: um die Ausdehnung der Gesetze biologischer Kreatürlichkeit auf den Menschen. Er stirbt nun, er leidet Schmerzen, er kämpft gegen Unkraut und Unwetter, rackert sich um das tägliche Brot. Das sind keine seelischen Unzulänglichkeiten oder Perversionen, das ist einfach Schicksal des Lebens überhaupt. Und gerade dieses Schicksal wird negiert. Es wird nicht als unvermeidliches Daseinslos des Menschen, sondern als Eingriff in Gottes wahre Absicht mit dem Menschen gedeutet.

Damit unterscheidet sich das jüdische Grundgefühl wieder radikal von allen anderen Sinndeutungen des Lebens. Abgesehen vom Fernen Osten, der menschliches Leid als Spielregel in eine ungeheure kosmische Lotterie hineinnimmt, war hier einer der belastendsten Ideen der griechisch-römischen Antike der Kampf angesagt: der Idee der *Moira*.

Moira, das ist das blindwaltende Schicksal, das noch über den lachenden Göttern des Olymps hängt. Sie war allgegenwärtig in der antiken Grundstimmung; dies wird meist von jenen übersehen, welche lachende Götter Griechenlands gegen Erbsünde und Christentum ausspielten und ausspielen. Jupiter und Aphrodite, so kann man dagegen nur sagen, sind selbst nach antiken Begriffen viel zu unkompetent, um gegen Jahwe ins Feld geführt werden zu können. Die Antike war eine Zeit ungeheurer Düsternis; alle Spekulationen einer philosophischen Oberschicht änderten daran nichts. Die Lehre von den Zeitaltern, die sich vom goldenen zum eisernen verschlechtern; die schwarze Unterwelt; das Rollen des zyklischen Rades der Wiederkunft bestimmten das vorherrschende Gefühl. Gegen Ende der kreativen Epoche hat es Vergil in einem Satz zusammengefaßt: *cadunt de montibus umbrae* – von den Bergen fallen die Schatten. Der furchtbare Schatten war die Realität, die alles überfiel. Homer und die Tragiker kannten keine Hoffnung in dem Sinne, den wir heute dem Worte geben.

Dem setzt der Bericht vom Sündenfall Hoffnung gegenüber. Keine individuelle Hoffnung des Noch-einmal-Davonkommens, keine Hintertür für den Adepten oder den erleuchteten Weisen, der mittels Meditation der Welt des Fressens und Gefressenwerdens entwischen will – aber auch keine dualistische Hoffnung auf Weiterleben der reinen Seele nach dem Zerfall des Leibes der Verderbnis. Vielmehr die feste Zusage einer künftigen Korrektur des unerträglichen Weltzustandes, eine kollektive Zusage für die Welt des Menschen schlechthin. Geschichte wird damit zu einer Linie mit Anfang und Ende, Versöhnung zwischen Kreatürlichkeit und Heilsplan ist ihr Ziel.

Drittens – Der Mensch ist sicher, das heißt, er ist von Gott versichert, dieses Endziel zu erreichen, und zwar durch das Bundeszeichen des Regenbogens. Er kann auch im Kreatürlich-Vorläufigen seine Herrschaft errichten, er braucht keine Furcht zu haben, daß die Ressourcen, die der Schöpfer ihm allein zur Verfügung stellt, sich erschöpfen könnten. Seiner Arbeit, das heißt der Ausbeutung der Biosphäre zugunsten einer einzigen Spezies, sind lediglich die Grenzen des eigenen Vermögens gesetzt. Der Mensch, der in solchem Bund steht, braucht nicht vor der undurchsichtigen Macht anderer Geschöpfe zu zittern, er braucht sich keiner zusätzlichen magischen Potenz zu bemächtigen, er braucht sich auch nicht, wie der Jäger der Steppe, beim toten Bären oder Bison zu entschuldigen. Furcht und Zittern aller anderen Kreaturen sind nicht nur zugelassen, sondern Teil der Ordnung, die der Pakt begründet und bekräftigt. Niemals wird es an Ackerland mangeln, nie wird sich der Boden erschöpfen, irgendwo in der Biosphäre wartet die jungfräuliche Krume, Saat und Ernte werden weitergehen. (Jahrtausende später, anno 1492, wird diese Garantie ihre folgenschwerste Bestätigung finden.)

Damit ist das jüdische ‹Programm› umschrieben, soweit es den weltlichen Zustand der heutigen Welt betrifft. Wie wirksam es bis in unsere Tage geblieben ist, und zwar nicht nur für Juden und Christen, sei hier an einem einzigen Beispiel dokumentiert (in späteren Kapiteln wird darüber im Zusammenhang zu handeln sein).

Jedermann kennt die elfte These Marxens zu Feuerbach: «Bisher hat die Philosophie die Welt interpretiert, es kommt darauf an, sie zu verändern.» Was heißt hier ‹Welt›? Sicher ist zunächst an die ‹Natur› gedacht, die Biosphäre, die unser kleines Heim im Kosmos ist. Aber warum gilt es sie zu verändern? Weil sie dem Menschen keine Heimstatt, kein Auskommen, nicht genügend Hoffnung bietet?

Verändert werden soll sie – das ist bei Marx evident – durch die Veränderung nicht der natürlichen, sondern der menschlichen Verhältnisse. Stillschweigend vorausgesetzt wird, daß die Potenzen des Menschen durch die gesellschaftlichen Mächte gefesselt sind und daß ihre Freisetzung auch die Welt der Natur verändern wird. In welcher Richtung aber wird sie diese Welt verändern? Sie wird den Menschen instandsetzen, seinem Auftrag nachzukommen – dem Auftrag der wirklichen, der totalen Weltbeherrschung, der Ausbeutung des profanen Arsenals Schöpfung. Im Zuge dieser ‹Welt›-Veränderung wird nicht nur der Staat absterben (denn was ist der Staat, wenn nicht die Zwangseinrichtung einer ungenügend produktiven Menschheit?), sondern auch die Bedingungen der

Kreatürlichkeit – mit der einen möglichen Ausnahme des individuellen Todes.

Veränderung der Welt im Sinne der marxistischen These setzt also judäisch-christliches Erbe voraus – und zwar gerade die Überzeugungen des Erbes, die höchst ‹unrealistische› Elemente einschließen.

Seien wir ehrlich: läßt sich die Stellung des Menschen in der Welt nicht viel zwangloser deuten, wenn man seinen kreatürlichen Schmerz als Grundausrüstung der Art auffaßt? Wenn man das Gefühl der Unerträglichkeit, das ihn beseelt, einfach als Waffe gelten läßt, ähnlich den Reißzähnen des Tigers – die einzige Waffe, die es diesem schlecht ausgestatteten Wesen ermöglicht, sich durchzusetzen und zu überleben, dann zu siegen in einer feindseligen Welt? Wenn man die Tatsache seiner (biologischen) ‹Frühgeburt›, die ganze Insuffizienz seiner animalischen Wirklichkeit als Grundlage für seinen Hunger nach Realitätsveränderung betrachtet?

Nun, solche Betrachtungsweise setzt wissenschaftliche Erkenntnisse voraus; sie setzt, mit anderen Worten, Aufklärung voraus; und zwar die Aufklärung in ihrer zweiten, nüchternen Phase. Die erste Phase jeder Aufklärung ist die des Optimismus, des humanistischen Engagements; sie tritt gegen alte Herrschaften und Geistesmächte aus dem Vollgefühl der Kraft an, ihre analytischen, zersetzenden Waffen richten sich nicht gegen die ‹Natur›- oder Schöpfungsordnung, sondern gegen die Unzulänglichkeit und Unwilligkeit der alten Mächte, das Menschheitsprogramm des alten Bündnisses der Verheißung zu verwirklichen. Alle neuzeitlichen Aufklärungsbewegungen einschließlich des Marxismus wurden aus solchem Pathos geboren: die Erweiterung des menschlichen Gesichtskreises war immer mit einem neuen, ‹ketzerischen› Ja zur Verheißung verbunden, einem Ja zu der Schlußzeile des Triumphgesangs aus der ‹Zauberflöte›: «Wird der Mensch den Göttern gleich.»

Aber als Kronzeugin für diesen Optimismus bemühte und bemüht man die Wissenschaft – und damit enthält die erste Aufklärungsphase zwangsläufig den Keim zur zweiten: der pessimistischen Phase. Oft bleibt der Übergang den Zeitgenossen selbst verborgen – oder sie begreifen seine Bedeutung nicht. Voltaires Abwendung von der besten aller Welten ist bekannt – sie fand unter dem Eindruck des Erdbebens von Lissabon statt. Dieses Erdbeben wirkte auf die Geister des 18. Jahrhunderts etwa so, wie Nazismus und Zweiter Weltkrieg auf die europäische Intelligenz unseres Jahrhunderts wirkten: als Erschütterung der naiv-aufklärerischen ‹Der-Mensch-ist-gut›-Position. Die Natur, vielberufene Alliierte im Kampf gegen finstere gesellschaftliche Unterdrückung, enthüllte plötzlich ihr wahres Antlitz: jenes Antlitz, das Bertrand Russell, ein späterer Aufklärer, die «schweigende Gleichgültigkeit der wahrhaft großen Dinge» nennt. Und Voltaire, der Desillusionierte, zieht sich zurück, um seinen kleinen Garten zu bebauen.

Da die Bedeutung dieses Umschwungs den Zeitgenossen meist verborgen bleibt, ist es ihnen möglich, den alten Angriff auf die ‹Kirche› munter fortzusetzen – ohne daß sie sofort begreifen, daß er nun aus einer gänzlich anderen Richtung erfolgt. Nicht mehr der Unterdrückungs-Mechanismus, die Jenseits-Angst, die Fortschrittsfeindlichkeit werden attackiert, sondern die naive, vorwissenschaftliche Identifizierung von Schöpfung und Verheißung, die lächerlich unaufgeklärte Annahme, daß Gott für den Menschen ‹da sei›.

In der Praxis wird dieses Umschwenken der Aufklärung klarer als im Bewußtsein. So hat etwa die politische Praxis der Französischen Revolution beide Phasen reproduziert. Dem Fest der Freiheit folgt der Terreur, und den Terreur vergleicht und rechtfertigt Saint-Just vor dem Konvent mit der erhabenen Arbeitsweise der Natur, mit Erdbeben und Vulkanen. Theoretisch weniger ehrlich ist die Terrorphase des Marxismus: niemals hat er sich in der Theorie vom Guten Menschen, von der Heilsgeschichte abgewandt, hat immer am zwangsläufigen Nahen der Verheißung festgehalten. Aber in der Praxis hat der Priesterschüler und Terrorist Dschugaschwili (der wohl, mehreren Quellen zufolge, eine Zeitlang auch für die Ochrana gearbeitet hat) eine ganz andere Anthropologie anerkannt. Er demonstrierte sehr handfest seine Überzeugung, daß nicht die freie Assoziation der Produzierenden, nicht das Absterben des Ungeheuers Staat auf dem Programm der Menschheit steht, sondern der Marsch durch die Wüste und das Land der Ungläubigen, wobei es ohne Schädelhaufen am Wegrand nicht abgeht; handelte nach der axiomatischen Überzeugung, daß der Satan Klassenfeind umgeht wie ein brüllender Löwe. Wer dieser ‹Deformation› tapfer das sozialistische Schild mit dem menschlichen Antlitz entgegenreckt, der hat nie begriffen, in welches Medusenhaupt Josef Stalin geblickt hat.

Freilich, Stalin ist ohne anderthalb Jahrtausende Kirchengeschichte nicht vorstellbar; darüber wird noch zu handeln sein. Erwähnt werden muß schon hier sein Satan; denn er ist, wenn auch unter anderem Namen, der altböse Feind des jüdisch-christlichen Erbes. In unserer Paradieserzählung wird er nicht mit Namen genannt; der Versucher ist die ‹Schlange›; merkwürdigerweise ein Zeichen, das während des Exodus von Moses in der Wüste als Heilszeichen errichtet wird. Freilich, fast jeder Exeget hat die Schlange mit Satan gleichgesetzt.

Aber wer oder was ist Satan? Der antike Polytheismus benötigte ihn nicht; das Dämonische war irgendeinem göttlichen Kraftfeld zugeordnet, und der kreatürliche Schmerz war Folge der *Moira*, des waltenden Schicksals. Auch dualistische Systeme kennen den ‹Satan› letzten Endes nicht, denn sie stellen Gut und Böse als gleichwertige Kräfte gegenüber, nehmen den Menschen für die Herrschaft des Lichtes in Pflicht. (Aus dem Persischen ist dieser Dualismus weit ins Spätjudentum und ins Christentum vorgedrungen, zuletzt und am entschiedensten in der Form des Manichäismus. Manichäische Bogumilen gab es in Kroatien und Dalmatien noch bis ins 9. Jahrhundert.)

Dualismus ist nicht biblisch, kann es nicht sein. Unter einem Schöpfer, der gleichzeitig der Herr der Verheißung ist, kann es kein gleichrangiges Prinzip des Bösen geben. Satan und die Seinen sind minderen Ranges, sind abgefallene Engel. Aber ist damit irgendeine logische Schwierigkeit behoben? Wird sie nicht philosophisch noch kompliziert, wenn Thomas von Aquin, dem Aristoteles folgend, das Böse als die ‹Abwesenheit des Guten› definiert? Satan ist doch eine

Individualität – und was für einen Platz hat solche Individualität im Nichts? Der Theologe H. Gollwitzer formuliert das ewige jüdisch-christliche Problem ganz ehrlich: «Alles Wirkliche stammt von Gott. Das Böse ist wirklich, aber es stammt nicht von Gott.» Satan ist und bleibt die Quadratur des jüdisch-christlichen Circulus vitiosus. Immer wieder besiegt und totgesagt, bleibt er mächtig; ja, in Heilszeiten mächtiger denn je. Schon geschlagen, umheult das Böse die ewigen Pforten und zwingt zu ewiger Wachsamkeit: keine Täuschung ist dem Nichts verwehrt, so kann es alles werden – kein Opfer kann es versöhnen, und so fordert es Hekatomben von Opfern. Es kann in Hexen, in Häretikern, inmitten der Gemeinde, unter den ältesten und bewährtesten Genossen auftauchen. Christliche (und sozialistische) Wachsamkeit erkennt es zwar in jeder Verkleidung, aber Scharen von Getreuen fallen seinem finstern Raunen anheim, müssen aus dem gesunden Volk der Erwählten eliminiert werden. So ist Satan, ein Nichts, zum wirksamsten Partner unserer Geschichte geworden.

Beenden wir hier unseren notwendigen Vorgriff. Für das kleine Volk, das sich auf die ersten Verheißungen stützte, war das Böse zunächst konkret genug: es waren die Feinde, die es rings umgaben. Die Israeliten erlebten ihren Gott nicht als den Erschaffer von Sternen und Walfischen, sondern als den Gott Abrahams, Isaaks und Jakobs, der sie herausführte aus Ägypten, der sie umwirbt wie der Bräutigam die Braut, der zürnt, wenn sie abfallen, und verzeiht immer wieder, wenn sie versprechen, zu ihm zurückzukehren. Ringsum herrschen Götzen und Bilder über orgiastische Hochkulturen, die den zwölf Nomadenstämmen zivilisatorisch überlegen sind. Das Eisen bekommt man von den Philistern, und die politische Geschichte der Juden verläuft denkbar elend, ihre geographische Lage zwischen den Großmächten des Nordens, des Ostens und des Südwestens bringt sie in permanente Lebensgefahr. Wer ‹politisch› denkt, ist Synkretist, das heißt, er arrangiert sich mit den Nachbarn und ihren Mächten. Gideon, der erste Richter, mußte aus dem väterlichen Haus die Idole der Kanaaniter entfernen, ehe er zum Kampf gereinigt und bereit war. Die Männer, welche die nationale

Identität retteten, waren nicht die Politiker, sondern die Propheten. Der Typus ist nicht nur von der Geschichte Israels her bekannt; aber in keiner anderen Kultur erlangt er die überragende Geschichtsbedeutung. Die Ethnologie stößt auf den Propheten immer dort, wo eine primitive Sozialverfassung unter den Druck übermächtiger auswärtiger Einflüsse gerät; auch bei Mohammed war dies der Fall, und die Indianer Nordamerikas von den Irokesen bis zu den Geistertänzern folgten den Gesichten derer, die ihnen wunderbare Rettung vor den überlegenen weißen Mördern durch neue, revolutionäre religiöse Ansätze verhießen.

Die Kette der jüdischen Propheten aber ist anderen Sehern dadurch überlegen, daß sie vor dem Hintergrund der ständigen Todesdrohung die Aneignung und Reflexion der Verheißungen in einen ständigen Lernprozeß verwandelte. Während das jüdische Königtum nach wenigen Generationen unterging, während die letzten gekrönten Häupter im babylonischen Exil ihre dürftige Apanage verzehrten, kämpften die Propheten um die nationale und religiöse Identität, aber auch gegen den Ritualismus der gesellschaftlich Mächtigen, nahmen Partei für die Armen und Unterdrückten, entwarfen das unerhörte Bild eines toten Volkes, dem der Atem des Herrn immer neues Leben einhaucht. Auch sie gaben der Welt, unserer Welt, ein Erbe weiter: das Erbe einer Erwählung, die gerade den Niedrigsten und Verachtetsten zuteil wird. Indem sie solche Erwählung nicht mehr als ein stammesgeschichtliches Privileg, sondern als eine Verantwortung aus höherer Erkenntnis deuteten, und indem sie unabhängige Münder Gottes gegenüber dem Volk wie gegenüber den Mächtigen blieben, haben sie einen Typus des Engagements geschaffen, der in der übrigen Antike unbekannt war. Er ist bis in unsere Tage für unsere gemeinsame Tradition verbindlich geblieben. Nicht zuletzt deshalb, weil auch die Israeliten ‹falsche Propheten› kannten; also solche, die den Herrschern, den Mächtigen oder dem trägen Volk nach dem Munde redeten, nicht nach dem Munde Gottes.

Während die Geschichte Gottes mit seinem Volk als politische und Sozialgeschichte erlebt und gedeutet wurde, geht in den Psalmen, in den Weisheitsbüchern, im Buch Hiob eine andere Auseinandersetzung vor sich: die Auseinandersetzung um die Identität des Gottes der Schöpfung mit dem Gott der Verheißung. Der Gegensatz zwischen unerträglichen Zuständen und der großen Verheißung ist ihr zentrales Thema, und das Leid des Gerechten ist ihr Grundmotiv – ein Skandal, den sie ständig vor das Antlitz des Höchsten hält. Dem Gott des Bundes wird – wenn das kühne Bild erlaubt ist – kein Ausweg gestattet – weder in die Theodizee, das heißt in die Annahme, daß Leid noch allemal Strafe für Sünde oder Unvollkommenheit ist, noch in den Dualismus, der das Leid auf ein irgendwie geartetes, Gott nicht unterstehendes Widerprinzip zurückführt. Gott wird verantwortlich gemacht; am klarsten wird dies im Buch Hiob, wo er – auf Grund einer Wette sozusagen – dem Satan freie Hand gegen den Frommen gibt. Der Fromme ist kein Fatalist oder Duckmäuser; aus seinen Schwären, seiner Trauer, seiner Einsamkeit klagt er an, *ruft Gott wider Gott an* – er weist allen Zuspruch der Freunde zurück, die so oder so auf Theodizee oder Harmonisierung hinauswollen. Er fragt Gott nach dem Zustand seiner Welt, das heißt der Menschenwelt.

Gott antwortet nicht auf diese Anfrage – jedenfalls geht er nicht auf das Thema ein. Er antwortet als der Schöpfer, antwortet ironisch: «Wo warst du, als ich die Grenzen der Erde setzte?» Es ist verständlich, daß Ernst Bloch bei seiner Analyse des Buches Hiob diesen Schöpfer einen ‹finster-weisen Natur-Baal› nennt, dem nichts anderes einfällt als der Hinweis auf seine Morgenröte, seinen Walfisch und seinen Elefanten. In der Tat: jüdisch-christliche Gottesvorstellung hat wenig mit dem Anstaunen von Weltformeln und fast alles mit dem Trocknen von Tränen zu tun. Aber wenn Bloch daraus für unsere Stelle auf zwei ‹Götter› folgert, nämlich den Bluträcher, den Hiob in eigener Sache anruft (und aus dem später folgerichtig der Nicht-Gott des humanistischen Atheismus werden wird) und den Natur-Baal, gegen den Hiobs Prozeß läuft, so verfällt er selbst einem manichäischen Schema: eben dem Schema eines humanistischen Atheismus gegen einen unmenschlichen Theismus. Solche Einteilung ist dem Buch Hiob fremd. Der Fromme bescheidet sich; nicht, weil ihm Elefanten und Morgenröte so besonders imponieren (er spricht kaum über sie), sondern weil er überhaupt Antwort erhalten hat. Daß Gott antwortet, beweist, daß er zu uns spricht, daß er also verheißen kann und verheißen hat; daß er auf den Kosmos, nicht auf den Menschen verweist, zeigt, daß er nicht nur der Stammesgott Abrahams, Isaaks und Jakobs ist, sondern auch der Gott, dem alle Frommen der Welt ihre Furcht schulden.

So erreicht das Buch Hiob jenen höchsten Punkt der Frömmigkeit, der innerhalb der jüdisch-christlichen Tradition vorstellbar ist. (Hoffentlich ist klargeworden, daß der Ausdruck ‹Frömmigkeit› hier nichts Negatives besagt.) In kommenden Jahrhunderten und Jahrtausenden wird dieser Gipfel immer wieder von anderen Frommen, anderen Genies der Hingabe erklommen werden. Aber nicht diese Kühnheit der wenigen hat unsere weltliche Geschichte bestimmt, sondern der Weg der Botschaft durch die Reiche der Welt, durch die Vorstellungen von Sklaven, Fischern, Generalen, Kaisern, Feudalherren, Mönchen, Bürgern und Intellektuellen. Der Kern der Botschaft aber (dies sei hier wiederholt) war die Auserwähltheit des Menschen vor aller Schöpfung, war der totale Herrschaftsauftrag, war die Zusicherung einer Heilsgeschichte, welche dereinst alles kreatürliche Leid überwinden wird, und die Zusicherung eines Gleichgewichts der planetarischen Biosphäre zugunsten des Menschen. Solange diese Botschaft in das Gesetz eines kleinen Volkes am Ostrand des Mittelmeers eingebunden blieb, konnte sie ihre Wirksamkeit nicht entfalten; es bedurfte der Internationalisierung der hebräischen Strukturen – es bedurfte des Menschensohns von Nazareth.

Übung eins:

Prominenter Laie auf Safari

Vor ihm her zieht der schwache Wind; er trägt wie ein Herold die Fahne des majestätischen Gestanks. Sie verkündet: es kommt der Große Behemoth.

Der prominente Laie, der in korrektem Safari-Anzug am Rand des Gehölzes steht, ist dadurch nicht angewidert, im Gegenteil. Er hat diese Botschaft ersehnt, er trinkt sie mit den schnuppernden Nüstern unter dem platten Nasenrücken, erhebt die Brillengläser höher in den Heroldswind: Komm, Behemoth, komm, ich bin bereit!

Der prominente Laie (Synodale? Ältester? Oberkonsistorialrat? Vorsitzender des Zentralkomitees?) trägt Macht in den Ländern, die dem Schöpfergott schon entrissen sind: unauffällige, aber reale Macht. Er spricht für viele, darum haben viele ihn zu ihrem Sprecher gemacht, und noch mehr sind gar nicht gefragt worden. Er macht Gesetze für sie in stahl- und glasumspannten Palästen, und weil er solche Macht übt, kann er Behemoth jagen. Der prominente Laie weiß nicht, was ihm lieber ist: Gesetze des Friedens und der Ordnung zu machen – oder den Behemoth zu töten, der verurteilt ist. In diesem Augenblick gesteht er sich fast ein, daß er nach Macht gestrebt hat, weil er hier stehen wollte: am Rand dieses Gehölzes, ein ausgebildeter Jäger mit einem sehr teuren und sehr präzisen Gewehr. Er ist weit geflogen, hat Umwege gemacht, eine – wie er glaubt, wichtige – Interkirchenkonferenz im Osten und eine Tagung im Süden besucht, hat Bande geknüpft und verstärkt, Bande der

Wohlfahrt und des Friedens; er hat Verheißungen gemacht und Erwartungen geweckt und einige Verheißungen und Erwartungen gedämpft; hat Schecks ausgeschrieben für andere Prominente, die damit Kirchen und Schulen und Krankenhäuser und Lehrwerkstätten erbauen wollen. Seine Rechte war voll von Geschenken, und es tat gut, zu schenken, was er und andere gesammelt haben: Geschenke für eine Welt voller Menschen, die ihre Zukunft erleben wollen. Es ist alles sehr erfreulich gewesen – selbst die bedrückenden Dinge, die er gesehen hat, Elend, Unfähigkeit, schlechte Organisation, Korruption, haben ihn mit einem milden, doch feurigen Bewußtsein der Kompetenz erfüllt, das nicht unangenehm war. Aber jetzt vermutet er – oder weiß er es schon? –, warum er wirklich geflogen ist.

Um hier zu stehen, ist er geflogen, hier, nicht fünfzig Meter von dem Steppengefährt mit Tarnanstrich, mit erprobten Helfern im Hintergrund, wartend auf Behemoth, das wandelnde Haus mit den Stoßzähnen, den Ohren wie Segeln und den kleinen, festen Augen.

Es wird nicht riskant sein. Ein erster Fehlschuß wäre überhaupt keine Affäre, das teure und präzise Gewehr repetiert schnell, es ist halbautomatisch. Und selbst wenn es versagen würde (es hat noch nie versagt), sind die Begleiter da, mit Waffen, die der seinen ähnlich sind.

Tut ihm dies leid? Findet er es unfair? Wäre er lieber ein Jäger der Vorzeit, der gegen das langhaarige Mammut sein nacktes oder steinbeilbewaffnetes Leben riskiert? Nein. Er blickt in sich und gesteht, daß er es so will wie jetzt und nicht anders. Hier sollen sich nicht zwei gleichgestellte Säugetiere messen. Er, der prominente Laie, ist keine Kreatur, die um Leben oder Überleben oder um Fleisch für die Sippe kämpft; er ist vielmehr Richter und Vollstrecker.

Behemoth ist zum Tode verurteilt.

So spricht der prominente Laie in seinem Herzen:

Du weißt, HERR, warum ich vollstrecke. Du weißt, was gegen Deinen Behemoth vorliegt. Die Jäger der Vorzeit hatten nichts gegen ihn; sie freuten sich, wenn sie ihn erwischten, sie umtanzten seinen Leichnam, der ihnen Speise und Wärme für viele Wochen lieferte – aber sie hatten nichts gegen ihn. Sie entschuldigten sich vielleicht sogar in rauhen Liedern bei dem Toten, oder bei seinem göttlichen Ebenbild, dem Sternen-Behemoth, für ihre notwendige Tat. Denn es ging einfach ums Leben, ob gegen ihn, gegen Leviathan, gegen Kälte, Hitze, Dürre und die kleinen unsichtbaren Feinde, die im Blut und in der Milz bohrten und fraßen. Damals, als es ein Sieg war, zu überleben, bis man Leben weitergeben konnte, wohnte Dein Diener Hiob im Lande Hus, ein Gerechter, dem Du Siege in Fülle gegönnt hattest (sieben Söhne und drei Töchter und siebentausend Schafe und dreitausend Kamele und wer weiß was sonst noch, ich habe mir die Buchführung nicht gemerkt).

Da hat es Dir gefallen, HERR, ihm alles zu nehmen, alle seine Siege. Nicht, weil er unrecht tat, sondern weil es Dir gefiel, mit dem ANDERN zu wetten: um seine Seele. Ich will Dein Verhalten hier nicht charakterisieren; es war, gelinde gesagt, merkwürdig. Aber Du bist der HERR, Du magst tun, was Du willst. Du nahmst ihm also alle seine Güter, Du schlugst ihn mit Abszessen, Du warfst ihn auf den Düngerhaufen, und er, Hiob, Dein Diener, wußte die ganze Zeit, daß er gerecht war, wußte es in seiner treuen und starken Seele.

Und so haderte er mit Dir. Die Schrift betont ausdrücklich, daß er dazu ein Recht hatte: er verdiente sein Leid nicht, was immer seine wohlwollenden Freunde ihm erzählen mochten. Und dann, als sich ihr Geschwätz verlief, da erhob sich Hiob aus seiner stinkenden Nichtigkeit und rief einen Anwalt wider Dich an: rief DICH selbst, HERR, wider DICH an – denn einen geringeren Anwalt wollte er nicht und konnte er gar nicht wollen: wer sollte sonst bestehen wider Dich?

Er rief Dich also an, schrie nach Deinem WORT, nach der Tröstung, die seinem brunnentiefen Leid entsprach. Wie, HERR, hast Du ihm geantwortet? Hast Du vielleicht die Verheißungen wiederholt, die Du den Vätern gegeben hattest, dem Abraham und seinem Samen auf ewig? Hast Du ihm die endgültige Herrschaft über alle Kreatur zugesagt, über Leid, Krankheit, Tod? Hast Du ihm angedeutet, daß er, Hiob, nach Deinem Bild und Gleichnis gemacht ist, auch wenn er aus tausend Löchern eitert?

Das hast Du nicht getan. Du hast ihn vielmehr verhöhnt, HERR. Du bist der HERR, Du magst Dich verhalten, wie Du willst, aber die Tatsache besteht: Du hast ihn verhöhnt. Du hast ihn gefragt, ob er vielleicht dabei war, als Du die Morgenröte setztest und die Meßschnur über die Erde spanntest, als Du die Meere fülltest und die Savannen, als Du alles das Bunte und Gräßliche schufst, das wir als Dein Werk kennen – und doch nicht kennen, so unendlich groß und verwickelt ist das alles. Und zuletzt hast Du ihm die großen stinkenden Majestäten gewiesen, den Behemoth und den Leviathan, die Monstren des Landes und der Meerestiefe. Du hast ihm Dein Spielzeug gezeigt und ihn gefragt, ob er, Hiob, etwas dagegen habe: gegen Deine Welt, die durch unermeßliche Gleichgültigkeiten von seinem Leid getrennt war. Du hast ihm dann gesagt, er solle gefälligst den Mund halten. Das ist alles.

Hiob hat sich beschieden; er neigte sich in Demut. Aber das ist seine Sache. Wir sind keine Hiobs. Wir haben uns einiges gemerkt, HERR. Wir haben uns gemerkt, daß so etwas nicht mit Deinen Verheißungen zusammengeht, nicht zusammengehen kann. Denn was hast Du verheißen? Heil. Heil und totale Herrschaft. Das lesen wir in Deinem Buch. Wir lesen, daß wir Land und Meer und Luft erfüllen sollen mit Deiner Genehmigung.

Das haben wir uns gemerkt. Und wir haben uns ferngehalten von Behemoth und Leviathan, wir haben uns Deine Welt allmählich ausgeknobelt, wir haben ihre Gesetze erforscht und uns bereitgemacht für den Tag, an dem abgerechnet wird. Wir haben Mittel gegen Schwären entdeckt. Wir haben Schafe und Kamele impfen gelernt, so daß sie nicht mehr ohne weiteres verrecken. Wir haben auch unsere sieben Söhne und drei Töchter geimpft: gegen Diphtherie und Pocken und Scharlach und Kinderlähmung. Ein Vorspiel, HERR, nur ein Vorspiel. Denn während wir dies alles lernten, haben wir uns für die Abrechnung mit Deinem Spielzeug gerüstet, das unserer Würde und unserem Auftrag widerstreitet. Ein Mönch (oder war es ein Chinese?) entdeckte den großen Krach aus Salpeter und Schwefel, ein Italiener befaßte sich mit Ballistik, würdige Christen an den Kanälen Hollands schliffen Linsen, fromme Industrielle in britischen und schottischen Stahlwerken erdachten die Legierungen, aus denen die besten Rohre der Gewehre gezogen werden können. Generationen haben zusammengearbeitet, um diese Waffe zu schaffen, die ich, der Henker, nun in der Hand halte.

Warst Du dabei, als sie geschmiedet wurde? Natürlich warst Du dabei. Wir handelten in Deinem Auftrag, oder nicht? «Erfüllet die Erde, machet sie euch untertan.» Genau das haben wir getan. Und darum gibt es DEINE Welt nicht mehr. Es gibt die Welt nicht mehr, in der die bunten, stinkenden, grotesken Monstren uns zum Hohn herumlaufen dürfen – uns zum Hohn, das heißt unseren Vorfahren, die im Elend lebten. Hundert Generationen lang stritten wir um die Herrschaft. Jetzt haben wir sie. Und jetzt ist Dein Behemoth verurteilt.

Er ist nicht der Letzte seiner Rasse, keineswegs. Es sind ja Reservate für ihn geschaffen worden. Ich habe sie mitgeschaffen, ich gehöre dem ‹Club zum Schutz der wilden Tiere› an. Warum wohl? Ist das inkonsequent? Keineswegs. Wir können so großzügig sein wie Du, HERR. Es kommt auf einen einzigen Punkt an: daß der Behemoth, ob er nun in zehn oder zehntausend Exemplaren existiert, von uns lebt, von unserem Wohlwollen – NICHT VON DEINEM. Er ist verurteilt – in toto. Er lebt unter Strafaufschub. Wir erweisen ihm eine Gnade. Und gelegentlich – so wie jetzt – nehmen wir die Gnade zurück, so wie Du Deinen Segen von Hiob genommen hast.

Ich sehe ihn kommen. Das Zielfernrohr zeigt ihn noch klein, der Kopf zwischen den Segelohren ist gerade auszumachen. Es wird vielleicht noch eine Minute dauern. Die Welt wird um ihn ärmer sein, wenn er tot ist, gewiß. Ich glaube nicht, daß wir unsere Welt so bunt und lebendig und großartig machen können wie Du die Deine gemacht hast: irgendwie kommen wir ästhetisch mit unseren Metall- und Kunststofftieren nicht ganz zurecht. Ich bin nicht einmal sicher, daß wir mit unserer eigenen Welt fertig werden können – es geht plötzlich alles zu schnell. Wir wissen zuwenig, wir kennen die Lebensketten nicht, die sich durch alle Schöpfung schlingen und mit denen Du uns zu lange gefangenhieltest. Was wird zum Beispiel mit dem Behemoth sterben, der nun auf mich zutrabt? Wieviel Bakterien leben von ihm? Wieviel Schmarotzervögel? Welche Grasarten? Es braucht Zeit, das zu erforschen, und vielleicht haben wir sie nicht mehr. Vielleicht machen wir Deine Welt nicht nur ärmer, sondern unbewohnbar – sogar für uns. Und warum? Weil es Dir gefallen hat, uns als Kreaturen zu erschaffen.

Es war, gelinde gesagt, sonderbar von Dir. Warum hast Du uns gleichzeitig diese elende Kreatürlichkeit aufgeschnallt und Deine großen Verheißungen gegeben? Asche und Engel in uns zusammengenietet? Die Frage ist müßig. Ich bin hier, einen Auftrag auszuführen: den verdammten Behemoth zu töten.

Es gilt, DEINE Wege vor DIR SELBST zu rechtfertigen. Hiob hat sie nicht verstanden, konnte sie nicht verstehen. Denn er hat nicht nachmessen können, wo Du vorgemessen hast, er hat die Grenzen der Erde nicht gesetzt und die Geometrie der Morgenröte nicht kapiert.

Aber wir haben nachgemessen, HERR. Wir haben uns erlaubt, dabeizusein. Deine höhnische Frage beantworten wir mit Ja: Ja, wir waren so frei. Wir haben exzerpiert, was wir brauchen konnten, wir haben die Schwerkraft erfunden und die Ballistik, wir berechnen Mündungsgeschwindigkeit, wir haben uns im Besitz des Bewußtseins, Deine Söhne zu sein, die einzigen nach Deinem Bild und Gleichnis, Deiner Donnerschläge bemächtigt.

Sie warten an meinem Zeigefinger, ich nehme Druckpunkt,

ich habe die riesige Rätselstirn im Fadenkreuz, sein Rüssel ist stark wie eine Zeder und sein Gemächt wie von Tauen umflochten: ich sehe ihn, den Anfang der Wege Gottes, den Flußaustrinker, den Ungeheuren. Ich krümme den Finger exakt, auf die Generationen bauend, die mich gerüstet haben, das Urteil zu vollstrecken. Der Rückstoß ist minimal, der Knall nicht zu laut, das Visier zuverlässig. – –

– Behemoth stürzt, ein totes Wunderwerk. Er liegt friedlich, im Tode nicht unverständlicher als im Leben. Die Jäger lassen die gewohnte Sicherheitspause verstreichen. Ein Strich Vögel ist schrägschnatternd aus dem Gehölz gestiegen. Der prominente Laie (gemacht nach Seinem Bild und Gleichnis, auch wenn das niemand vermuten würde, der ihn betrachtet) reicht die Flinte nach rückwärts, besinnt sich dann, widerruft und behält das Henkerwerkzeug in der Hand. Er schreitet nach vorn, auf den Hingerichteten zu. Er stellt seinen Fuß auf das Berghaupt, er selbst wendet das Antlitz der Filmkamera des Begleiters zu, er fletscht siegreich die Lippen, wie einst Proconsul, der Herdenmörder, die seinen gefletscht hatte auf eben diesen Savannen. Seine Brillengläser reflektieren die Sonne, die noch scheinen wird, wenn der Planet stirbt (stirbt an ihm, dem Nachfahren Proconsuls?).

Fest steht der prominente Laie auf der Schädelburg: ein feste Burg ist UNSER GOTT.

Das Fest

Rom lastete auf der Welt; und auf Palästina lastete es besonders schwer. Für die Herrscherin war diese kleine Weltecke zwar unbedeutend, aber doch ärgerlich. Die Armut war groß, selbst für spätantike Verhältnisse; Tribute einzutreiben, war mühsam, aber eine starke Garnison war nötig, um das Volk, das in den Augen der Römer ebenso verlumpt wie arrogant und starrköpfig war, im Zaum zu halten.

Vor allem war die religiöse Intoleranz der Juden ein negatives Politikum erster Ordnung: überall sonst im Reich waren die Symbole des Caesar als Integrationsfaktoren verwendbar – sei es im östlichen Kult, der dem Kaiser schon göttliche Ehren erwies, sei es in den alten, halb politischen halb numinosen Kategorien der westlichen Reichsteile, in denen man noch mit den Formeln der republikanischen Tradition arbeitete. Hier aber, in Palästina und vor allem in Jerusalem, waren laufende Zusammenstöße mit den Hebräern, welche die *pietas*, die ziemliche Verehrung des Heiligen, grundsätzlich verweigerten, so gut wie unvermeidlich. Der Prokurator Pilatus hatte, wie wir aus profanen Quellen wissen, für brutale Konfrontationen ein besonderes Talent; aber die spätere Geschichte Judäas und sein Untergang sind Beweis genug, daß die Integration dieses geschlossenen jüdischen Gebiets ins Reichsganze ein hoffnungsloses Unternehmen war.

In dieses Land wurde Jesus von Nazareth geboren und begann zu wirken.

Wer war er? Was wollte er wirklich? Was hat er uns hinterlassen? – Mitten in einer säkularisierten Welt sind plötzlich wieder Millionen an der Frage interessiert; es scheint fast, als habe die gesellschaftliche Schwächung der Kirchen Energien für solche ‹Suche nach Jesus› freigesetzt. Man interpretiert, stilisiert und manipuliert ihn auf die verschiedenste Weise: als Bandenchef und antiken Che Guevara, als Mann in schlechter Gesellschaft, als den ‹vierdimensionalen› Menschen; man bringt ihn bald mit dieser, bald mit jener Tradition in Verbindung: mit Zeloten, Pharisäern, Essenern. Es ist aber fraglich, ob mit alldem neue Erkenntnisse über das gewonnen werden können, was uns besonders angeht: über sein Fortwirken in der christlichen Geschichte. Unsere Methode erlaubt es, die Frage ohne Hantierung wichtiger und schwieriger historischer und exegetischer Probleme anzugehen: wichtig ist, wie er *gewirkt* hat – als lebendige Kraft in seinem Volke und später als Mittelpunkt eines Glaubens und vieler Kirchen.

Die Exegese beschreibt ihn typologisch als charismatischen ‹Außenseiter›; und die Tatsache seiner Verfolgung sowie die Umstände seines Todes legen nahe, daß er zumindest in der letzten Phase jeder Rückendeckung durch die bestehenden politischen und religiösen Gruppierungen verlustig gegangen war. Der Ché der linken Jugend war er sicher nicht; ebensowenig wie das kraftlose Kitschbild der kommerziellen Jesuswelle. Wenn er ‹Revolutionär› war, dann in jenem alten Wortsinn, den Hannah Arendt für uns herausgearbeitet hat: er hat überlieferte und längst entfremdete Wahrheiten so wörtlich genommen, daß sie völlig neu und umwälzend wirkten.

Dies gilt insbesondere für die alten Garantien und Verheißungen: seine ‹Theologie› (wenn der Ausdruck überhaupt erlaubt ist) vollendet die prophetische Entwicklung zum Erlebnis eines geliebten und liebenden Gottes. Er nennt ihn den Vater, vor allen anderen Titeln (die er eigentlich nur in Kontroversen verwendet). Er nennt das Reich der Himmel gegenwärtig; verhüllt noch, aber real und in ihm selbst vorhanden. Verheißung und Schöpfung, die Parallelen, die nie zusammenkommen wollten, sind dabei, sich zu finden.

Diese Einigung, diese heilige Hochzeit offenbart sich in den Wunderheilungen und in der Predigt. Seine Botschaft ist Aktion – und diese Aktion selbst ist schon das Reich, wenigstens sein entscheidender Beginn. Die Schrift subsumiert dies in seiner Antwort an die Jünger des Johannes, die im Namen des gefangenen Meisters anfragen: «Bist du es, der da kommen soll, oder sollen wir auf einen anderen warten?» Diese Antwort ist nur scheinbar ausweichend: «Blinde sehen, Lahme gehen, den Armen wird das frohe Wort verkündet.» Die Form ist hier so wichtig wie der Inhalt der Aussage: Jesus weigert sich, sein ‹Wesen› im historischen oder theologischen oder anthropologischen Sinn zu definieren, er geht einen Schritt nach vorn in die Praxis, spricht über den Prozeß, die Praxis der Enthüllung des Reiches – und stellt damit anheim, *daß dieser Prozeß selbst das ‹Reich› ist.*

Wir haben enorme Schwierigkeiten, dies zu verstehen. Denn keiner von uns, ganz gleich, ob er durch eine christliche Erziehung gegangen ist oder nicht, liest die Evangelien als Bericht einer zusammenhängenden Aktion; schon deshalb nicht, weil sie gar nicht als solcher entstanden sind. Es sind zusammengefaßte Logien und Bestandteile der mündlichen Tradition (wobei wieder nicht wichtig ist, wann die jeweiligen Redaktionen stattfanden, jedenfalls nicht für unsere Zwecke). Sie sind, dem Bedürfnis der späteren Gemeinden folgend, in einem gemessen-hieratischen Tonfall geschrieben. Sie stilisieren und verlangsamen. Dazu hat die Gottesdienstpraxis die Evangelien in viele Einzelgegenstände der Betrachtung zerlegt, die feierlich vorgetragen und je nach dem Frömmigkeitsstil der aufeinanderfolgenden Jahrhunderte interpretiert wurden.

Versuchen wir, um ein modernes Bild zu gebrauchen, die Evangelienberichte als Film zu begreifen. Wenn wir die Kindheitsepisoden beiseite lassen – auch die Frage, ob sie nun Midrasch-Charakter haben oder nicht –, ist die Zeitspanne dieser Berichte kurz, beängstigend kurz. Etwa anderthalb Jahre dauert dieses Wirken, das durch eine blitzartige Katastrophe abgeschlossen wird. Kein Führer von Menschen würde es heute wagen, ein so gewaltiges Programm in eine so kurze Zeitspanne zu pressen.

Aber schon das Wort ‹Programm› ist in Jesu Nachbarschaft nicht vorstellbar – höchstens, wenn man seine Methode von vornherein als Gegen-Programm auffaßt. Jede Kasuistik, jede Vorsorge ist ihm zutiefst verdächtig. Daß gerade der Schatzmeister der kleinen Jüngerschar an ihm zum Verräter wurde, ist wohl bezeichnend: ein Geist, der zur finanziellen Vorsorge neigt, konnte in der Nähe Jesu nicht gedeihen. Man hat später – etwa aus seinen Antworten auf Steuer-, Ehe- und Rechtsfragen – imponierende und stabilisierende Systeme konstruiert; ein Verfahren, das nur aus der Vereinzelung des jeweiligen Vorgangs entstehen konnte. Jesu Reaktion auf die jeweiligen Anfragen ist nämlich viel einheitlicher als der Inhalt seiner Stellungnahmen. Kasuisten, wohl nicht nur ‹Schriftgelehrte›, sondern Angehörige eines Volkes, das seit Jahrhunderten sein Gesetz und seine Bücher liebte und denen es geistiges Vergnügen bereitete, den Scharfsinn eines Rabbi zu testen, stellen hier Fragen, die beileibe nicht nur Fangfragen, sondern durchaus legitime Formulierungen von Problemen der gesellschaftlichen, politischen, privaten Praxis sind. Und Jesus fertigt sie alle ab – teilweise mit brüsken Bonmots. Solche Fragen sind für ihn tot; und die Toten sollen ihre eigenen Toten begraben. Sie enthüllen Glaubensschwäche des Fragers; eine Tendenz, sich diesseits des Reiches der Himmel einzurichten, eine Begriffsstutzigkeit, die das Grundsätzliche des Umschlags nicht erkennt oder nicht wahrhaben will. Wenn hier überhaupt Methode am Werke ist, dann eine solche der radikalen Verunsicherung.

Wie organisiert er die Verbreitung seines frohen Worts? Wieder kann man höchstens von einer Anti-Organisation sprechen. Er sendet Jünger in kleinen Gruppen aus, ohne jede Ausrüstung, barfuß. Er gibt ihnen den ausdrücklichen Befehl, sich nicht auszurüsten: ihr ganzes Auftreten soll fieberhafte Eile vermitteln, die Eile von Kurieren, die vor einem gewaltigen Herrscher oder einer gewaltigen Armee durchs Land jagen. Der Glaube, den er verkörpert und ver-

mery, Carl	DM
as Ende der Vorsehung	19.80

utor · Titel

498 00008 X	Geb.	1.	
BN	Einb.	Aufl.	Bd.

eihe u. ä.

owohlt Verlag GmbH einbek bei Hamburg	15 444
erlag	Verkehrs-Nr.

kündet, scheint jeder Zurüstung auf Dauer zu widersprechen, ja sie nicht zu ertragen.

Eine einzige Vorbereitung läßt er gelten: die Vorbereitung auf das Große Fest. Immer wieder spricht er von Festen, nimmt an Festen teil. Bankette, große Hochzeiten sind die Bilder, mit denen er das Reich der Himmel schildert. Das Fest ist anberaumt, die Einladungen ergehen. Die Jungfrauen warten, brennende Lampen in der Hand, nur die Törichten legen sich schlafen. Was hält das Fest noch auf? Seine Gleichnisse sagen es: die privaten und öffentlichen Arrangements, die eigene Heirat, das Kaufen von Ochsen, also das Erwerben von Produktionsmitteln, die Vorsorge für die Zukunft von Familie und Clan: *Wer vorsorgt, zweifelt.*

Gesetz des Festes: das ist die aufgehobene Zeit, die Verschwendung und die ständige, selbstverständliche Auffindung von neuen Gaben. Das Fest: wunderbare Brotvermehrung, Verwandeln von Wasser in Wein (die Gäste, so steht geschrieben, waren schon betrunken – Jesus macht es nichts aus, ihnen neuen Wein zu geben). Das Fest: Ausschütten teurer Parfums über die Füße des geliebten Gastes; Tischgemeinschaft von Armen und Reichen, von ernsten Männern und Eckenstehern und Lumpen, denen nur *eine* Sünde aufgerechnet wird: die mangelnde Festbereitschaft, das fehlende Gewand der Freude.

Und er liebt Leute, die Feste lieben; das sind selten die produktiven Typen. Gegner hängen ihm dafür den Ruf eines Prassers an, sicherlich respektable Leute. Ihm sind Steuerspekulanten und Sünder lieber – Leute also, mit denen die gute Gesellschaft nicht viel anfangen kann. Die Klasse, die er am intensivsten anspricht, ist nicht das mehrwertschaffende Proletariat (wenn das auch mancher wackere Sozialist so gesehen hat und sieht), sondern die der *Amhaarez*, der Leute, die ‹ohne Gesetz›, das heißt ohne die peinlichen Vorschriften der Thora leben; Leute, die sich am Rande der Gesellschaft herumdrücken, abgeschrieben von den Pharisäern, den Glaubenssicheren und Gesetzestreuen. (Entgegen dem Eindruck, den die Evangelien erwecken, waren die Pharisäer keine Herrenschicht, sondern eine fundamentalistische Volksbewegung der

Mittelklasse. Ihre Mentalität dürfte viel eher der entsprochen haben, die später das Gros der puritanischen Gemeinden und der christlichen Arbeiterbewegung erfüllt hat.)

Die Hinrichtung Jesu birgt Unklarheiten; aber wenn die Römer einen Präventivschlag gegen ihn führten – und die Umstände der Leidensgeschichte scheinen darauf hinzudeuten –, dann mit der Absicht, ihn daran zu hindern, zum Kristallisationspunkt einer großen Masse von Deklassierten zu werden. Mußte er ihnen nicht verdächtig erscheinen, dieser Menschensohn, der durch heiße graugelbe Dörfer zieht, der in Häusern predigt, von denen man das Dach reißt, auf Höhen, von Tausenden umlagert, umringt von Schreien und Staubwolken?

Aber wie hätte Jesus – wenn er dies vorgehabt hätte – eine erfolgreiche Revolte ohne Kommandostruktur anzetteln können? In seinem angebrochenen Reich gibt es ja keine Hierarchie. Hart fährt er die Jünger an, die über Rangstufen streiten und spekulieren – er verweist ihnen dies als satanisches Gerede. Niemand soll herrschen, niemand beherrscht werden. Mit seiner Botschaft war weder eine Rechtslehre noch eine Organisation, weder eine Kirche (in unserem Sinne) noch eine Politik zu machen. Es gibt ein (außerhalb der Evangelien überliefertes) Herrenwort, das man heute als echt betrachtet: «Ich bin eine Brücke, auf eine Brücke baut man nicht.» Dies heißt: Jesus vermittelt nicht nur ein Provisorium, sondern ein bewußtes und totales Provisorium – die Ablehnung jeder ich- und wir-bezogenen Verfestigung und Kontinuität.

Hier muß betont werden, daß mit dieser Zusammenfassung keine neue Ketzerei beabsichtigt ist – sie stützt sich großenteils auf allgemein anerkannte exegetische Ergebnisse. Selbstverständlich liegt es nahe, den Gegensatz zwischen Jesu Lehre und Antlitz und einer späteren Christenheit zu formulieren – ein Gemeinplatz aller Kirchenkritik von den ersten Ketzern an. Und es gibt sicher keinen ernstzunehmenden Mann der Kirche, der diesen Gegensatz nicht selbst fühlt, ihn ständig empfindet und auf seine Weise darunter leidet. (Er leidet sicherlich mehr als manche forschen Kritiker, die den Gemeinplatz mit routinierter Sicherheit hantieren.)

Lassen wir also den Gemeinplatz beiseite. Es geht hier doch um die Folgen des Christentums, nicht um die moralische Beurteilung einer mehr oder weniger geglückten Rezeption der eigenwilligen Botschaft Jesu. Wir haben angekündigt, daß weder Altäre besetzt noch irgendwelche Schurken ausgemacht werden sollen. Die Frage, um die es geht, ist die Frage nach den Kräften, die den evidenten Erfolg des Christentums in den letzten zwei Jahrtausenden verursachten, und nur in diesen Zusammenhang ist auch das Faktum eines – größeren oder geringeren – Abfalls der Christenheit von der frohen Botschaft zu stellen. Sie läßt sich dann – auf der einfachsten kausalen Ebene – so formulieren: Wenn die Christenheit Jesus verraten hat – warum hat sie ihn dann verraten? Welche Kräfte hielten sie davon ab, ihm bedingungslos zu folgen?

Es gibt eine monumentale literarische Fixierung dieser Frage: die Erzählung vom Großinquisitor in den «Brüdern Karamasow». Absichtlich wählt Dostojevskij (oder, wenn man will, sein Iwan) diese Figur, die von unzähligen Anklägern als die anstößigste der Kirchengeschichte immer wieder attackiert und kommentiert worden ist. Er ist sozusagen die Quintessenz dessen, was mit dem Christentum ‹schiefging› oder überhaupt schiefgehen kann. Der Vertreter des kirchlichen Immobilismus läßt den wiedergekehrten Herrn selbst verhaften, er erkennt ihn richtig als Anstifter von Unruhe und Umsturz. Nachts besucht er ihn dann in seiner Zelle, und er rechnet Jesus vor, was er alles falschgemacht habe: er habe die äußerste Freiheit verkündet, die erfahrungsgemäß eine Illusion, und zwar eine gefährliche Illusion sei. Die Menschen wünschten keine Freiheit, sie wünschten Führung, Vorsorge, Kontinuität – und vor allem Entlastung von der Verantwortung. Jesus antwortet mit keiner Silbe. Schließlich bittet der alte Seelenherrscher den Herrn, wegzugehen und nie wiederzukommen.

Und was tut Jesus? Er tritt auf den Machthaber zu, er küßt ihn auf die Stirn und geht dann in die Nacht hinaus; vermutlich wird er nie wiederkehren. Mit anderen Worten: *die beiden verstehen sich*. Sie erkennen das jeweils andere Dilemma des anderen – und sie erkennen es an. Jesus und der Großinquisitor sind die beiden

Pole, zwischen denen sich kirchliche Wirklichkeit und christliche Entwicklung seit Jahrtausenden bewegen. (Es ist bezeichnend, daß der fromme Aljoscha auf die letzte große Pointe der Erzählung, den Kuß Jesu, sein Verstehen des Großinquisitors, gar nicht eingeht: Fromme haben für solche Pointen selten ein Gespür.)

Übersehen wir dabei eines nicht: Dostojevskijs Großinquisitor geht von einer in den Evangelien überlieferten Erzählung aus – den drei Versuchungen Jesu in der Wüste. Ohne die Tradition der Kirche, welcher der Großinquisitor auf seine Weise dienen zu müssen glaubt, wären diese Versuchungen dem 19. Jahrhundert längst unbekannt gewesen. Wenn etwas die Kirche ehrt, der man ständig Verrat am Evangelium vorwirft, dann müßte es doch die unbegreifliche Hartnäckigkeit sein, mit der sie eine Botschaft weitergibt, die sie selbst richtet. In dieser Botschaft stecken nicht nur sämtliche Anlässe späterer Kirchen- und Christentumskritik, sondern auch die ersten, archetypischen Berichte über den Abfall selbst: in den entscheidenden Tagen, da der Herr von ihnen geht, sind die Jünger völlig außerstande zu begreifen, was vorgeht, bis zuletzt sprechen sie über Kommandoketten und Schwerter, sie schlafen ein, sie verleugnen den Meister, sie laufen davon. Es gibt kein sonstiges Beispiel einer Religionsgründung, die in ihre heiligen Bücher, den Grundstein ihres Selbstverständnisses, so viele negative Beschreibungen der eigenen Inkompetenz eingelassen hat, soviel blutiges und schändliches Desaster. Das Fest ist vorüber, der Herr ihres Lebens wurde getötet.

Die Seinen bleiben aber zurück, ohne Statut, ohne weltlich brauchbares Recht, ja ohne eine weltlich brauchbare Ehtik – mit einem gebrochenen Verhältnis zu ihrer jüdischen Umwelt. Anweisungen über Rangordnung, Gemeindeaufbau, Verhältnis zu existierenden sozialen und politischen Mächten liegen nicht vor. Was die Gemeinde zunächst verbindet, ist ein Antlitz: das Antlitz und Andenken des Meisters. Es bleibt ihnen Mahlgemeinschaft, Oster- und Pfingsterlebnis – und die Hoffnung auf den Tröster, der sie schon lehren wird, was sie in dieser komplizierten Welt verstehen und lernen müssen.

Mit solcher Ausstattung macht sich die kleine Gruppe von Unterprivilegierten auf den Weg in die Welt. Die Welt: das ist der Riese Rom, das ist die akademische Welt hellenistischer Spekulation, welche nicht nur den *Dieu des Philosophes*, den Einen Gott des Wahren, Guten und Schönen, erarbeitet, sondern auch eine stoische Dienst-Ethik von hohen Graden geschaffen hatte, welche die aufgeklärte hohe Beamtenschaft zum selbstlosen Wahrnehmen ihrer Aufgaben anhält. Die Welt ist ferner die der vorderasiatischen Kulte, der Mysterien, die zunehmende Bedeutung gewannen, der geheimnisvollen geistig-seelischen Zwischenwelt der Gnosis.

Diese ganze Welt wird durch das Christentum höchst eindrucksvoll verändert; das liegt klar auf der Hand. Was nun eingehender besprochen werden muß, ist der Mechanismus der Veränderung, zu dem unweigerlich die Veränderung der Gemeinde selbst gehört; also die Verwandlung der Urgemeinde in das, was wir unter Kirche verstehen. In dieser Veränderung entstanden die dialektischen Positionen, die noch heute das geistige, politische und wirtschaftliche Geschick des Planeten bestimmen – entstand vor allem eine Praxis, in der sich die Resultate der Auseinandersetzungen immer weiter von den Absichten der ringenden Gegner ablösten und verselbständigten.

Er kam nicht wieder

Abfall: sprechen wir das Stichwort noch einmal aus. Es klingt dumpf, nach dem Eiskreis von Dantes Hölle, nach unwiderruflicher Verworfenheit. Aber die Schrecken, die es in unseren Nerven auslöst, sind schon Teil unseres Erbes. Die Propheten sprachen vom Abfall als Hurerei und Unzucht; keine geschlechtliche Ausschweifung meinten sie, sondern die Hingabe an fremde Götzen und ihre Riten. Die christliche Botschaft hat uns Petrus unter dem krähenden Hahn überliefert: ein neues archetypisches Bildnis des existenziellen Verrats. «Der Herr blickte ihn an», heißt es in der Leidensgeschichte: unter dem Blick des Herrn wird der Abfall der Seinen unerträglich.

Christliche Geschichte ist eine Geschichte des Abfalls geblieben; in allen ihren Darstellungen bleibt er ein wichtiges Kompositionsprinzip; nur die Figuren werden jeweils anders eingesetzt, wechseln von der linken auf die rechte Seite des Bildes und umgekehrt. Es war immer der jeweils andere, den man in Zeiten selbstsicherer Frömmigkeit auf die Seite der Abtrünnigen verbannte; dem man – mehr oder weniger scharfsinnig und leidenschaftlich – den *gran rifiuto*, die Große Verweigerung von Christi Angebot nachwies. Während die institutionalisierten Kirchen Wert darauf legten und legen mußten, in direkter und ungebrochener Nachfolge auf den Gründer selbst zurückzugehen, und ihre Apologeten dazu anhielten, dies zu beweisen, waren alle Ketzer – und nach ihnen ihre ungläubigen Erben – sich wenigstens in der einen Methode einig: den Abfall eben dieser Kirchen von ihrer eigenen Botschaft zu erhärten. Die

Unfruchtbarkeit solcher Polemik beruht darauf, daß man sich – je nach Bedarf – ein Bild und Gleichnis von der ‹ursprünglichen› Botschaft machte, das den Absichten der Kämpfer entsprach und ihrer Beweisführung entgegenkam. Auch mit Beschwörungen des altbösen Feindes, der da jeweils beim Gegner am Werk war, wurde nicht gespart.

Einen Schritt weiter geht die progressive (auch die innere) Kritik der Gegenwart: sie stellt Jesus selbst jedem Kirchenwesen gegenüber, das sie an sich und in sich schon als Abfall postuliert. Wir werden dies im einzelnen noch zu besprechen haben.

Kehren wir zum Gang unseres Arguments zurück und fragen wir uns: wie konnte, nachdem Jesus die Seinen auf sich selbst und den Paraklet, den Tröster, gestellt hatte, sein Erbe weitergegeben werden? Welche Erwartungen, welche Persönlichkeiten, welche organisatorischen Grundvoraussetzungen standen dafür zur Verfügung?

Er hatte es ihnen ja nicht leichtgemacht. Er hatte Gottes Verheißungen als präsent verkündet, er unterließ jede Anweisung, jede Methodik des Über- und Weiterlebens in einer unvollkommenen, von ungeheuren Lasten bedrückten Welt. Sünde, Zielverfehlung war ihm lediglich die Verweigerung des Glaubens gewesen – und dieser Glaube versetzt Berge, macht Methode, Politik, Wirtschaft nicht nur überflüssig, sondern entlarvt sie als Evidenz des Unglaubens: «Wer nicht glaubt, ist schon gerichtet.» Dies war Jesu zentraler Angriff auf das Gesetz gewesen – auf *jedes* Gesetz, das er überwand, indem er es erfüllte. Und wegen dieses Angriffs mußte er, vom Standpunkt jeglicher Politik aus zu Recht, sterben.

Zu Recht; denn solche Botschaft war das genaue Gegenteil dessen, was man damals unter Recht, Kontinuität, Ethik und Philosophie verstand – und was man bald wieder darunter verstehen sollte. So war die Urgemeinde, trotz des Geistes der Brüderlichkeit und der Erinnerung an den Herrn, die sie erfüllten, von Anfang an mit der Paradoxie beschäftigt, welche die Christenheit nie mehr verlassen sollte: mit der Paradoxie nämlich des Überlebens in einer Welt, die ‹an sich› mit der Gegenwart Jesu schon gerichtet und überwunden war.

Trotz der Spärlichkeit der außerchristlichen Dokumente und der redaktionellen Tendenzen der Akten, Briefe und Evangelien wissen wir heute ziemlich viel über diese ersten Jahre der Gemeinde. Wir glauben annehmen zu dürfen, daß der petrinischen Lösung des Leitungsproblems eine kurze Epoche dessen vorausging, was man ein Kalifat nennen könnte: eine Verwaltung der Tradition durch die Verwandten Jesu unter Führung von Jakob dem Älteren. Lassen wir aber Fragen beiseite, die zur Parteilichkeit herausfordern; stellen wir die eine, allgemein anerkannte Tatsache fest, daß sich schon in den ersten Jahren in der Urgemeinde eine Überzeugung durchsetzte, die Überzeugung nämlich von der baldigen Wiederkunft des Menschensohnes. Diese Überzeugung (alle Dokumente belegen es) beseelte das gesamte Selbstverständnis der Gruppe und wurde auch von dem großen Paulus geteilt. *Maranatha* – komm, Herr! war der stereotype Gebetsruf dieser ersten Generation.

Wiederkunft als klar erkennbares, jede Geschichte beendendes Ereignis – war sie, so müssen wir fragen, unabdingbarer Bestandteil der Lehre Jesu selbst? Die Evangelien führen eine Reihe seiner Aussprüche auf, die darauf schließen lassen. Albert Schweitzer hat sich zu der Ansicht bekannt, daß die eigene Überzeugung Jesu von seiner chiliastischen Wiederkunft notwendig sei, um seine Gestalt und sein Wirken zu erklären. Allerdings: ‹Ihr kennt nicht den Tag und die Stunde›, lautet ein wichtiger Satz zu diesem Thema; und selbst wenn der Satz der Arbeit eines späteren Redakteurs zu verdanken wäre: er läßt die Möglichkeit offen, daß Jesus selbst davor warnte, Wiederkunft zum Angelpunkt seiner Botschaft zu machen.

Logischer ist es, anzunehmen, daß die sehnsüchtige Beschwörung der Rückkehr des geliebten Meisters zunächst und vor allem ein gemeindebildender Faktor war, genauer: ein Faktor, der die Gemeinde daran hindern sollte und sie wirklich lange daran hinderte, zu einer kontinuierlichen ‹Organisation› zu werden, an dieser Kontinuität interessiert zu sein, Wurzeln in einer fremden und die Botschaft mißverstehenden Kultur zu schlagen. Wiederkunftsglaube wäre dann der erste Lösungsversuch des Dilemmas, von dem wir sprachen: des Dilemmas der Existenz in einer Welt, die schon gerichtet war. Indem man auf die endgültige Offenbarung dieses schon angebrochenen Gerichts wartete, kam man nicht in die Gefahr, die Saat der Botschaft unter die wuchernden Dornen des *Aion*, der fortdauernden Zeitlichkeit, zu säen.

Wer ganz unerbittlich ist, kann schon in dieser Wiederkunftserwartung Abfall und Verrat wittern. Er kann argumentieren, daß Jesus jeden einzelnen dazu herausfordert, Jesus ‹zu werden›; daß er in jedem, der ihm nachfolgt, die alles überwindende Glaubens- und Liebespotenz freisetzen wollte, die jede heteronome, das heißt von außen hereinbrechende ‹Endlösung› in Form eines künftigen Heilsereignisses überflüssig machen würde. Schon die Übertragung der Erlösung auf ein solches Ereignis von außen, eine verordnete Zukunft, käme dann dem Offenbarungseid – und damit dem Abfall der Gemeinde gleich: *Maranatha* als Alibi.

Nun, wer so argumentiert, muß eine sehr hohe Meinung von seinem eigenen Jesus-Verständnis und eine mittelmäßige Meinung von den Jüngern und Freunden Jesu haben; eine Meinung, die letzten Endes auf Jesus selbst reflektiert. Daß ihn die Seinen nicht verstanden, dokumentieren die Evangelien ständig (auch ein Beweis für die hartnäckige Ehrlichkeit der späteren Kirche). Ein Mann wie Jesus, den heute auch der Agnostiker als religiöses Genie anerkennt, hätte dann als ‹Pädagoge› wie als ‹Stifter› versagt, weil er sein Erbe höchst unzuverlässigen Verwaltern anvertraut hätte. Nein, bleiben wir auch in diesem Zusammenhang unserer eigenen Methode treu, stellen wir ganz einfach fest, daß es weder einen jakobitischen noch einen petrinischen, noch einen paulinischen ‹Abfall› gab, sondern daß sich bereits die Urgemeinde mit dem Problem befassen mußte, das dem Christentum verblieb und das unsere Welt bis in die Gegenwart geformt hat: nämlich dem Gegensatz zwischen der Erinnerung an den Herrn und der Notwendigkeit, ohne ihn in der Welt *als Gemeinde* leben zu müssen.

Sieht man das Problem in dieser unparteiischen Sicht, so erweist sich – wie schon gesagt – die Sehnsucht nach der Wiederkunft des Herrn als eine erste, logische Modifikation der ‹Anti-Methode› Jesu selbst. Diese Sehnsucht, die den noch Abwesenden ins Zentrum jeder *Ecclesia*, jeder sich bildenden Gemeinde stellte, war zunächst die sicherste Abwehr gegen jede organisatorische, juristische, theologische und kasuistische Verfestigung. Sie war die Konsequenz aus der Lehre, welche die Jünger empfangen hatten: nämlich aus der harten Verwahrung Jesu selbst gegen jede Spekulation über Rangordnung und Hierarchie. Die Seinen hatten in ihm den Blitz gesehen, der leuchtet vom Aufgang bis zum Niedergang – und warteten nun auf den Donner. Der Donner kam nicht: Jesus kam nicht wieder. Wenn es ein historisch gesichertes Faktum in der Kirchengeschichte gibt, dann ist es dieses. Ob man Jesu Wiederkunft für möglich hält oder nicht, spielt in diesem Zusammenhang keine Rolle. Wichtig ist lediglich das Faktum selbst. Daß es ein negatives Faktum ist – das Nichteintreten eines erwarteten Ereignisses –, nimmt ihm nichts von seiner Bedeutung – im Gegenteil. Mit der Stunde oder mit der Dekade, in der die Wiederkunft als unmittelbares organisatorisches (oder anti-organisatorisches) Moment aufgegeben werden mußte, beginnt die eigentliche Kirchengeschichte; beginnt die Geschichte einer Weltkirche, die ihre *raison d'être* aus einer Negation aufbaute: aus der ausbleibenden Wiederkunft – und aus der Negation einer Negation: aus der Weigerung, aus solchem Ausbleiben die Konsequenz der Selbstauflösung zu ziehen.

Die Dialektik der Negation bestimmt von da an bis in unsere Tage den Weg der christlich beeinflußten Menschheit.

Die Kirche – von nun an können wir den Ausdruck verwenden – mußte sich also auf Dauer einrichten. Auf eine provisorische Dauer gewissermaßen; aber eine Dauer, deren historische Erstreckung niemand kannte außer dem Vater. Damit war die Entscheidung für eine – wie immer geartete – Orthodoxie gefallen: die Kategorie der Vorsorge, die in Jesu Logien und Gleichnissen eine so negative Rolle spielt, wird zur Kategorie der Kirche. Was ihr verblieb, um vorzusorgen, waren einige wenige Blankovollmachten: die Vollmacht des Bindens und Lösens, die Verheißung an Petrus den Felsen, die Aussicht auf den Paraklet, den Tröstergeist, der alles lehren würde, was bislang noch verborgen war. (Hier geht es nicht um exegetische

‹Echtheits›-Fragen, sondern um das Selbstverständnis der Kirche, wie es sich unter den neuen Verhältnissen kristallisierte.)

Wer in der Geschichte der nächsten kirchlichen Jahrtausende einen spirituellen Macchiavellismus ohnegleichen am Werke sieht, hat (meistens) recht. Er bedenkt jedoch nicht, welche Voraussetzungen vorlagen. Der Vorwurf, die Kirche habe alle oder fast alle Karten des Spiels gezinkt, ist unrichtig, weil zu schüchtern: sie mußte die Karten nämlich nicht nur zinken, sondern selber zeichnen. Der Stifter hatte ihr für das Spiel, in das sie nun eintrat – eintreten *mußte* – einfach keine Karten hinterlassen. Sie mußte anfangen, Rom und Hellas zu taufen.

Wieder ist es interessant zu beobachten, was der Wechsel der geistigen Perspektiven aus dieser Epoche der Kirchgengeschichte gemacht hat. Zur Zeit unserer Großväter hat man das, was man (höchst fragwürdig) die Taufe von Hellas und Rom nannte, als die hervorragendste Leistung des Christentums gepriesen. Heute geht die progressistische Geschichtsschreibung (und vor allem die christliche) umgekehrt vor: die Rezeption zunächst der hellenistischen, dann der römischen Kategorien wird dem Christentum als seine historische Ursünde angekreidet. Bleiben wir auch hier auf dem Teppich unserer Methode; wiederholen wir: in dem Augenblick, wo sich die Gemeinde nach dem Ausbleiben der Wiederkunft zum Weiterleben entschloß, war die Entscheidung für eine wie immer geartete Orthodoxie gefallen. Und in diesem Augenblick mußte sie feststellen, daß sie in weiten und wichtigen Gebieten – Ethik, Recht, Verhältnis zur heidnischen Umwelt – keine *doxa*, keine Lehre besaß, ja gar nicht besitzen konnte. Vom jüdischen Gesetz (einem Gesetz der Kontinuität, wie immer die ursprünglichen Verheißungen interpretiert werden können) war sie losgerissen; also ging es darum, Leerräume aufzufüllen. Und sie wurden aufgefüllt.

Erste Evidenz findet sich bereits in den kanonischen Schriften des Neuen Testaments, vor allem für die Ethik. Der Alltagsgebrauch formulierte die sogenannten ‹Haustafeln›; wenig differenzierte Dokumente einer Moralität von kleinen Leuten. Heute werden sie von linken ‹kritischen› Christen häufig als Beweis für die gesellschaftliche Unwirksamkeit des historischen Christentums angeführt, für seine ursprüngliche Disposition zur ‹Untertanenmoral›. Und sicher sind diese Haustafeln, in denen Dienstboten zur Fügsamkeit, Herrschaften zur Milde ermahnt werden, keine Vorschriften zum Umsturz. Aber es heißt den ganzen geistesgeschichtlichen Zusammenhang vernachlässigen, wenn man nicht sieht, daß sie noch im Schatten der Gewißheit der Wiederkunft entstanden. Wiederkunftsgewißheit kann ihrerseits als Evidenz der Manipulation, der Niederhaltung von Sklavenzorn mißverstanden werden; wir hoffen jedoch gezeigt zu haben, daß hier andere Mechanismen am Werke waren.

Mit den zentralen Strömungen der damaligen Welt hatten diese Haustafeln ohnehin wenig zu tun. Justin der Märtyrer und Clemens von Alexandrien vermittelten die Auseinandersetzung – besser gesagt: die Integration – mit den Werten der hellenistischen Ethik. Die griechische Spekulation hatte längst den *Dieu des Philosophes*, also die Rahmenvorstellung eines Gottes des Wahren, des Guten und Schönen angelegt; die Christen übernahmen diese Vorstellung, wie der katholische Theologe Ratzinger offen formuliert. Jesus wird in diesem Zusammenhang (z. B. bei Clemens von Alexandrien) zum Lehrer der *Hagia Sophia*, der Heiligen Weisheit (nach der später die Hauptkirche von Konstantinopel benannt werden sollte); die Kontinuität der Kirche war so durch die Annahme griechischer Spekulationsweisheit gesichert – und ging in die Kontinuität der hellenistischen Tradition ein.

Folgenschwerer war die Auseinandersetzung mit Rom. Schon das Johannes-Evangelium mit seiner Entlastung des Pilatus (der in Wirklichkeit der eigentliche Schurke im Karfreitagsdrama war) legt den Gedanken nahe, daß es den christlichen Gemeinden nach der Zerstörung von Jerusalem darum ging, sich auf Kosten der historischen Wahrheit von den Juden abzugrenzen, um nicht von den Folgen der jüdischen Rebellion betroffen zu werden. Es verbleibt aber die Tatsache der Christenverfolgungen, es verbleibt die unsägliche Leidensgeschichte mehrerer Jahrhunderte, es verbleibt die grundsätzliche und unbestreitbare Unvereinbarkeit christlichen Selbstverständnisses mit dem Selbstverständnis des römischen Imperiums – bis Konstantin.

Rom lebte – das muß festgehalten werden – im Gegensatz zur östlichen Reichshälfte in der religiösen Steinzeit. Wer die Vorgeschichtlichkeit solcher Religiosität begreifen will, muß sie etwa mit der Welt der Navajo-Indianer vergleichen. Erlösungslehren, ob sie jüdisch oder persisch oder ethisch-philosophisch waren, sprachen das römische Denken und Fühlen nicht an. Dies kreiste um zwei Grundthesen: *pacta sunt servanda,* das heißt: Verträge müssen respektiert und praktiziert werden, und *do ut des,* also: das Numinose wird rituell befriedigt und liefert den entsprechenden Gegenwert. Alles ist Präzedenz, das heißt jeglicher Kult-Akt in seiner Effektivität durch die peinlichste Anlehnung an die *mos majorum,* die Sitte der Väter, bestimmt. Wieherte ein Pferd in die Opferhandlung hinein, mußte der Akt von Anfang an wiederholt werden: die Götter (besser gesagt, die ambivalenten Mächte, die besänftigt oder manipuliert werden müssen) kann man vielleicht formell überlisten, aber sie kennen ihr Protokoll genau und bestehen darauf.

Unser humanistisches Curriculum verheimlicht eher diese Primitivität Roms, als daß es sie enthüllt. Die notdürftige Übersetzung griechischer Götter auf lateinisch hat einen synthetischen, römisch-griechischen Olymp erschaffen, der ebenso willkürlich zum Fixpunkt erklärt wurde wie das ciceronianische Latein.

Gerade weil Rom religiös so primitiv war, konnte es zur Herrscherin der Welt werden; die Formel Vergils: *parcere subiectis et debellare superbos* – die Unterworfenen schonen und die Hochmütigen niederzwingen, war nur deshalb so praktikabel und erfolgreich, weil der römische Imperialismus eine brutale Okkupationspolitik mit abergläubischer Scheu vor den Errungenschaften fremder Nationen vereinte. Die letzteren mußten – wenn die Formal *do ut des,* die Formel der rituellen Befriedigung möglicher numinoser Feinde, stichhaltig sein sollte – durch Übernahme in den Pantheon zu Alliierten der römischen Herrschaft gemacht werden. Sie blieben für die religiöse Innenpolitik ihrer Regionen zuständig; und zweifellos hätte es Rom nichts ausgemacht, auch Jahwe eine entsprechende Verbeugung zu konzedieren. (Pompejus hat, nach jüdischen Berichten, die Unterdrückungspolitik der Seleukiden gegenüber der mosaischen Religion sehr dezidiert beendet.) Leider wurde dies durch den Ausschließlichkeitsanspruch dieser ‹Gottheit› und durch das jüdische Bilderverbot unmöglich gemacht.

Die neue (zunächst wohl als jüdische Gruppe empfundene) Sekte der *Christiani* verschärfte das Problem. Man warf ihr *odium humani generis*, also einen Haß auf das ganze Menschengeschlecht vor; ein überraschender Vorwurf, denn die außerordentliche Liebestätigkeit und Solidarität der Gemeinden mußte bekannt sein. Der Vorwurf kann sich nur auf die Verweigerung der *pietas* beziehen – also die Verweigerung der ziemlichen Verehrung und der Kulte, die von alters her den Zustand der politisch-kosmischen Stabilität garantierten. Ihren Gipfel fand diese kosmische Sabotage der Christen in der Verweigerung des Kaiserkults, der nicht dazu erfunden war, um die Untertanen zu schikanieren, sondern um ihnen die Sicherheit einer numinosen Klammer der Religionsvielfalt zu gewährleisten. Hier wurde *ius divinum*, göttliches Recht, dauernd und in gefährlichster Form verletzt.

Plötzlich jedoch, nach den grimmigsten Verfolgungswellen der römischen Geschichte, bricht dieser Kampf gegen das Christentum ab, stellt Konstantin die gesamte Politik um, erläßt zunächst ein Toleranz-Edikt und bereitet dann eine christliche Staatsreligion vor.

Wie war das möglich? (Merken wir gleich an, daß dies eine gute Politik war, die nicht nur das Leben des Westreichs um einige Generationen verlängerte, sondern die Voraussetzungen für die Jahrtausendrolle von Byzanz schuf.)

Wie konnte eine Religion, die dem Imperium bisher stets und zu Recht als Zersetzungsfaktor erschienen war, zum zentralen Element der Stabilisierung werden? Diese Frage ist schon deshalb wichtig, weil sie einen Großteil aller künftigen Fragen nach dem Erfolg und den Folgen des Christentums vorwegnimmt.

Rudolf Hernegger, einer der prominentesten katholischen Verfechter der Abfall-Theorie, analysiert in seinem Buch «Macht ohne Auftrag» den Weg der Kirche zur konstantinischen Wende, die sie in die europäisch-vorderasiatische ‹Volkskirche› verwandelt. Seine Analyse ist in den Einzelheiten sehr gründlich, aber nicht frei von der manichäischen Geschichtsbetrachtung, die hinter allen Theorien vom Abfall oder vom Schiefgehen steckt. Immerhin hat Herneggers Sicht einen Vorteil: sie befreit Konstantin vom Odium der besonderen Verschlagenheit, die viele Gegner des Christentums (und viele progressive Christen) ihm zuschreiben. Konstantin war ein großer Mann, und er handelte in der Tradition jener illyrischen Generale, die vor ihm Kaiser und als solche Christenverfolger gewesen waren. Ihn trieb die gleiche Sorge um das Reich, das die vitalen Provinzler dem aufgeriebenen Italien abnahmen. Er war genausowenig ein Agent des bösen Feindes, wie er der Heilige war, den später die östliche Hagiographie aus ihm machte. Er sah die anscheinend unbesiegliche Kraft einer Minorität, die sich die beste Selbstverwaltung des Reiches aufgebaut hatte und der längst zahlreiche Mitglieder der staatstragenden Schichten angehörten. Er fühlte in sich den historischen Auftrag, das Reich zu retten. Er empfand – als römischer Kaiser, der er war – die Unzulänglichkeit der Verfolgungspolitik, schloß aus dem Vordringen des Christentums, daß sich die kosmisch-politische Balance geändert hatte und daß die numinose Klammer des Kaiserkults in seiner traditionell-römischen Form nicht mehr funktionierte. Er zog den weiteren Schluß, daß die Reichsreligion verändert werden mußte, wenn die Huld der ewigen Mächte, die so sichtbar die Christen begünstigte, nicht gänzlich vom Reich abgezogen werden sollte. Und er handelte dieser Einsicht entsprechend.

Hernegger folgert daraus völlig richtig, daß der Schurke des Dramas nicht Konstantin sein kann. Worin er irrt, ist die Annahme, daß die Rolle des Schurken besetzt werden muß, daß sie unentbehrlich ist. Der Schurke ist deshalb für ihn die ‹abfallende› Kirche, ist ihre Wahl der schlechteren Möglichkeiten seit Jahrhunderten, ist, praktisch, ihr Mißverstehen der Botschaft Jesu oder doch zumindest ihre Abwendung vom Idealtypus ihrer selbst, eine Abwendung, die sie hilflos und sogar freudig zustimmend der konstantinischen Umarmung auslieferte.

Wie schon öfters erwähnt, gehen wir auf diese Methode grundsätzlich nicht ein. Gemeinde oder Urgemeinde wurde Kirche, weil sie Kirche werden mußte, das ist alles. Sie mußte Ethik rezipieren, die dem Geist der Botschaft widersprach, weil der Herr nicht wiederkam. Sie mußte die feierliche Präsenz Christi als Kultmysterium begehen, weil er nicht wiederkam, und weil es darum ging, sein Gedächtnis möglichst lebendig zu erhalten. Sie mußte Vorsteher wählen, mußte sich mit römischem Recht befassen, mußte Gnosis, Doketismus, eine Fülle von Korruptionen aus der wuchernden Umwelt der Mittelmeerkulte abwehren – sie brauchte also eine Verfassung. Und da in allen diesen Fragen die Botschaft keine Antwort gab (jedenfalls keine Antwort, die praktikabel war), wurden die Leerräume mit dem Material aufgefüllt, das der damalige Zustand der Geisteswelt lieferte. All dies ist bereits in der paulinischen Bereitschaft angelegt, ‹allen alles› zu sein, den Juden ein Jude, den Griechen ein Grieche, den Heiden ein Heide.

Wenn es einer weltlichen Begründung für den Erfolg des Frühchristentums bedarf, dann war es diese Flexibilität, diese elastische Ausgangsposition, die sich wohl nie geändert hat. Der Macchiavellismus, den man vor allem der römischen Kirche zur Last legt, leitet sich nicht aus einer moralischen Verworfenheit oder geistigen Unzulänglichkeit der Kirchenfürsten ab, sondern aus dem nie verlorengehenden Bewußtsein der ‹Uneigentlichkeit› des Betrieblichen: ‹eigentlich› war und ist das Geschäft der Kirche kein anderes als die Tradierung einer Botschaft, die mit dem Betrieb kaum einen Zusammenhang aufweist. Und die Kirche ist, trotz aller Willfährigkeit, die sie später den diversen Mächten der Welt entgegenbrachte, immer eine verräterische Partnerin geblieben. Oberstes Gesetz war für sie stets die Erhaltung der eigenen Kontinuität; sah sie diese Kontinuität durch die Beibehaltung eines Bündnisses gefährdet, kündigte sie es ohne jeden Skrupel auf.

Oberstes Gebot der weltlichen Herrscher mußte es also sein, der Kirche keinen eigenen Apparat mehr zu gestatten; eben jenen

Apparat, der in der Zeit der großen Verfolgungen entstanden war und allen Ausrottungsversuchen getrotzt hatte. Das erkannte schon Konstantin, der sicher die Folgerungen aus den Schicksalsvorgängen zog. Und sein Schachzug war genial: wenigstens im östlichen Reichsteil sicherte er eine cäsaropapistische Verfassung. Die späteren westlichen Kaiser, bis zu Napoleon und Franz Joseph, sollten weniger Glück haben.

Trotzdem war Konstantins Versöhnungs- und Umarmungsstrategie auch im Westen folgenschwer. Er stellte, ein umgekehrter Marx, die Botschaft von den Füßen auf den Kopf, indem er ihren personalen, psychischen, gesellschaftlichen Unterbau durch den einer spätantiken abergläubischen Majorität ersetzte. Die Folgen sind in der sogenannten Volksfrömmigkeit zu spüren, von der noch öfters die Rede sein muß. (Die germanischen Völker werden ihr weitere, höchst merk- und fragwürdige Beiträge liefern.) Diese Volksfrömmigkeit entstand jedoch nicht nur durch Öffnung der Kirche für die kaum belehrten Massen, sondern als Folge einer weiteren Konsequenz aus dem Ausbleiben der Wiederkunft Christi: aus dem Reich der Toten.

Seit dem Jahre 33 bis in unsere Tage wächst dieses Reich ständig an. Die toten Christen sollen teilhaben am endzeitlichen, verheißenen Heil: die Kirche wird dadurch ein dreistöckiges Haus, in dem zwei von drei Stockwerken – die leidende und die triumphierende Kirche – von Toten bewohnt sind. Für Jesus und die Seinen stand das Los der Toten nicht im Vordergrund des Interesses; auch die Auskunft des Paulus, auf welche die Überzeugungen der Christenheit bis in unsere Tage zurückgehen, wird gleichsam nebenbei erteilt – als eine pastorale Antwort unter anderen, vermutlich auf eine konkrete Anfrage der besorgten Gemeinde.

Doch je zahlreicher die Toten werden, je länger die Wiederkunft auf sich warten läßt, desto stärker rückt das individuelle Heil nach dem Tode in die Mitte des gläubigen Bewußtseins: die Heilsverwaltung beginnt.

Es ist unendlich wichtig, diese Bedeutung der Toten für den Weg der Kirche, der Christenheit und der Menschheit zu sehen. Ohne sie wäre nie die Funktion der Heilsverwaltung entstanden, die Marx als ‹Opium für das Volk› beschrieben hat. Sinn der Heilsverwaltung ist es zunächst, Unsicherheit über das Jenseits in Sicherheit zu verwandeln. Das gelingt natürlich nie ganz; der Sinn der Botschaft spricht dagegen. Moral, Ethik wird wieder wichtig, und der rechte Glaube – nicht der festeste; Kriterien werden gewünscht – nicht von oben, sondern von unten, von der Basis her. Wer wird verworfen, wer wird gerettet? Es bleibt die Angst, trotz aller Kriterien. Die ursprüngliche Auskunft, als Barmherzigkeit gegenüber den armen Angehörigen gedacht und empfunden, wird wirksam als Terrorinstrument: als Angst vor dem Jüngsten Gericht, das heißt vor der Wiederkunft – eben jener Wiederkunft, welche die Urgemeinde mit so brennender Ungeduld erwartet hatte. Es gibt keinen klareren Beweis für die völlige Verkehrung des ursprünglichen christlichen Lebensgefühls als den Vergleich zwischen dem Ruf der Urgemeinde: Komm, Herr Jesu! und den Strophen des *Dies Irae*, jener Sequenz der Totenmesse, die den Tag des Zornes und der Rache schildert. Zwar betont die gleiche Sequenz die Retterrolle Christi; aber da er selbst auch der Richter des Zornes ist, werden andere Fürsprecher gesucht, mächtige Patrone, welche die Klienten vor den Schranken des römischen Rechts vertreten. Eine Schar von Heiligen übernimmt das schwere Amt. Allen voran steht die milde Gottesmutter, in deren Gestalt nun die Magna Mater des Mittelmeerraumes, die Erdmutter der germanischen Religiosität uralte stabilisierende, ja kosmogonische Funktionen übernimmt. Die endgültige kulturelle Prägung nicht nur des Katholizismus, sondern auch der griechischen Orthodoxie hat begonnen.

Was das katholische Lebensgefühl von dem der Orthodoxie zusätzlich unterscheidet, ist die juristische Durchbildung der Gnadenbuchführung. Diese spielt nicht nur in der sogenannten Volksfrömmigkeit eine Rolle. Die Verwalter des Heils sind keine großen Propheten, keine Künder mehr; sie dürfen es gar nicht sein, denn der Typus des Propheten würde nicht nur den Apparat, sondern auch die Erwartungen der Menge verunsichern. Gewünscht sind solide Charaktere, Leute, die etwas von Buchführung verstehen.

Dies ist schon deshalb wichtig, weil die Buchführung zwangsläufig eine doppelte wird: die kleinen Leute verstehen etwas anderes darunter als die Experten. Bestes Beispiel wird die Ablaßpraxis. Hat man einmal den Grundsatz ausgesprochen, daß der Apparat von sich aus über den *Thesaurus Ecclesiae*, d. h. über den Gesamtkredit aller Verdienste Jesu und der Heiligen verfügt, ist der logische Weg bis zum Inkasso durch die Beamten des Bankhauses Fugger beschritten. Für das kleine Volk entstand das Ärgernis – und das Ärgernis war berechtigt; nicht, weil das Volk die ganzen Feinheiten der Buchführung verstanden hätte, sondern weil es der Kirche nicht gelingen konnte, die Subtilitäten der Ablaßtheorie begreiflich zu machen. (Noch in meiner Jugend war es z. B. unmöglich, einem Katholiken aus einfachen Verhältnissen klarzumachen, daß ein ‹vollkommener Ablaß› nicht die Ablösung sämtlicher Fegefeuerstrafen für den Empfänger bedeutete. Die historische Verbindung mit der frühchristlichen Bußpraxis, auf der die Terminangaben der Ablässe beruhen, war dem kollektiven Bewußtsein völlig verlorengegangen, so daß die Buchführung der Volksfrömmigkeit tatsächlich und naiv mit erlassenen Fegefeuerterminen operierte.)

All dies ist für unser Thema nur deshalb wichtig, weil der Apparat der Heilsverwaltung zur wichtigsten inneren Kontrolle für alle nur denkbaren Herrschaftssysteme werden konnte. Halten sich solche Systeme an ein Minimum von Gesetzlichkeit, sichern sie dem Apparat das Monopol der Heilsverwaltung zu, indem sie die Kirche respektieren und anerkennen, so werden sie selbst durch die Ethik gesichert, deren endgültige Sanktionen und Belohnungen total, da ewig und jenseitig sind. Nur so ist der praktische Umschwung der das Lebensgefüge einer antik-frommen Gesellschaft bedrohenden Christlichkeit in die Macht- und Stabilitätskirche des nachkonstantinischen Systems zu erklären. Für unser Thema gilt es also folgende Fakten festzuhalten:

1. Die Gemeinde wird zur Kontinuität gezwungen, sie organisiert sich, wünscht nun selbst Kontinuität, wird zur Kirche.

2. Die erstrebte oder erreichte Kontinuität ändert das Verhältnis zur Endzeit: die Wiederkunft des Herrn wird nicht mehr ersehnt,

sondern gefürchtet.

3. Durch die Jahrhunderte immer stärker wächst das Reich der Toten, die leidende und triumphierende Kirche. Den Zugang zu diesem übermächtigen Teil aber kontrolliert die Kirche selbst; sie verwaltet das Heil, das nun das individuelle Heil im Jenseits geworden ist.

4. Dadurch lösen sich die Kriterien des Heils von der Welt; Welt wird, trotz ihrer enormen Wichtigkeit als Stätte der Bewährung, zur Welt des einzelnen, wird als solche unwichtig, neutral, wenn nicht verächtlich.

Dennoch muß an dieser Stelle festgehalten werden, daß der Weg der Kirche zum Heilsapparat und zur Stütze der Herrschaft nicht einfach eine Regression war. Das Christentum hatte Bewußtsein und damit auch die Verhältnisse unwiderruflich verändert. Hier seien nur einige dieser Veränderungen angeführt:

1. Pan war tot; d. h. die alte archaische Naturreligiosität war endgültig zerstört. Gewiß, der volkstümliche Glaube hat mit Brauchtum und Gebetsgewohnheiten, mit schlauen Substitutionen von Heiligen für die alten Feld-, Wald- und Wiesengötter einen konstanten und sehr erfolgreichen Druck auf die Lehre ausgeübt, aber die Lehre selbst reichte das judäische Grundprinzip weiter: alles ist nun profan, was den Heiden heilig war.

2. Das Ende der ethnischen Mythen ist auch das Ende der ethnischen Priesterschaften geworden: Das Heil ist grundsätzlich international. Sicher haben Herrscher und Mächte versucht, die Uhr zurückzudrehen; aber nicht einmal im Osten ist dies ganz gelungen, geschweige denn im römischen Westen. Die Kirche als mehr oder weniger selbständiger Vertragspartner der Kaiser und Könige war den Griechen und Römern unvorstellbar; in der neuen Situation war und blieb das Erbe der großen alttestamentarischen Propheten wenigstens in einem Punkte lebendig.

3. Die wichtigste Veränderung aber, welche in kommenden Jahrhunderten unter ungeheuren Schmerzen den modernen kritischen Geist aus dem Mutterschoß der mittelalterlichen Menschheit lösen half, war der Widerspruch, der von nun an zwangsläufig die

europäische Geschichte begleitet und formt: der Widerspruch zwischen Botschaft und Kontinuität, zwischen Evangelium und der Praxis des Apparates.

Von diesem Widerspruch wird in den folgenden Kapiteln die Rede sein. Halten wir jedoch fest, daß er wie die anderen Resultate der beginnenden christlichen Geschichte eine Negation ist. Pan wurde getötet, die alte Einheit von Politik und Religion wurde durch einen Dualismus abgelöst, der zwar (wie im deutschen Frühmittelalter) durch das kaiserliche Selbstverständnis verdeckt, aber nie ganz aufgehoben werden konnte, und der schon zur Zeit Barbarossas in offene, fast grundsätzliche Feindschaft mündete. Was bleibt, ist Kampf: der Kampf zwischen den Verwaltern des Erbes und dem Propheten, dessen zornrotes Auge in den Himmeln nach den Zeichen der Endzeit sucht.

Orthodoxe und Ketzer

Die ersten ‹dogmatischen› Ketzereien, die unmittelbar nach dem Ende der Christenverfolgung, ja teilweise vor ihr ausbrachen, haben den Blick dafür verstellt, daß der entscheidende Dualismus oder vielmehr die entscheidende Zweigleisigkeit christlichen Selbst- und Lebensverständisses in einer neuen, wohlwollenden Umwelt nichts mit Glaubensinhalten zu tun hatte – oder doch nur sehr indirekt. Das entscheidende Dilemma, vor dem die arrivierte Christenheit stand, war das Ende der spezifisch christlichen Lebenspraxis.

Gewiß, schon für das dritte Jahrhundert ist bezeugt, daß Christen in vielen Schlüsselpositionen des Reiches tätig waren. Auch christliche Soldaten und Offiziere hat es gegeben. Dennoch blieb immer die Auffassung lebendig, daß die Praxis der Gemeinden nicht von dieser Welt sein dürfe. Martinus, der später als ‹christlicher Rittersmann› viel verehrte Heilige, verweigerte in dem Augenblick den Gehorsam, als es darum ging, das römische Abendland vor den Barbaren zu schützen – christlich gesprochen: er weigerte sich, zu töten, obwohl er Soldat war. Wer der Verantwortung seines Berufes in einer weltlichen Umgebung nicht entrinnen konnte, schob oft genug die Taufe bis zum Lebensende oder doch bis zum Ruhestand vor sich her: Konstantin, dem man dies übel ankreidet, ist hier keineswegs eine Ausnahme gewesen.

Auch die Bußpraxis faßte oft den notwendigen Akt der Reue und Umkehr in einer öffentlichen Handlung zusammen, die ziemlich schmerzhaft war, sehr im Gegensatz zur späteren katholischen

Beichtpraxis, die auf permanent eingenommene Sedativa gegen den Reueschmerz hinauslief.

Eine Bürde hatten die Christen vor dem Ende der Verfolgung und vor dem Mailänder Dekret nicht zu tragen: Verantwortung. Verantwortung nämlich für die raumzeitliche Kontinuität des Reiches an der Welt, Verantwortung für die Errungenschaften der römisch-hellenistischen Zivilisation. Vom Standpunkt der Kaiser aus war es deshalb nur vernünftig, dieser großen und gefährlichen Minderheit solche Verantwortung aufzubürden. Das uralte Problem der ‹schmutzigen Hände› ist hier zum erstenmal – und wohl nie mehr in schärferer Form – aufgetaucht. Das erste Resultat – viel wichtiger für die Zukunft, für unsere heutige weltliche Existenz als die Streitigkeiten um die *homoousios*-Formel oder den Vorrang der Patriarchate – war die Geburt des Mönchtums.

Die lächerliche Präokkupation unserer Gegenwart mit Geschlechtsmerkmalen, die bis tief in die Kreise der progressiven Christen hineinreicht, macht uns die Welt der Wüsteneremiten, der Zönobiten und Büßer unverständlicher, als dies gemeinhin nötig wäre. Ihr erstes und wichtigstes Motiv war der sichere Instinkt, daß mit dem Ende der Verfolgungen – positiv gesprochen, mit der Übernahme politischer Verantwortung – die Botschaft Christi vor einer tiefen und gefährlichen Krise stand. Christen hatten nun in und für zwei Aione, zwei Arten von Zeit, zu leben: für die Endzeit der frühchristlichen Erwartung, für den großen Donnerschlag, der dem Blitz der Erscheinung des Herrn folgen mußte – und für den Aion der Welt, der nach wie vor den Gesetzen der antiken Politik und Gesellschaft unterlag und für den das mühsam akklimatisierte Christentum kein wirksames Umsturzmodell anbot. Man hat sich oft gewundert, warum die Kirche selbst keinen wesentlichen Protest gegen die konstantinische Machtübernahme hervorbrachte; hier, in der Option des Mönchtums, lag er vor. Daß er ein Protest der Lebenspraxis war, liegt durchaus auf der Linie der Botschaft selbst. Die Eremiten und Mönche entschieden sich für den Aion der Erwartung und gegen den Aion der weltlichen Kontinuität.

Armut, Unabhängigkeit, Besitzlosigkeit waren dabei selbstverständliche Aspekte der Praxis. Der Zölibat, also die Ehelosigkeit, trat aus verschiedenen Gründen hinzu, die für unser Thema nicht einmal sehr wesentlich sind. Die Bemerkung Jesu von den ‹Verschnittenen um des Reiches willen› wurde zum System überhöht (ein Mechanismus, auf den die Christenheit seit Ausbleiben der Wiederkunft mehr und mehr angewiesen war); und sie wurde in Verbindung gebracht mit der nicht unlogischen Befürchtung, daß Glaube keine Sache der Geburt, sondern der Entscheidung sei; daß das Überwiegen von Volkstumschristen, die von klein auf in ein christliches ‹Milieu› hineinwachsen, nicht der wahren Natur der Botschaft entspreche. Natürlich kamen massive manichäische und neuplatonische Einflüsse dazu, welche für die grotesken und grausamen Züge mancher Eremiten- und Zönobiten-Existenz sicher eher verantwortlich zu machen sind als die christliche Tradition selbst.

Die negative wie die positive Bedeutung des Mönchtums für die weitere Entwicklung des Christentums liegt nicht sosehr in der Weltflucht als vielmehr in den sehr weltlichen Folgen seiner Entstehung. Die ersten Konsequenzen wurden schnell sichtbar: da die Christenheit sich nicht nur horizontal in Mönche und Laien, sondern auch vertikal in die verschiedenen dogmatischen Parteien spaltete (welche vor bindenden Konzilsentscheidungen und vor dem Auftauchen der praktischen Vormacht von Rom oder Byzanz noch nicht formal als Ketzereien angesprochen werden konnten), erkannten die Ekklesiarchen, die sich um die Bannung ihrer jeweiligen Gegner auf Konzilien und Synoden bemühten, den Wert einer Schlägertruppe, die sich aus den Wüsteneien Syriens und der Halbinsel Sinai mühelos für die eine oder andere Lehrmeinung rekrutieren ließ. Die Räubersynoden jener Jahrzehnte verdanken ihren düsteren Ruf gerade solchen Horden, die aus dem Nichts jenseits aller Zivilisation gegen die jeweiligen dogmatischen (und politischen) Gegner in den Metropolen herangeführt wurden. Ich weiß nicht, ob sich eine ‹existenzielle› Verbindung dieser Heiligen Krieger zum Islam herstellen ließe: die geographische Nähe von Arabien gibt jedenfalls zu denken.

Aber auch diese ersten, buchstäblich handfesten praktischen Folgen des Mönchtums waren nicht so entscheidend wie die langfristigen, die sich erst nach dem Sieg der gemäßigten Regeln der Großen, Basilius und Benedikt, einstellten. Sie waren vor allem soziologischer und wirtschaftlicher Natur. Man halte sich vor Augen, daß durch diese Regeln hochorganisierte Zellen der Kooperation geschaffen wurden: überdurchschnittlich talentiert, zur geistigen und wirtschaftlichen Disziplin angehalten, dabei durch ihre rechtliche Selbständigkeit überschaubar und in hohem Maße zu Lernprozessen befähigt, deren Resultate durch Jahrhunderte weitergereicht werden konnten.

Es ist eine Ironie der Geschichte, daß diese Mönchsgemeinschaften, deren ursprünglicher Impuls die Weltflucht war, zu den stabilsten und vernünftigsten Inseln der Zivilisation in den sogenannten dunklen Zeiten, den *Dark Ages*, wurden. Je mehr Europa in die Gewalt von barbarischen Heerkönigen und Feudalherren geriet, desto klarer wurde diese Überlegenheit der Klöster. Durch die Ordensregeln am privaten Konsum gehindert, aber von eben dieser Regel zur produktiven Arbeit angehalten, häuften sie Mehrwerte an, deren Höhe und Herkunft einem volkswirtschaftlich naiven Zeitalter rätselhaft bleiben mußten. Ihre beste Pointe erreicht diese Ironie im Schicksal der sogenannten Reformer: der schlechthin unerreichte Wirtschaftsorden des Mittelalters, die Zisterzienser, entstand aus dem Bemühen, den schlaff und reich gewordenen Benediktinerklöstern das Ideal des mönchischen Ursprungs entgegenzusetzen. Benedikts Regeln wurden wieder wörtlich interpretiert, das Gebot der Arbeit für alle, auch die frei und adlig geborenen Chorherrn, wieder in Kraft gesetzt, der individuelle Konsum drastisch zurückgeschnitten, die Architektur der Kirchen und Klöster strengen Vorschriften der Bescheidenheit unterworfen. (So erkennt man noch heute Zisterzienser-Abteien am Fehlen des Turms, der ihnen ein Symbol des Hochmuts war.)

Die Folgen müssen jedem Volkswirtschaftler klar sein: innerhalb von zwei oder drei Generationen waren die Klöster der Zisterzienser die reichsten Europas. In England eroberten sie ohne große

Anstrengung das Monopol der Wollproduktion, indem sie einen neuen Qualitätsstandard setzten; im Osten, jenseits von Elbe und Oder, leiteten sie die landwirtschaftlichen Musterbetriebe. Wenn es je effiziente Produktionskommunen gegeben hat, dann waren es diese Klöster. Sie bescherten uns ein Prinzip, das erst später, nach seiner Ausdehnung auf den wirtschaftlichen Gesamtbereich, das Antlitz der Erde verändern sollte: das Prinzip der rationellen Tageseinteilung nach festgelegten Uhrzeiten, welche säuberlich Produktion, Kontemplation und Rekreation voneinander schieden. Ohne die Mönche gäbe es keine Stechuhr.

Dazu traten die Vorteile der Bildung. Die Klöster hatten nicht nur das Monopol der internationalen Sprache zu verwalten, sondern den Alphabetismus überhaupt. Es ist klar, daß sie keineswegs schüchtern in der Anwendung dieser Vorteile waren: wer einmal in alten Klosterfolianten geblättert hat, in denen seit des Carolus Magnus Zeiten genauestens alle Schenkungen, Präbenden, Privilegien bis hinunter zum letzten Wasserrecht registriert sind, versteht den tiefen, ohnmächtigen Haß, der im Zeitalter der Feudalanarchie jeden weltlichen Anrainer gegen diese Besserwisser erfüllen mußte.

Gefährlich wurde diese Überlegenheit in dem Augenblick, wo sie ihre Möglichkeiten in der Politik entdeckte: die Selbstfindung des römischen Papsttums wurde von den Klostern Cluny und Clairvaux aus betrieben und ermöglicht. Diese Selbstfindung beruhte aber nicht nur auf der sozialen Überlegenheit der Klosterkultur, sondern auf einer negativen Folge der konstantinischen Wende: der Einteilung der Gemeinden in Klerus und Laien, die wiederum nur die organisatorische Konsequenz der ‹zwei Reiche›, des Dilemmas der zwei Aionen war.

In dem Augenblick, wo das Christentum unter Konstantin und seinen Nachfolgern zur Staats- und Volkskirche wurde, brach die Klammer der Lebensdisziplin, die bislang die Gemeinden zusammenhielt, unter einem zweifachen Druck: dem Druck der uralten Gefühls- und Lebensweise einer mediterranen und später keltisch-germanischen Majorität und dem Entschwinden der Enderwartung.

In dieser Situation konnte die Kirche nur auf ihre Blankovollmacht zurückgreifen: die Vollmacht des Bindens und Lösens. In kürzester Zeit waren pastorale und theologische Entscheidungen von größter Tragweite zu treffen. Wie sie fielen, haben wir im vorhergehenden Kapitel besprochen: sie fielen zugunsten einer Verwaltung des Heilsapparates. Diese Verwaltung wurde in kompetenten Händen zusammengezogen: in denen des Klerus. Die Hierarchie institutionalisierte sich parallel mit der Beamtenhierarchie des diokletianisch-konstantinischen Systems und teilweise mit dessen Insignien und Amtsbezeichnungen. (Noch heute ist jedes Pontifikalamt ein lebendiger Anschauungsunterricht in spätrömischem Amtsprotokoll.) Dieser Weg wurde im Feudalbereich des Mittelalters konsequent eingehalten.

Doch muß hier schärfer differenziert werden, als dies der kritische Progressismus gemeinhin tut. So ist die mönchische Unterwanderung des Klerus (die im ursprünglichen System keineswegs angelegt war) durchaus auch als eine Tendenz zu verstehen, den Klerus von den schlimmsten Übeln des bereits gerichteten Aions freizuhalten. Der resultierende Machtzuwachs entsprach ziemlich genau der raschen Mehrwert-Akkumulation der Klöster: als einziger intellektueller Stand in einer Welt von Bauern und Kriegern, sehr früh international organisiert und nicht an die Erbfolge gebunden, die in einem Zeitalter frühen Todes und gefährlicher Kindbetten ein ständiges Lotteriespiel war, wurde der Klerus vor allem des Westens zur entscheidenden gesellschaftlichen Macht.

Da er zudem als einziger Stand zunächst die Tradition des römisch-justinianischen Rechts weitertrug, errang er bis zur Aufkunft einer gebildeten Laienschicht in den Städten das Verwaltungsmonopol. Diese Städte aber (zumindest in Italien) optierten wenn nicht für den Klerus, so doch für den Papst: sie wollten mit seiner Hilfe die Herrschaft des germanischen Feudaladels und des Kaisers abschütteln. Der Versuch gelang.

Was immer die ursprünglichen Intentionen gewesen sein mochten: gegen Ende des Mittelalters standen sich in Westeuropa zwei Gesellschaftsmächte gegenüber. Die eine waren die alten Kronen und die Feudaladeligen, die sich Europa als einen Kontinent von Erbhöfen aufgeteilt hatten und denen es gelungen war, wenigstens die Ränge des höheren Klerus zu besetzen: die andere, modernere Macht war das Papsttum mit seinen Verbündeten, den italienischen Signorien, seinem Kirchenrecht, seiner zentralisierten Finanzverwaltung und seiner Kontrolle des Heilsapparates. Im Grunde konnte kaum ein Zweifel bestehen, welches System das stärkere war. Die straff institutionalisierte Kirche mußte siegen, sie war moderner und hatte die Kräfte der Zukunft auf ihrer Seite.

Sie erlag dennoch. Denn sie hatte zwei wesentliche Faktoren übersehen, die im Schema keinen Platz mehr fanden. Der eine war – der Laie, der nichtklerische Gläubige, für den es heute noch keine befriedigende Definition in der katholischen Kirche gibt; und der andere, dessen sich ein aufkommender Laienstand prompt annahm, war die alte Botschaft selbst.

Im Grunde handelt es sich dabei um ein und dasselbe. Die Tatsache, daß sich die Kirche, das heißt die verwaltende Heilskompetenz, die Interpretation der Heiligen Schrift vorbehielt, beweist, daß sie das Problem klar erkannte. Sie hatte mit der einen Waffe der Blankovollmacht die Kontinuität der Heilsverwaltung sicherstellen müssen, sie war – in Ost und West auf verschiedene Weise – zum wichtigsten Stabilisierungsfaktor der Gesellschaft geworden, sie hatte alle inneren Kontrollen und alle geistlichen Sanktionen fest in der Hand – aber sie war sich durchaus bewußt, daß sie auf einem Pulverfaß saß, und dieses Pulverfaß konnte sie deshalb nicht loswerden, weil es ihre eigene, innerste Existenzberechtigung war: die Botschaft des Herrn im Alten und im Neuen Testament. Mehr aus Versehen denn aus Planung zur Erbin und Nachlaßverwalterin des alten, realistischen, auf Kontinuität bedachten Rom geworden, schloß die Kirche eine Botschaft ein, die zu dieser römischen Kontinuität in schärfstem Gegensatz stand. Die alte Formel: «Rom hat Christus verraten» läßt sich in diesem Zusammenhang auch positiv formulieren: *Trotz ihrer unabweislichen Tendenz zur Kontinuität brachte es die Kirche nicht fertig, sich der Botschaft der Verheißung zu entledigen.*

In dieser Formel läßt sich die ganze Paradoxie römisch-katholischer Christlichkeit zusammenfassen; eine Paradoxie, die mit den Schwierigkeiten der Gegenwart in enger Beziehung steht. Der Mann, der um die Wende des 19. zum 20. Jahrhundert dieses Dilemma der katholischen Kirche am klarsten und schärfsten erkannt hat, war Charles Maurras, der Vater der *Action Française* und als solcher einer der Stifter des Faschismus. Mit einer Aggressivität, die Rom (längst nicht mehr dem kaiserlichen, sondern dem päpstlichen) äußerst unangenehm war, hat er postuliert, daß die Aufgabe der Kirche nicht die Übermittlung der Botschaft eines Wüstenjuden sei, sondern die Tradierung der altrömischen und mittelmeerischen Werte: des Sinnes für Ordnung und Klarheit, der *mesure*, der *clarté*, des politischen Realismus: *politique d'abord*. Rom hat lange gezögert, ihn zu verdammen – es wußte wohl, warum. Denn Maurras sagte im Grunde genau das gleiche, was die Progressiven sagen – er rechnete sich lediglich zur anderen Partei.

Was Maurras übersah, in seiner Lage wohl übersehen mußte: ihm schien die christliche Botschaft, die Botschaft des ‹Wüstenjuden›, wie er sagte, abstrus und unerheblich; das war und ist sie jedoch keineswegs. Gäbe die Kirche die Botschaft auf, wäre sie selbst nichts anderes mehr als eine Maschine, die das eigene Schmieröl erzeugt. Es mag solche Epochen in der Geschichte gegeben haben – lange konnten sie nicht dauern, weil sie zerfallen mußten, sobald ein Prophet auf das Material der alten Verheißungen stieß, ihre Unvereinbarkeit mit der kirchlichen Praxis erkannte und das Banner erhob.

Der erste Prophet, der dies tat, hieß Muhammed. Ich bekenne mich hier offen eines Versäumnisses schuldig, das ich, nicht ohne die Schuld der Kirchen, mit den meisten meiner europäischen und amerikanischen Zeitgenossen teile: der Islam ist uns im Grunde unbekannt. Dies ist um so bedauerlicher, als sein Erfolg wie sein enormer Einfluß auf die Geschichte der Christenheit außer Frage stehen. In unserem Zusammenhang – der Dialektik von Orthodoxie und Ketzerei – wäre jedenfalls die Frage zu stellen, ob die Methode des Propheten nicht die Methode jeder erfolgreichen Ketzerei war – die in seinem Fall sicherlich auf beide Traditionen, das Alte wie das Neue Testament, bezogen werden müßte. Indem der Prophet die Divinisierung Jesu aufhob, ihn in die Reihe der großen Künder von Abraham bis zu sich selbst stellte, regredierte er auf einen ebenso einfachen wie einleuchtenden Monotheismus, der an den Subtilitäten hellenistischer Theologie vorbeigehen konnte. Diese Theologie war auf ihre Weise bereits Heilsverwaltung; ihr setzte er unbekümmert und selbstbewußt die Fahne eines charismatischen Genies entgegen.

Wir handeln hier von Wirkungen; und die Wirkung des Islams war jedenfalls überwältigend. Das ganze Mittelalter hindurch befand sich die Christenheit ihm gegenüber in der Defensive; und zwar nicht nur militärisch, sondern auch kulturell. Doch das sind allgemein bekannte Tatsachen, auf die wir hier verzichten können. Wichtig ist uns Muhammed als Vorläufer der Ketzereien des Abendlandes: als der Prophet nämlich, der die Sprengkraft der alten Verheißungen des Bundes entdeckte, wenn man sie nur einmal der Hinterwelt der Heilsverwalter entriß und als konkretes Kampfziel einem kühnen und begeisterungsfähigen Volk vor Augen stellte.

Im Abendland ließ die Ketzerei nicht lange auf sich warten. Sie brauchte zwei Dinge: eine gesellschaftliche Basis und einen geistesmächtigen Künder.

Die gesellschaftliche Basis blieb bis in die Tage der Reformation hinein das Bürgertum in seinen verschiedenen Ausprägungen; der wunde Punkt mittelalterlicher Seelsorge waren die Städte. Alte urbane Landschaften des Südens wurden die ersten Herde der Ketzerei. Das Schicksal der Albigenser ist bekannt. Weniger bekannt ist, daß auch der Bürgersohn Francesco aus der Stadt Assisi den Behörden – wir können bereits sagen: dem Heiligen Büro – verdächtig war und eigentlich immer blieb.

Denn jedes religiöse Genie muß verdächtig sein, weil ihm die Kontinuität und die Stabilität eines Heiligen Büros keinen Raum bietet. Solche Genies kümmern sich in der Regel nicht um Kontinuität, um Realpolitik, um Vorsorge für morgen. Die Botschaft überfällt sie, und sie überfallen mit ihrer Botschaft die Menschheit. In ihrer eigenen Gerechtigkeit (die nicht die Gerechtigkeit dieser Welt ist) fühlen sie zutiefst, daß die Kategorien der Vorsorge, die gefällige Anordnung juristischen und ethischen Materials letzten Endes Alibis sind; Wandschirme, die man vor die letzten Fragen stellt.

Dies erklärt auch, warum es meist geraume Zeit dauert, bis sich das Heilige Büro über das Ketzerische oder Nichtketzerische einer neuen Bewegung klarwerden kann. Der Ketzer findet die Wahrheiten, die ihn entzünden, in der gleichen Tradition, die das Heilige Büro nach seinen Vorstellungen pflegt und verwaltet.

Er macht also das Heilige Büro zunächst sprachlos, denn dieses weiß zunächst nicht, ob hier schlichte Kompetenz im Sinne der bisherigen Verwaltung am Werke ist oder eine neue gefährliche Abweichung sich anbahnt.

Was findet der Charismatiker in der Schrift? Er findet die Botschaft Jesu. Er findet seine strikte Ablehnung jeder Verfestigung. Luther etwa stellte eine klassische Frage, die in der Theologie auch der Heilsverwalter gang und gäbe war: «Wie schaffe ich mir einen gnädigen Gott?» Und er, gemartert vom Ungenügen der gebotenen Sicherheiten, nahm Zuflucht zur radikalen Barmherzigkeit, die er in den alten und neuen Schriften des Testaments entdeckte. Die Werke, so spürte er, verstellten geradezu den Glauben, machten ihn existenziell unmöglich. Und mit dieser Feststellung geriet er erst in die Kategorien des Heiligen Büros und machte seine Verurteilung notwendig. Denn die Werke waren schließlich die Zahnräder und Transmissionsriemen der komplizierten Heilsmaschinerie.

Die Calvinisten gingen einen Schritt weiter als Luther. Sie stießen unter der Frage der Werke auf die Fagwürdigkeit der Kirchenverfassung, die sie in der Botschaft nicht entdeckten. Sie institutionalisierten die Kategorie der Brüderlichkeit, die durch die Entwicklung eines Jahrtausends verschüttet worden war und die Luther noch nicht auszugraben wagte. Für das Schicksal der ganzen Welt ist die calvinistische Komponente des Protestantismus wichtiger geworden als die lutherische.

Die Folgen des Protestantismus sind bekannt. Aber sind sie wirklich so bekannt, wie man annimmt? Hat man Kirchengeschichte wirklich mit der dialektischen Präzision betrieben, die man etwa (seit der Geburt des Marxismus) den weltlichen Phänomenen der Wirtschaft und der Gesellschaft zuwendet? Hier, so will mir scheinen, sind noch Funde zu machen, wenn man nicht von Parteilichkeiten (auch solchen des Marxismus) ausgeht, sondern die Quellen so berücksichtigt, wie sie dastehen. Welche Ungenauigkeiten noch das progressistische Geschichtsbild trüben, sei hier an einem Beispiel erläutert, das Max Weber bekanntgemacht hat: dem Zusammenhang zwischen Calvinismus-Protestantismus und Kapitalismus.

Stellen wir diese These nicht in Weberscher Ausführlichkeit, sondern in der Verdichtung dar, die sie inzwischen in den meisten Köpfen erfahren hat. Der Calvinismus, so will diese These, hat durch die Abschaffung des römischen Heilsapparats und durch seine radikale Vorbestimmungslehre zunächst die einfachen Gläubigen sehr verunsichert. Er hat das geschaffen, was David Riesman den ‹innengelenkten Menschen› nennt, also den Menschen, der die Gebote und Verbote wie einen Kreiselkompaß in der eigenen Brust trägt. Wie aber versichert sich nun dieser Mensch des Heils, das Gott ja beliebig und ohne Rücksicht auf verwaltende Instanzen verteilt? – Er wird, wenn es auch die Theologie nicht hergibt, nach einem Kriterium der Heilsgewißheit suchen; und als Kriterium bietet sich die alttestamentarische Kategorie des ‹Gerechten› an. Der Gerechte, so steht geschrieben, blüht wie ein Baum, gepflanzt an Wasserbächen, seine Herden gedeihen, seine Familie prosperiert – kurz, der Gerechte ist wirtschaftlich erfolgreich. Und damit ist der entscheidende Stimulus für das Ethos des *homo oeconomicus,* des wirtschaftlich orientierten Menschen gegeben.

Das Unangenehme an dieser scheinbar so einleuchtenden Genese des calvinistischen Gewerbefleißes ist nur, daß sie eine Reihe von Fakten außer acht läßt, die berücksichtigt sein wollen. Hier seien nur zwei davon genannt:

Erstens – die Reformatoren, das heißt Luther und Calvin zumindest, dachten in wirtschaftlichen Fragen bewußt rückschrittlich. Zinsnehmen, die Basis für jede Finanzwirtschaft, war ihnen ein Greuel. Für Deutschland wurde es zum Schicksal, daß sie damit den Unwillen des größten damaligen Finanzmannes erregten: Jakob Fuggers. Er wäre, alles in allem, ein guter Protestant oder zumindest ein guter Kandidat für den Protestantismus gewesen – aber die Haltung Luthers zu dem, was er in Venedig als modernes Finanzgebaren gelernt hatte, stieß ihn ausgesprochen ab. Er ließ sich von Rom bestätigen, daß zumindest seit dem 14. Jahrhundert, seit Bernhardin von Siena, moraltheologische Interpretationen vorlägen, die Zinsnehmen durchaus gestatteten, und zwar in wirtschaftlich angenehmem Umfang. Der größte Kapitalist Deutschlands blieb also aus kapitalistischen Gründen katholisch.

Wichtiger noch scheint mir eine zweite Tatsache. Im 17. Jahrhundert, nachdem sich der Staub der Reformation und der Religionskriege gesenkt hatte, war die wenn nicht zukunftsträchtigste, so doch die modernste Macht der weißen Menschheit kein protestantisches, sondern ein katholisches Land: Frankreich. Es hatte die Macht des Feudaladels am entschiedensten gebrochen, es verfügte über Rechtseinheit (ein ungeheurer Fortschritt) und über die rationellste Ausnutzung der politischen wie der Produktionsmittel. Das England der Stuarts wirkte dagegen ärmlich, rebellisch und buntscheckig und konnte sich – bis in die Tage Wilhelms von Oranien – nur mit Hilfe weitgespannter Koalitionen, die auch katholische Länder einbezogen, gegen die französische Hegemonie wehren.

Diese Evidenz legt nahe, nach Gemeinsamkeiten zu suchen, welche die Entwicklung Frankreichs wie die der gleichzeitigen protestantischen Welt betreffen – und in der Tat sind diese Gemeinsamkeiten nicht schwer zu finden: sie sind in dem Prinzip *une foi, une loi, un roi* niedergelegt – ein Glaube, ein Gesetz, ein König.

Mazarin und vor allem Richelieu hatten begriffen, daß jeder moderne Staat ernst machen mußte mit einer negativen Folge der Reformation: nämlich der effektiven Zerschlagung des internationalen kirchlichen Einflusses auf dem Gebiet von Recht und Verwaltung. Nur so, durch die Abschaffung der zahllosen Privilegien und

Libertäten, welche die Kirche sich herausnahm – mit anderen Worten, durch die Abschaffung des kirchenrechtlichen Staates im Staate –, waren die neuen Aufgaben des Absolutismus zu bewältigen.

Die wichtigste politische Folge der Reformation war also eine Negation: die Zerschlagung des internationalistischen kirchlichen Verwaltungsapparats. Diese Folge betraf nicht nur die Territorien und Länder, die sich nun zur lutherischen oder reformierten Kirche bekannten, sondern auch jene, die katholisch blieben. Das Gesetz, daß sich attackierte Systeme den Methoden des Gegners anzupassen haben, trat in Kraft, und zwar auf beiden Seiten.

Ähnliches gilt für den neuen Typ des ‹innengelenkten Menschen›. Er ist nicht nur protestantisch-calvinistisch, sondern hat seine höchste Ausprägung im Jesuitenorden gefunden. Ja, man kann sagen, daß auch in diesem Fall die Mönche ketzerischer waren als die Ketzer. Calvin und Ignatius bezogen extrem entgegengesetzte theologische Positionen – aber sie waren sich sehr ähnlich, studierten beide am Kollegium Montaigu in Paris und waren so Zöglinge jener bürgerlich-holländischen Frömmigkeitsrichtung, welche sich *Devotio Moderna* nannte. Aber während Calvin mit Rom brach, zog Ignatius die Folgerung, daß das Management komplett überholt werden müsse, und er tat gerade dies in sehr moderner Weise. Der Verfasser eines Buches «How to Run a Worldwide Enterprise» könnte von Calvin nicht besonders viel, von Ignatius aber eine ganze Menge lernen.

Da sich alle unsere Überlegungen auf Folgen des Christentums für unsere heutige Welt beziehen, sind auch die eben genannten Beispiele nur deshalb methodisch wichtig, weil sie die Dialektik erhellen, die unsere europäische Geschichte zumindest seit den Tagen christlicher Gemeindebildung bestimmt. Die religiösen Genies, welche Reformation auslösen, befassen sich nicht mit den weltlichen Folgen ihres Aufbruchs; das liegt ihrem Ingenium und ihrem Temperament völlig fern. Wenn es ihnen überhaupt um Gesellschaftliches geht, dann um die Zerschlagung eines Heilsapparates, den sie als widerchristlich und als verderblich für die Seelen denunzieren. Aber die Resultate entziehen sich ihrer Kontrolle: sie entstehen aus den Zerstörungen von juridischen, ekklesiologischen Strukturen – Zerstörungen, die sozusagen als Abfallprodukt des Prozesses zum Vorschein kommen. Durch den Regreß auf die uralte Botschaft vom Reich Gottes, stillgelegt durch eine kontinuitätsbewußte Hierarchie, werden zunächst eben diese hierarchischen Überbauten negiert, die ihrerseits durch die Hilflosigkeit der Hierarchen gegenüber den ethischen, juristischen, politischen Leerräumen der Botschaft entstanden sind. Voraussetzung für das Gelingen dieser Zerstörung ist allerdings, daß die Überbauten – mögen sie Aristotelismus oder Ablaßhandel heißen – nicht nur den Zorn der religiösen Genies erregen, sondern von plötzlich aufmerksam werdenden irdischen Interessenten als überholt und lästig empfunden werden – *und zwar von solchen Interessenten, die sich im historischen Aufstieg befinden.*

Bis zum Anbruch der Neuzeit war dies in der Regel nicht der Fall; die Ketzerei der Waldenser und Albigenser kam zu früh und widersprach den Interessen der herrschenden Mächte. Auch Wyclif und Jan Hus kamen noch zu früh. Luther kam nicht zu früh für die abergläubischen, reliquiensammelnden deutschen Fürsten, die seine Protektoren wurden, weil die Abrechnung mit dem allenthalben dreinredenden Rom überfällig war.

Thomas Münzer kam sowohl zu spät wie zu früh. Es ist schick geworden, ihn in den Pantheon der großen Rebellen einzureihen (Ernst Bloch sollte sich allerdings die Nachbarschaft von Herrn Forte verbitten), und er war zweifellos eine integre Figur, die unsere Sympathie herausfordert. Zudem ist Luthers Verhalten in seiner Sache höchst abstoßend, das braucht nicht geleugnet zu werden. Aber eine Chance hatte er nicht und konnte er nicht haben: Als Theologe war er der Entwicklung voraus, als Politiker – nämlich als Verbündeter der Bauern – war er an eine Sache geraten, die im wesentlichen frühmittelalterlich war. Weder die Organisationsstufe der einzelnen Haufen noch die Plattform ihrer sogenannten Artikel waren den Erfordernissen der Zeit gewachsen; gerade marxistische Interpreten werden dies unumwunden zugeben.

Der Ausgang der Bauernkriege zeigt eine zusätzliche Gesetzmäßigkeit der Dialektik von Ketzerei und Orthodoxie: in dem Augenblick, wo Ketzerei erfolgreich ist und sich politisch-gesellschaftlich konstituiert, ist sie politisch-gesellschaftlich keine mehr. Sie wird sofort zur neuen Orthodoxie. Ihre zerstörerische Wirkung auf alte Strukturen ist getan, nun trifft sie ihrerseits Vorsorge für das eigene Weiterleben, gründet Landeskirchen, entwirft ethische und politische Theorien, sinnt auf Gerichtsbarkeit, um ihrerseits die Ketzerverdächtigen auf Herz und Nieren prüfen zu können. Der prophetische Typus wird wieder ausgeschieden, Typen der Inquisition, bürokratische Typen spähen mit der gleichen Brille, schnuppern mit der gleichen Nase nach jenem Rüchlein der Ketzerei, welches doch bis vor kurzem ihre eigene Sache ausgeströmt hat – worauf sie paradoxerweise nicht wenig stolz sind.

Und natürlich finden sich neue Ketzer. Denn das Ärgernis der Botschaft bleibt. Die Verhältnisse sind nach wie vor unerträglich, man stellt fest, daß das neue Programm die Sache der Freiheit, der geistlichen wie der weltlichen, auch nur um Zentimeter vorwärtsbringt, und über kurz oder lang späht wieder ein zorniges Auge nach den Wolken des Himmels, auf denen der Menschensohn des Gerichts kommen soll, um den Anbruch des wahren Reiches zu verkünden. Noch in der säkularisiertesten Gestalt wird an diesem Spähen in die Nacht der Typus des Ketzers zu erkennen sein. Und immer wieder wird ein päpstlicher Legat, ein heiliger Synod, ein Hohes Konsistorium, ein Ideologisches Büro entscheiden, daß hier ein Verbrechen erster Klasse vorliegt, eine ungeheure Gefahr; wird entscheiden, daß dieser und jener auszurotten sei, daß die Rückkehr zum rechten Gesetz und zum rechten Glauben jedes Mittel rechtfertigt, daß die trotzige Fahne der Brudergemeinde mit Massenmord, Verrat, Pech, Schwefel und Napalm heruntergeholt werden muß. Die Brudergemeinde aber holt die Fahne nicht ein, denn sie weiß die Botschaft hinter sich: das alte feste Bewußtsein der gesamten jüdisch-christlich beeinflußten Menschheit, daß unerträgliche Verhältnisse, Entfremdung, Knechtschaft, Mangel an Selbstbestimmung und Selbstverwirklichung kein natürlicher Zustand sind, sondern die Folgen eines Fehlers, einer Erbsünde, einer falschen

Struktur, notwendigerweise zu beseitigen durch den ehernen Gang der Heilsgeschichte, an deren Ende das Reich steht. Weil sie das weiß, kämpft auch sie bis zum letzten.

Damit wird die letzte, die schlimmste Gesetzmäßigkeit sichtbar, die das Widerspiel von Orthodoxie und Ketzerei in unserem Denken eingeprägt hat: die Gesetzmäßigkeit der totalen Auseinandersetzung. In dieser Auseinandersetzung schrumpft buchstäblich die ganze Welt zusammen und wird zum Schlachtfeld oder zum Rüsthaus für den großen Kampf zwischen Gut und Böse, zwischen Licht und Finsternis. Zunächst schwindet in solcher Perspektive alles Menschliche am Gegner – er wird Teufel, Schwein, Knecht der Hure Babylon, Auswurf der höllischen Unzucht. Kommt es zum Waffengang, zerfallen alle bisherigen Konventionen der Kriegführung, gibt es kein Asyl und kein Pardon mehr. *Caedite, caedite* – schlagt tot, schlagt tot, Gott wird die Seinen schon herausfinden. Ganze Völkerschaften und Kontinente werden in den Kampf geworfen und verwüstet – denn er rollt vor dem Prospekt göttlicher Allmacht und satanischer Auflehnung ab, und kein Unbeteiligter kann etwas dagegen haben, in so kosmischer Bataille sein Scherflein an irdischem Leid zur Sicherstellung des geistlichen, ideologischen Sieges beizutragen. So lange diese Flamme brennt, gibt es auch keinen Frieden: Kriege dieser Art können zwanzig, dreißig Jahre dauern und enden nur dann, wenn eine neue Konstellation der geistlichen oder weltlichen Interessen die Perspektive verändert. (So war es im Dreißigjährigen Krieg nach der Intervention Frankreichs, so wird es in Vietnam sein, wenn sich das Engagement für das ‹Gute› endgültig als Chimäre herausstellt, welche die Interessen der Zukunft blockiert.)

Die letzte Konsequenz dieser Gegnerschaft ist eine Art der Kriegführung, die die totale Entfremdung von der nichtmenschlichen Schöpfung enthüllt: die Trennung von Absicht und Resultat ist vollständig, wenn große Ländereien biologisch zerstört, wenn die Lebensgrundlagen von Generationen liquidiert werden. Deutschland nach dem Dreißigjährigen Krieg war fast so weit – nur die technologische Primitivität der kriegführenden Parteien verhinderte eine komplette Wüstenei. Vietnam ist da fortschrittlicher: dort werden sich die Dschungel des Mekong-Deltas wahrscheinlich nie wieder erholen, die ökologische Balance ist umgekippt.

Spätestens hier müßte es klar sein, daß es sich beim Thema dieses Kapitels nicht um Theologie handelt, sondern um gegenwärtige Grundfragen der Menschheit – um Vietnam, aber auch um den August 1968.

Aber ebenso erhellt das Beispiel Vietnam, daß es falsch wäre, in dieser Wiederkehr eines Grundmotivs nichts als eine Neuauflage der antik-östlichen Lehre vom ewigen Rollen des kosmischen Rades zu sehen. Gerade in der Zerstörung überholter Strukturen steckt ein wie immer gearteter Fortschritt: jedes neue Establishment wird bestrebt sein, die Argumente und Kategorien seiner eigenen ketzerischen Vergangenheit dem eigenen Arsenal einzugliedern; und so muß die nächste Ketzerei zu neueren, präziseren Waffen greifen – ideologisch wie buchstäblich. Aristoteles, der Heide, war im scholastischen Gewand eine Waffe des kirchlichen Internationalismus gegen die alte patriarchalische Feudalverfassung; im Reformationszeitalter wurde er zum Kronzeugen wider die Ketzerei und die aufstrebende Naturwissenschaft.

Naturwissenschaft. In diesem Stichwort begegnen wir der erfolgreichsten und folgenschwersten List der Kämpfer um das kommende Reich. Mit den Naturwissenschaften kam die Möglichkeit, den Kampf endgültig zu säkularisieren; er wurde nun dynamisch wie nie zuvor und entdeckte seine furchtbarsten Waffen. Die neuen Ketzereien regredierten vor das Christentum zurück zu den ältesten Kategorien der Verheißung: zum Bündnis zwischen dem Gott der Erwählten und dem Gott der Schöpfung, zur Verheißung der totalen Herrschaft über diese Schöpfung und zur Garantie der ökologischen Fülle, die einst Noah empfangen hatte – zur unbegrenzten Ausbeutung.

Übung zwei:

Ein Mann des Heiligen Büros

Punktundstreusand. Das Gutachten ist fertig. Ich setze das Siegel des Heiligen Büros darunter, das furchtbare, mit unserem siegreichen Feldzeichen; und daneben meine bescheidenen kleinen Anfangsbuchstaben. Unser Gutachten beweist, daß die Gebrüder Bronski, Cavallero und Hofstetter gegen die Perikopen Nummer 8, 11, 13 und folgende des Zentralen Buches sowie gegen die Beschlüsse der Zweiten Urversammlung gehandelt und gesprochen haben und deshalb verdammt sind.

Ich habe das Gutachten weisungsgemäß erstellt. Habe ich Hochmut gezeigt? Mir zuviel zugemutet? Frohlockt mein Herz? Keineswegs. Ich habe weder aus niederen Beweggründen noch gegen mein Gewissen geschrieben, im Gegenteil. Denn nicht ich habe verdammt. Das Heilige Büro verdammt überhaupt niemand, sondern die Gebrüder haben sich selbst verdammt.

Bronski, Cavallero, Hofstetter und die Ihren wußten, was sie taten und tun. Sie wußten und wissen, daß sie gegen die Unverletzlichkeit der Lehre handeln, und daß das Heilige Büro nichts ist als der Polizist am Eingang zum Palast der Lehre. Sie erklären, den Bauplan zu kennen, die tiefinnersten, geheimsten Absichten der Stifter. Und uns beschuldigen sie – uns, diesen Grundplan verraten zu haben.

Haben wir geschmäht? Haben wir die Meute angestiftet, das heilige Feldzeichen zu zerreißen? Keineswegs. Aber wir sind keine Dummköpfe. Wir sind freilich keine Seher und Charismatiker, wie dies der große Gründer und seine Freunde gewesen sind.

Ihnen lag Detailarbeit nicht; die Auslegung, die Anwendung auf tatsächliche Verhältnisse brauchten sie nicht zu leisten. Sie waren Genies, für die ihre Vision genügte: die goldene Stadt, die Türme aus Edelsteinen, der vollkommene Plan, in dem es kein Leid und keine Tränen mehr gibt und wo der Löwe neben dem Lamm ruhen wird.

Leider haben uns jene Heroen des Anfangs nicht gesagt, wie lange es dauert, bis wir diesen Zustand erreichen. Die Urversammlung saß und wartete. Die Urzelle teilte alles, was jeder hatte, und war überzeugt, daß sie es mit leiblichen Augen sehen würde: das Endreich. Daß es heraufziehen würde mit ehernem Schritt, ohne Rücksicht auf die Motive und Taten der lebenden und künftigen Menschen.

Wir, das Heilige Büro, sind dazu da, diesen Optimismus weiterzureichen, durch Jahrhunderte vielleicht. Aber in der Praxis nützt er uns nichts. Die Praxis ist schmutzig. Die Menschen sind unvollkommen, sie folgen ihrer animalischen Nase, ihren begrenzten Interessen, sie wollen weder hungern noch Opfer bringen und halten (vielleicht) durch ihre Unvollkommenheit die Ankunft des Reiches auf.

Das wissen wir; die Gebrüder Bronski, Hofstetter und Cavallero wissen es nicht oder wollen es nicht wissen. Sie reden vom menschlichen Antlitz der Verheißung, aber sie kennen das Antlitz des Menschen nicht. Sonst würden sie nicht die Überflüssigkeit oder gar Schädlichkeit des Heiligen Büros behaupten.

Dabei ist diese Behauptung selbst der Beweis dafür, daß sie ein menschliches Antlitz tragen – das des Hochmuts. Was würden sie denn an unsere Stelle setzen, wenn wir wirklich überflüssig sind? Die Willkür der Auslegung einer Botschaft, die nur allzu viele leere Räume enthält; in der fast nichts über Praxis, über Sittlichkeit, über die Methode des alltäglichen geistigen und politischen Kampfes steht.

Und wer wird willkürlich auslegen? Wer legt schon jetzt willkürlich aus? Sie selbst. Sie wollen als die seligmachenden Dolmetscher der Botschaft anerkannt werden, auch wenn sie so tun, als würden sie jedem Bauern und Handwerker die Interpretation des Geschriebenen freigeben. In ihrem einfältigen Hochmut sind sie davon überzeugt, daß diese Bauern und Handwerker dann schon nichts anderes herauslesen werden, als sie es tun.

Als Mann des Heiligen Büros, als Zelle eines lebenden Gedächtnisses, kann ich darüber nur lachen. Glauben denn diese Entdecker des wahren Plans, des menschlichen Antlitzes, daß die Gründer des Heiligen Büros etwas anderes gewesen sind, als sie selbst zu sein glauben? Hat nicht die Botschaft selbst Rebellion bedeutet und Revolution gesetzt, eben die Revolution, welche diese Gebrüder nun unterm alten Banner wieder aufrufen wollen? War nicht die Botschaft selbst die Verheißung der Überwindung von Verhältnissen, die unerträglich waren? Und können wir, das Heilige Büro, etwas dafür, wenn sie unerträglich geblieben sind?

Ich will ganz kühn werden und feststellen: wir, die Männer des Büros, hätten mehr Grund, mit der Botschaft zu hadern, als die Gebrüder. Schließlich läßt uns die Botschaft tagtäglich sitzen, wenn es um die Praxis geht, und zwingt uns zur Improvisation, zur etwas weiten Auslegung, zur allegorischen Gleichung, wenn wir aus der Botschaft etwas beweisen wollen. Glauben sie denn, wir kennen den Hunger nach dem Endreich nicht, das so lange auf sich warten läßt?

Freilich, sie behaupten, wir hätten die Erwartung betäubt und pervertiert. Wir, so behaupten die Gebrüder, wir vom Heiligen Büro hätten den Massen das Fürchten beigebracht, hätten sie täglich und stündlich vor den Richterstuhl praktiziert und die Botschaft der Hoffnung in die Angst vor der Zunkunft verwandelt.

O ihr Ahnungslosen! Begreift ihr denn nicht, daß die Massen die Zukunft *grundsätzlich* fürchten? Und daß sie nichts mehr fürchten als Veränderung? Denen, den Massen, ist es um Kontinuität zu tun, selbst um Kontinuität im Elend. Wer reichte ihnen nicht gern die Hand, um ihr Elend zu lindern, wer gäbe ihnen nicht gerne Medizin und Kleidung, wer führte nicht gerne den Vierzigstundentag ein und verkündete morgen die Republik aller Freien? Aber die Massen sind, so scheint's, gar nicht versessen darauf. Sie hassen im Gegenteil den, der an ihren Gitterstäben rüttelt, denn sie vermuten, daß er ihr Haus einstürzen will. Und leider ist ihr kollektives Mißtrauen berechtigt, gebt es zu. Die Massen haben öfters für das alte Recht gekämpft als für das neue – wenn sie überhaupt gekämpft haben; aber in ganz wenigen Augenblicken, wenn ihre Regierenden wirklich kolossale Dummköpfe waren, haben sie ihre Kraft in die Waage des Fortschritts geworfen. Das Resultat? Eine Katastrophe – für sie. Und das haben sie begriffen. Sie wollen das Heil im Diesseits gar nicht – oder nur ganz selten.

Was ist also zu tun? Genau das, was das Heilige Büro tut und getan hat. Die Botschaft ändern oder rückgängig machen können wir nicht. Sie ist unser Daseinszweck – außerdem verehren wir sie, auch wir, die Bürokraten, und wenn die rebellischen Gebrüder hundertmal das Gegenteil behaupten. Wenn wir sie aber nicht ändern oder rückgängig machen wollen, was ist zu tun? Wir müssen Brücken bauen, und wir müssen klarmachen, daß das endgültige Heil nicht von hier und heute ist. Daß der Zugang zu diesem Jenseits durch ein Tränental führt, daß er harte Arbeit, gute Werke, Abtötung kostet.

Der Preis kann hoch sein – die Leute wissen, daß es nichts umsonst gibt. Aber sie wollen die Preisliste kennen. Die Gebrüder, die jetzt gegen uns rebellieren, glauben den Leuten das ausreden zu können. Und tatsächlich lassen gewisse Aussagen des Stifters den Schluß zu, daß das Endreich aus der Notwendigkeit, d. h. aus der jenseitigen Fülle kommt. Aber kommt dann nicht auch das Unheil aus der Fülle? Wer wird erwählt, wer wird verworfen? Wer hat das richtige Bewußtsein? Das sind Fragen, an denen die Mehrheit verzweifelt. Sie zieht den Marsch durch die Wüste vor, wenn eine genaue Karte die Etappen zeigt. Und wenn der Aufenthalt in den Oasen kleine zeitliche Annehmlichkeiten mit sich bringt.

Das heißt, so ist es in der Regel. Aber die Gefährlichkeit von Bronski, Cavallero, Hofstetter und Gebrüdern besteht darin, daß es manchmal Ausnahmen gibt. Vielleicht haben sie einen jener Punkte in der Zeitlichkeit erraten, die eine Verführung der Massen ermöglichen. Vielleicht kommt ein Wind über die nächste Düne, der das kommende Reich verspricht und der die Massen versuchen könnte, die harte alltägliche Richtung zu verlassen, in die wir sie weisen.

Wir können also die Wahl nicht freistellen. Wir können uns nicht darauf verlassen, daß unser schweigendes Einverständnis mit den Massen immer und überall funktioniert. Wir müssen sie deshalb zu ihrem Glück nötigen, so durchsichtig und lächerlich diese Formel auch klingt. Wir müssen damit rechnen, daß wir durch Milde unseren Auftrag verraten, der da lautet: Bringt möglichst viele unversehrt durch die Wüste. Keiner kennt ja die Zahl der Erwählten, die dereinst das Heil mit eigenen Augen schauen werden.

Wir fragen also unsere Kritiker: Gibt es eine Alternative zur Macht, ist die Furcht, die wir im Grunde alle als Motiv verabscheuen, ist der harte Griff der Macht in dieser Zeit zu entbehren? Sicher, wir werden zur Umkehr mahnen, wie wir immer gemahnt haben; und niemand wird glücklicher sein als die allbarmherzige Mutter, das Heilige Büro, wenn die verirrten Kinder mit Tränen der Reue in den Augen zurückkehren. Was fordern wir denn so Großes? Nichts als ein wohlgefälliges Beugen des Nackens, die Anerkenntnis der Abweichung und die aufrichtige Versicherung, in Zukunft nicht mehr irrezugehen.

Aber das scheint ja den Gebrüdern bereits zuviel zu sein. Nichts erleben solche Leute lieber, als ihre Rechthaberei zur Wahrheit zu ernennen und sich für diese Rechthaberei vierteilen zu lassen. Sie verachten uns; sie verachten uns, weil sie unsere Mittelmäßigkeit kennen und diese für eine Beleidigung der Botschaft halten.

Darauf ist nur zu sagen: unsere Mittelmäßigkeit kennen wir selbst. Sie ist geradezu eine Voraussetzung für das Funktionieren unseres Büros. Wir haben vielleicht Angst vor der Großartigkeit der Vision; aber ist das ein Argument? Ist nicht vielmehr die Arbeit, die wir tun müssen, angewiesen auf Paragraphen, Dekrete, Präzedenzfälle? Wie will man sonst eine stabile Gemeinschaft fundieren? Die Leugnung der festen Grundsätze, welche die Abweichler immer wieder aus der Botschaft selbst herauslesen wollen, kann nicht die Fundierung einer stabilen Gemeinschaft sein; hier liegt ein Widerspruch, den ich erst einmal aufzulösen bitte.

Die schmutzige Arbeit muß also erledigt werden. Wir waren schon langmütig genug, die Zeit ist fortgeschritten. In endlosen Überlegungen haben wir versucht, mit diesen Gebrüdern zu einem Modus vivendi zu kommen, ohne die erforderliche Einheit und die letztgültige Autorität unwiederbringlich zu verletzen. Wir haben zu lange verhandelt. Das Geschwür ist gediehen, auf dem Berge Tabor flattert die Fahne der Schwärmer über den gepanzerten Haufen. Sie bedrohen den weltweiten Frieden. Unsere Feinde lachen über unsere Zwietracht, aber schlimmer als das Lachen der Feinde ist die Zwietracht selbst, denn sie schwächt unsere einzige Kraft: die fraglose Annahme der Botschaft durch alle, die sie einmal erreicht hat.

Die Schwärmer werden untergehen; darüber gibt es keinen Zweifel. Aber manchmal würde ich es ihnen gönnen, daß sie erfolgreich sind. Ich würde nicht ohne Schadenfreude miterleben, wie sie sich anstellen werden, wenn sie gesiegt haben. Sie werden dann ihrerseits Heil verwalten müssen – nämlich ihre Interpretation des Heils. Das heißt, sie werden ein neues Heiliges Büro errichten, welches Ketzer verfolgen muß; Ketzer gegen sie. Wie heißt es im Alten Testament? «Mein Vater Salomon hat euch mit Geißeln geschlagen, ich aber werde euch mit Eisenruten peitschen.»

Es gibt Menschen, die unter unserer notwendigen und heilsamen Herrschaft seufzen; aber immer wieder trifft man jene, die einer siegreichen Ketzerei gefolgt sind und nun nach der milden Unerträglichkeit unserer Herrschaft sich sehnen –

nach rechtschaffen müden Abenden auf der Hausbank, nach den kleinen Festen, die wir ihnen erlauben, nach der vergänglichen Wohltat des Fleisches und, vor allem, dem Wissen, daß das Endreich nicht ihre Sache ist, sondern die unsere.

Hat je irgendeiner darüber nachgedacht, was wir uns damit aufbürden – mit der Suche nach dem endgültigen Reich?

Linsen und Kanonen

Heute scheint man weniger denn je sicher zu sein, ob die Entfaltung von Wissenschaft und Technik etwas mit dem christlichen Entwicklungsschema der weißen Welt zu tun hat oder nicht.

Das gängige Geschichtsbild (meist nicht mehr als ein fertig bezogener Druck aus der Firma Progress & Co.) will es jedenfalls haben, daß mit dieser Entfaltung die Geschichte erst richtig in Schwung kommt. Danach ging nach einem Jahrtausend, welches die Kirche kräftig im dunkeln hielt (*Dark Ages* heißt es schlicht auf englisch), die Sonne der Bildung wieder auf, die einst so fröhlich Hellas und Rom beschienen hatte; die italienische Renaissance, der deutsche und holländische Humanismus, das elisabethanische England der Abenteurer und Dichter fegte den Himmel von den alten düsteren Projektionen frei. Das neue Zeitalter hat seine Märtyrer: Galileo Galilei, Giordano Bruno. Sie sind die Winkelriede, die sozusagen auf ihrer nackten Brust die Speere der Reaktion zusammenziehen und der Freiheit eine Gasse bahnen. Durch sie bricht unwiderstehlich die Welt der Naturwissenschaften und der Technik ein, macht zum erstenmal seit den Tagen der Antike die Erde wieder bewohnbar und das Leben eine Lust.

Nun, schon die vorigen Kapitel sollten gezeigt haben, daß es mit diesem Schema nicht ganz stimmen kann. Tatsächlich sind eine Reihe von Differenzierungen notwendig, und zwar sowohl grundsätzliche wie historisch-praktische.

Fassen wir den Stier bei den Hörnern, gehen wir das spektakulärste Phänomen zuerst an: den Fall Galilei. Wer oder was erledigte

Galilei? Das Establishment seiner Zeit, zweifellos, und an seiner Spitze die Kirche. Nun war aber ausgerechnet jener Barberini, der später als Papst seine Unterwerfung erzwang, ursprünglich einer seiner Förderer gewesen, und zwar schon als Kardinal der römischen Kirche. Unter welchen Druck – so ist also weiterzufragen – geriet der Papst, der nicht auf dem Kardinal gelastet hatte? Oder wurde er unter dem Einfluß des Alters und Amtes konservativer, als er seinerzeit als Förderer gewesen war?

Der Druck, unter den der Barockpapst geriet, war der Druck eines Establishments; aber nicht eines theologischen (jedenfalls nicht in erster Linie), sondern eines philosophisch-akademischen. Das Gespenst, das ihn beeindruckte, der Dunkelmann, war weder Moses noch der Autor des Buches der Richter, auch nicht irgendein alter Kirchenvater, sondern das Gespenst hieß Aristoteles. Und zwar der Aristoteles, den der scholastische Schulbetrieb heiliggesprochen hatte. Wenn man den Herd der Repression, die Galilei zermalmte, lokalisieren will, dann hieß er nicht Rom, sondern Paris: jene Sorbonne, die sich bis ins 17. Jahrhundert hinein als *praeceptor ecclesiae*, als Lehrmeisterin der Kirche fühlte. Ihr Schulbetrieb bestand auf einem ‹geschlossenen› Weltbild, einem Weltbild, das Offenbarung und Welterkenntnis stimmig vereinte. Die Scholastik war damit durch eine Hintertür wieder auf den Königsthron gelangt, den in der Antike die philosophische Spekulation eingenommen hatte: den Königssitz der Welterklärung, der Deutung des Lebenssinnes. Thomas von Aquin hatte der Kirche in einem Augenblick höchster geistespolitischer Bedrohung diesen Bundesgenossen Aristoteles verschafft – und die Kirche hat sich an ihn wie an ein Rettungsfloß viel zu lange geklammert. Die Scholastik hatte sich selbst zur *philosophia perennis*, zur ewigen Philosophie, ernannt, und es gelang ihr bis in die Tage Pius' XII., diese Reputation zumindest offiziell beizubehalten. Noch der halbherzige Widerruf des Galilei-Urteils durch das Zweite Vatikanische Konzil hat diesen Tatbestand nicht zu berühren gewagt.

Mit den wichtigeren Entwicklungen der Renaissance hatten Naturwissenschaften und Technik zunächst sehr wenig zu tun. Das

Mittelalter hatte an sich gegen Technologie gar nichts; im Gegenteil, es war technologisch fortgeschrittener als die Spätantike. Daß wir den Erfinder des Pferde-Brustgeschirrs, die Erfinder so vieler kunstvoller Wassermühlenwerke nicht kennen, ändert nichts an der epochalen Bedeutung dieser Neuerungen. (Bemerkenswert ist, daß fast alle mittelalterlichen Erfindungen ‹umweltfreundlich› waren; das historische Instrumentarium, das uns erlauben würde, zu untersuchen, ob hier ein Zufall oder eine Kausalität vorliegt, steht noch aus.) Auch Bergbau und Landwirtschaft machten wichtige Fortschritte.

Was jedoch den *praktischen* Fortschritt des Mittelalters in Grenzen hielt, war die nicht-ökonomische Orientierung der Gesellschaft. Sowohl in der feudalen wie in der kirchlichen Rangordnung rangierten Erwerbstätigkeiten auf der untersten Stufe der sozialen Leiter. Sicher war die Arbeit gottgefälliger, als sie je in der Antike gewesen war – dafür sorgten schon die Orden. Aber solange die Kirche als etablierter Heilsapparat die Gleichheit der Menschen in der Welt des Jenseits sicherstellte, war kein großes Bedürfnis nach Sicherung des diesseitigen Reiches vorhanden.

Notwendig war also zunächst ein geistiger Umschwung; das ist das Körnchen Wahrheit, welches das progressive Geschichtsbild enthält. Dieser Umschwung hat aber nicht unmittelbar mit der Geistesblüte der Renaissance zu tun. Die Renaissance, genauer gesagt, der Humanismus, befaßte sich eben gerade nicht mit Naturwissenschaft. Er war ausschließlich geisteswissenschaftlich interessiert und setzte auf dem Gebiet der Philologie, der Literaturwissenschaft, der Kunst und Dichtung die Normen, die fast bis in unsere Tage gelten oder galten. Wenn die Renaissance (insbesondere die italienische) entscheidende Ansätze zu moderner Lebensgestaltung erarbeitete, dann lagen sie auf zwei Gebieten: der Politik und der Finanzwirtschaft.

Auf beiden Gebieten aber hat sich das päpstliche Rom vorurteilsfrei, man muß schon sagen skrupellos betätigt. Macchiavelli, der verbitterte Idealist, der sich schließlich darauf verlegte, Politwissenschaft als Verhaltensforschung im Raubtiergehege zu betreiben, bezog sein bestes Material aus dem Tigerkäfig der Borgias. Und anerkannte Autorität auf dem Finanzsektor war Venedig, eben jene Serenissima, die eigentlich immer außerhalb des Christentums Politik gemacht hatte: ihre beste und gewissenloseste im Bündnis mit Rom gegen das christliche Byzanz.

Noch bezeichnender für die Renaissance ist das Fehlen jeder eigentlichen Fortschrittsideologie. Sie empfand ihr Werk als Befreiung, aber als Befreiung von einem finsteren Rückschlag der Menschheit. Sie wollte los von Gotik, germanischem Feudalismus, Hinterwäldlern und Hinterwelten. Ihre zentrale Parole lautete: *ad fontes* – zurück zu den Quellen!, und zwar zu denen der Antike, die nun als klassische Norm für alles dienen sollte. Solche Geschichtsauffassung reproduziert die alte Idee des rollenden Rades – und tatsächlich gehört das Rad der Fortuna, der Glücksgöttin, zu den beliebtesten Emblemen der Renaissance und des Manierismus.

Die Literaten schrieben wie Cicero, die Architekten bauten wie Vitruvius, und die Malerei griff auf den Olymp der Griechen und Römer zurück, auch da, wo es um christliche Gegenstände ging.

Der Fortschritt der Naturwissenschaften, jedenfalls ihr entscheidender Anstoß, kam aus einer anderen Ecke der Welt. Er kam aus dem Westen und dem Nordwesten Europas, aus den Kreisen der Frommen, die jeweils auf ihre Art zur christlichen Frömmigkeit zurückgefunden hatten; aus den Reihen der spiritualistischen und fundamentalistischen Kämpfer um ein wahres Heil des Menschen. Sie hatten die Brüderlichkeit wiederentdeckt, die so lange unter der Decke der Heils-Institutionen geschlummert hatte. Durch Erforschung der Natur und ihrer Gesetze hofften sie schon in dieser Welt einen Schimmer dessen sichtbar zu machen, was eine erlöste Menschheit sein und bedeuten konnte. Manche diser Männer – so Giordano Bruno, aber auch Francis Bacon und Isaac Newton – neigten esoterischen Geheimlehren zu, aber die meisten dieser neuen Wissenschaftler waren überzeugte, ja fromme Christen: ihr Typus findet sich bei Leibniz, Pascal, den Mitgliedern der *Royal Society*.

Die erste Hochblüte dieser naturwissenschaftlichen Intelligenz liegt erst in der Barockzeit – was aus mehreren Gründen bezeichnend ist. Nach dem Schock der Kirchenspaltung wandte sich die Theologie zunehmend der augustinischen, also einer ‹existentiellen› Tradition zu und entdeckte, daß sich in ihrem Zusammenhang viele der Fragen, an denen die Scholastik gescheitert war, völlig anders beantworten ließen. Pascal war Jansenist, das heißt, unmittelbar von dieser neuen augustinischen Theologie beeinflußt; Leibniz unternahm ernsthafte Anstrengungen zur Wiedervereinigung der Kirchen: insgesamt war das 17. Jahrhundert, eben das der wirklich epochemachenden Entdeckungen, christlich ‹engagierter› als der Humanismus und die Renaissance.

Freilich, es wäre ein mühsames Unternehmen, die neue, exakte Wissenschaft als Ganzes taufen zu wollen. Unsere Methode erlaubt es uns ziemlich genau festzustellen, warum so viele Zeitgenossen – abgesehen von ihrer respektablen Neugier – ihr Interesse diesem neuen Zweig menschlicher Bemühung zuwandten. In der Satzung der britischen *Royal Society* findet sich eine verräterische Bemerkung, die sinngemäß etwa folgendes besagt: Die Mitglieder, aufrechte Christen allesamt, beugen sich dem Anspruch der Kirchen, über letze Dinge des Menschen zu entscheiden; sie konzentrieren deshalb ihre Arbeit auf die Gesetze der Natur und ihre Anwendung, um auf solche Weise Gott zu ehren und das Los ihrer Mitmenschen zu verbessern.

Die Tendenz ist klar. Nach den Geisteskämpfen der Renaissance und Reformation, die nicht nur Gut und Blut, sondern auch seelische und intellektuelle Energie vertan hatten, einigten sich Theologie und Wissenschaft stillschweigend auf die ihnen zukommenden Positionen. Nach dem Bruch des ‹ewigen› Bundes mit Aristoteles, der nicht nur die naturwissenschaftliche Forschung durch seine *auctoritas* blockiert, sondern auch die Theologie an die Kette gelegt hatte, verzichtet die Kirche auf Sanktionierung bestimmter Weltbilder, während sich die Wissenschaft aus allen theologischen Kontroversen heraushält, auf rosenkreuzerischen Mummenschanz, mystische Alchemie und dergleichen verzichtet und sich auf die neue exakte Methode konzentriert, welche wägbare, meßbare

Stoffe isoliert und analysiert und nur das wiederholbare Experiment als Maßstab des Erreichten gelten läßt.

Der Vorteil dieses ausgesprochenen oder stillschweigenden Arrangements wurde schnell begriffen. Überall in Europa wandten sich die Geister – sozusagen erleichtert aufatmend – dem Experiment, der neuen Wissenschaft zu. Konfessionen spielten dabei keine Rolle; Jesuiten und Benediktiner waren so eifrige Forscher wie Calvinisten und Lutheraner, Freigeister so aktiv wie Christen.

Verständigung war zwischen allen möglich – ob sie nun *ad majorem Dei gloriam* forschten oder nicht; eine Verständigung auf einem weiten Feld, das des Schweißes der Edlen wert und dem Zugriff irgendeines Heiligen Büros entzogen war. Nicht einige wenige Märtyrer, sondern ein stattliches Heer von Konformisten aller Richtungen brachten die Wissenschaften zügig voran.

Wichtig war nur, daß man sich strikt von jeder philosophischen Spekulation und jedem Weltdeutungsversuch fernhielt. Die mathematische Formel, die physikalische Gleichung, das wiederholbare chemische Experiment mußten für sich sprechen und für sonst nichts oder niemand. Rückbeziehung zu irgendeiner geistigen oder geistlichen ‹Mitte› war nicht nur schwierig oder unmöglich, sie war gar nicht wünschenswert; denn die ‹Mitte› hielt nach wie vor irgendein Heiliges Büro besetzt. Der ‹nihilistische› oder ‹positivistische› Zug der Naturwissenschaft, ihre Tendenz zur Weltentgötterung, die so viele gute Christen beklagt haben und beklagen, ist auch in diesem strategischen Verhältnis zu den etablierten Kirchen angelegt.

Was die Wissenschaftler ohne weiteres aus dem Christentum übernahmen, war die in den Klöstern erstmals entwickelte Arbeitsform. Es ist bezeichnend, daß der Streit um die Freiheit der Wissenschaft, um das Recht oder Unrecht des totalen Experiments, eigentlich nie zu Ende geführt werden kann, daß aber der wissenschaftlichen Arbeit auch heute noch und ganz selbstverständlich dieser Arbeitsstil zugemessen wird, den man mönchisch nennt. Eine hohe Disziplin, eine Verachtung aller Zerstreuungen, ein Lustgewinn durch härteste Bewährung und durch Versenkung in den angestrebten oder umworbenen Gegenstand sind Kennzeichen wissenschaftlicher Arbeit, die die Verwandtschaft mit dem Ethos der Abteien und Kollegien nicht verleugnen.

Wenn in den protestantisch-nonkonformistischen Teilen Europas dieser Arbeitsstil und die daraus resultierenden Erfolge besonders stark bemerkbar sind, wenn sie sich einen klaren Vorsprung vor ihren katholischen Nachbarn gesichert haben, dann gerade deshalb, weil sie die KLöster aufgelöst hatten. Der puritanische *way of life* hatte die Zweigleisigkeit christlicher Existenz, ihre saubere soziologisch- ethische Teilung in einen disziplinierten und (wenn möglich) frommen Mönchsklerus und ein ziemlich leichtsinnig-lasterhaftes Laienvolk, voller Empörung abgeschafft.

Das mittelalterliche Establishment hatte die Ethik des Verzichts und des ständig re-investierten Mehrwerts in den Klöstern isoliert und den armen Bauern ihre naiven fleischlichen Genüsse, ihr In-den-Tag-Hineinleben gegönnt; jetzt, im nonkonformistischen Protestantismus, wird die Verzichtethik zur christlichen Ethik schlechthin. Während mühsam arrivierte Herren des katholischen Europa schleunigst zum Lebensgenuß übergingen (oft ohne über die nötigen Mittel zu verfügen), verweigerte der Puritanismus sogar seinen Millionären den arglosen Genuß ihrer Mühen.

Aber lassen wir dieses bekannte Elend beiseite und sprechen wir über den düsteren Glanz des Puritanismus! Er hat die Welt mehr als jede andere Version des Christentums verändert, er hat die effektivste Basis für die industrielle Ausbeutung des Planeten aufgebaut. Die säkularisierte, besser gesagt laisierte mönchische Arbeitsethik, der greifbare Erfolg des brüderlichen Reiches im Diesseits haben für die Naturwissenschaft erbracht, was sie zur Umsetzung ihrer Erkenntnisse (ja, teilweise zur Erarbeitung dieser Erkenntnisse) brauchte: die technologische Basis.

Sie wuchs fast geographisch genau an Standorten, die mit dem protestantischen Nonkonformismus identifiziert sind: an den Ufern des Clyde in Schottland und in den Niederlanden. In diesen wirtschaftlich nicht sehr günstigen Gebieten wurde die Erde zum erstenmal vom Menschen ‹gemacht› – das heißt wirtlich gemacht.

John Knox und seine Jünger errichteten in Schottland ihr System des Gewerbefleißes und der allgemeinen Schulbildung und sicherten einen Lebensstandard, der weit über den natürlichen zeitlichen und landschaftlichen Gegebenheiten lag. Spektakulärer noch war die Entwicklung in Holland: hier entrissen die Frommen ihre Erde buchstäblich dem Meer und schufen eine Kultur, die alle anderen Länder des Jahrhunderts in einer Hinsicht weit übertraf: es war die erste Kultur des gemeinen Mannes. Im üppigen Frankreich lebten damals die Bauern unter Umständen, die ein russischer Muschik als schlimm empfunden hätte; in Holland erfreute sich der letzte Bürger eines Komforts und eines Wohlstandes, der ihm die Teilnahme an allgemeinen Kulturgütern sicherte. Hier entstanden die besten Bücher, die ersten Mikroskope; am Clyde wurden Schiffe gebaut und Kanonen gegossen. DIe Welt als Werkstatt; in der nordeuropäischen Achse von Brabant bis Schottland wurde sie zur Wirklichkeit.

Was der Untergang der Armada einleitete, vollendete der Produktionsvorsprung der protestantischen Mächte. Der Kapitalismus moderner Prägung wurde im Silberberg von Potosi in Bolivien geboren, aber er wurde nicht in Spanien ermöglicht: die Flotten des Königs waren oft schon auf hoher See an einen Geizkragen in Amsterdam verpfändet oder fielen den englischen Freibeutern in die Hände.

Schlüsseljahr für den endgültigen Triumph ist 1688. Mit der Glorreichen Revolution in England war Frankreich, der übermächtige kontinentale Gegner, von einer britisch-holländischen Personalunion in Schach gehalten. Die Produktions- und Expansionskräfte des Nordens mit seinem puritanischen Ethos, seiner Organisation kirchlicher Brüderlichkeit, seinem Surplus an geistiger, moralischer und wirtschaftlicher Investitionskraft konnte darangehen, das diesseitige Reich zu errichten.

Das nötige Territorium war vorhanden. Denn wie seinerzeit dem Abraham, hatte Gott seinen Erwählten in diesen Tagen zugerufen: ‹Verlasse deine Heimat und ziehe aus in das Land, das ich dir geben werde!› Der Name des Landes war Amerika.

Magnalia Christi Americana

«Ich beschreibe die Wunder der christlichen Religion, die aus den Verderbnissen Europas an den amerikanischen Strand floh.»

Mit diesem fast virgilischen Satz beginnt die erste Geschichte der neuenglischen Kolonien. Sie wurde im 17. Jahrhundert von einem geistlichen Führer Bostons, dem Pastor Cotton Mather, verfaßt. Er nannte sie *Magnalia Christi Americana, das heißt «Großtaten Christi in Amerika»*.

Die Verderbnisse Europas: die sah der strenge Divine ganz richtig. Durch die Hellenisierung und die Romanisierung der Kirche; durch die nie besiegten griechisch-philosophischen, römisch-rechtlichen, germanisch-magischen Unterströmungen der europäisch-mittelmeerischen Kultur war ja die Radikalität der Botschaft immer verwässert und gefälscht worden. Die Puritaner hatten dies schon in der Heimat erkannt; es schien ihnen ausgeschlossen, den alten Strukturen zu entrinnen, solange sie unter gesalbten Königen in den Ländern der Pharaonen hausen mußten. Ihr innerer Exodus hatte, genau wie der des Volkes Israel, vor der physischen Auswanderung begonnen.

Sie hatten das Alte Testament nicht nur wiederentdeckt, sondern leidenschaftlich aufgesogen. Hier, in der Geschichte eines kleinen, aber auserwählten Volkes, sahen sie ihr eigenes Schicksal inmitten der Unreinen vorgeprägt. Der lange Marsch durch die Wüste schien der einzig mögliche Weg in die Freiheit. Und sie traten ihn ohne Zaudern an. Das Ziel war gegeben: Amerika, das neue Gelobte Land.

Wir sind heute an ein Amerika gewöhnt, das ein Teil unserer Zivilisation ist; mit allen Problemen, die uns bedrängen, und einigen speziellen dazu. Es fällt uns schwer, nachzuvollziehen, was dieser Kontinent, grün und jungfräulich den Wassern entstiegen, ein gedeckter Tisch, für die drangvoll ringenden Völker Europas bereitet, den Zeitgenossen des 16. und 17. Jahrhunderts bedeutet haben muß. Sie haben ihn nicht nur als geographische, sondern auch als theologische Sensation empfunden. Handfest und greifbar war die alte Verheißung bestätigt; nie würde die Erde aufhören, Saat und Ernte zu geben, immer hielt der Gott des Bündnisses neue gelobte Länder bereit, um sein Volk zahlreich zu machen, Abrahams Samen auf ewig.

Was die Christenheit, gold- und landhungrig, im Vollgefühl ihrer Erwählung, dort vorfand, war nichts als Natur, biologische wie menschliche. Wir wissen erst heute, was daraus geworden ist. Amerika ist der christliche Kontinent schlechthin – in seinen Erfolgen wie in seinen Katastrophen.

Es ist notwendig, kurz das Schicksal Spaniens zu streifen. Es hatte das Unglück, auf gold- und silberstrotzende, hochorganisierte Großreiche zu treffen, die unter dem Stoß weniger, legendär tapferer wie verruchter Abenteurer sofort zusammenbrachen. Die Folgen für das Mutterland waren katastrophal. Hätte es Mexiko und Peru nicht gefunden, wäre es gezwungen gewesen, nach der Vertreibung der Juden eine eigene Mittelklasse aufzubauen oder sofort als Macht zu verschwinden. Das Gold der Inkas und der Azteken, der Silberberg von Potosi verschafften ihm die Illusion, daß seine Macht unbegrenzt durch Edelmetall verlängert werden könne. Gold war Gold, und Silber war Silber: das Gesetz von Angebot und Nachfrage haben die stolzen Granden nie ganz begriffen. Sie verstanden bis ins 18. Jahrhundert hinein nicht, warum das Geld immer wertloser wurde und in den produktionsmächtigen Territorien des Nordens verschwand. Immerhin schafften sie es, daß Südamerika das problematischste Territorium der Gegenwart geworden ist.

Eines allerdings muß man den Spaniern zugute halten: sie brachten es nicht fertig, die Kulturen der Eingeborenen so total auszulöschen, wie dies den Langen Messern in Nordamerika gelang. Trotz der Millionen, die sie hinschlachteten, blieben Mischkulturen von hohem Reiz enthalten, die für die Zukunft von großer Bedeutung sein sollten.

Neben der physischen und psychologischen Unfähigkeit spielt dabei ein religiöser Faktor eine Rolle, der in Nordamerika nie wichtig wurde: die Macht des katholischen Naturrechts – und das Gewissen des Kaisers Karl V. Unter dem Eindruck der schauerlichen Berichte des großen Dominikaners Las Casas erließ er im Jahre 1542 ein Gesetzeswerk, die sogenannten Nuevas Leyes. Sie waren mit Jahrhunderten Vorsprung das sozialste Gesetzeswerk der Neuzeit: Verbot von Frauen- und Kinderarbeit, Achtstunden-Tag für alle Indianer, Anerkennung ihres Status als freie und unmittelbare Untertanen.

Das Gesetz war atemberaubend, aber es hatte einen Nachteil: es war nicht durchzusetzen. Als einziges, von der Madrider Krone zäh festgehaltenes Resultat der Nuevas Leyes blieb die Bestimmung in Kraft, daß kein Kreole, das heißt kein in Lateinamerika gebürtiger Weißer, hohe Staatsämter bekleiden durfte. Diese Bestimmung mehr als alles andere (mehr jedenfalls als die Ideale der Französischen Revolution, die als Alibi genommen wurden) löste die kreolische Unabhängigkeitsbewegung des 19. Jahrhunderts gegen Spanien aus.

Ganz anders und für die Zukunft viel entscheidender verlief die Entwicklung in den weiten Räumen Nordamerikas. Hier stand den Stämmen des neuen Exodus, die mit dem Alten Testament im Marschgepäck auf Landnahme zogen, keine Hochkultur gegenüber; keine Ischtar, kein Baal, der den Israeliten so viel zu schaffen machte. Kein geistlicher Führer mußte sich mit der Magna Mater oder mit Platon herumschlagen. Und dieses Land war hundertmal, tausendmal größer als die kleine Provinz am Jordan. Der einzige wahre Feind, die Pharaonen Alt-Europas, lag hinter ihnen. Den Hunderttausenden, bald Millionen bruderschaftlich organisierter Protestanten waren alle Mittel zur Hand.

Was die Einwanderer allerdings nicht zurückgelassen hatten, war ein anderes europäisches Erbe: das Widerspiel zwischen Orthodoxie und Ketzerei. Es begann nun wieder auf amerikanischem Boden. Immer neue Sekten lösten sich aus der Selbstgerechtigkeit und dem strammen Kirchenregiment des neuenglischen Ostens und zogen, ihrerseits ein erwähltes Volk, dem Reich Gottes im Westen entgegen. Ohne dieses Widerspiel wäre die Expansion und der Raubbau wesentlich langsamer verlaufen.

Nun gab und gibt es amerikanischen Konservatismus – und es gab Ureinwohner. Ihre Problematik trifft in einer literarischen Figur zusammen: dem liebenswürdigen James Fenimore Cooper, uns und vielleicht einigen unserer Kinder als Verfasser der Lederstrumpfgeschichten bekannt. Er gehörte der *landed gentry*, den begüterten Kreisen des Staates New York an, und er hat in einem kaum bekannten Roman wütend Stellung genommen gegen die heuchlerische Raffgier der puritanischen Pioniere. Etwas von dieser Leidenschaft klingt auch im Band vier der Lederstrumpf-Serie «The Pioneers» an. Aber seine Modellfigur, der Lederstrumpf Natty Bumppo, kämpft von vornherein auf verlorenem Posten gegen die alles verschlingende Zivilisation und flieht mit seinen roten Schicksalsgenossen innerhalb einer Lebenszeit aus dem Hudsongebiet in die Prärien des Mittelwestens. Natty versucht, auf der Basis der Rousseauschen Theorien, so etwas wie ein Koexistenzprogramm mit den Indianern zu entwerfen (die Passagen werden in den gekürzten deutschen Ausgaben in der Regel weggelassen – ein Indiz für ihre Wirkungslosigkeit).

Aber insgesamt herrschte für die Indianer totales anthropologisches Unverständnis, das erst heute durch die Film- und Buchindustrie etwas revidiert wird. Zu kraß war das Gefälle zwischen den Kulturen, zu stark die Lockung einer riesenhaften Landmasse, die von den Ureinwohnern offenbar überhaupt nicht als Ausbeutungsobjekt gewürdigt wurde. Das bißchen Konservatismus, das sich aus Europa nach Amerika stehlen konnte, hatte keine Chance gegen den Planwagen, die Büchse, die bruderschaftlich verfaßte Sektengemeinde. Die Fülle der Güter, das diesseitige Reich, das Zusammenfallen von Schöpfungsangebot und menschlicher Nachfrage schien endlich in den Blick der einen Generation gerückt. In der Philosophie Thomas Jeffersons fand dieses Pathos auf amerikanischem Boden seine erste säkularisierte Form; von ihm stammt der Satz, der heute den Lesesaal im modernen Annex der Kongreßbücherei zu Washington schmückt: «Wir behaupten, daß die Erde und ihre Fülle der gegenwärtigen Generation zur Nutznießung überantwortet ist.» Der Farmer Hector de Crèvecœur, ein interessanter früher Sozialchronist Amerikas, prognostizierte um 1800, daß es noch acht Generationen dauern werde, bis Amerika von Küste zu Küste durchdrungen sei; keine vierzig Jahre genügten, um ihn zu widerlegen.

Jefferson war, wie wir wissen, kein Christ mehr. Aber dennoch ist Amerika bis in unsere Tage der christlichste Kontinent geblieben. Es hat, dank des Mangels an anderen Traditionen auf amerikanischem Boden (die der Sioux und Komantschen zählen nicht) verschiedene Entwicklungslinien der christlichen Geschichte am reinsten ausgeprägt. Sie werden im folgenden – ohne Anspruch auf Vollständigkeit – nachzuzeichnen versucht.

Erstens – der europäische Bauer ist bis vor kurzer Zeit *paganus*, das heißt Heide, geblieben. Für ihn haben die alten, etablierten Kirchen den Fundus magisch-mantischer Praktiken möglichst reich in ihrem eigenen Brauchtum reproduziert. Der autarke und auf jahrhundertelange Kontinuierlichkeit bedachte Wirtschafts- und Familienverband bestimmte seine Existenz; Mobilität war ihm unbekannt, der Wert eines gesunden Stücks Vieh rangierte über dem eines kranken Großvaters, und der aller Hausgenossen – ob Mensch ob Vieh – weit über dem aller Außenstehenden. Noch die toten Verwandten verdienten eine Aufmerksamkeit, die keinem lebenden Fremden zustand. Die Liturgie des Jahres, die Weihtümer in Haus und Feld, die Familiarität mit den Geistern von Wald und Flur sicherte wenn nicht Wohlstand, so doch Auskommen. Da er bis zur Schwelle des 19. Jahrhunderts praktisch unfrei war, trennten ihn erbitterte Existenzkämpfe von seinen feudalen Herren – aber einig war er sich mit ihnen in der Bewahrung der Tradition als einer lebensichernden Oberinstanz über alle Entscheidungen auch der wirtschaftlichen Praxis.

Der amerikanische Farmer trat von vornherein unter anderen Gesetzen an. Die Erde, die er in Besitz nahm, war ‹God's Own Country›, sonst nichts. Die Indianer, die vorher unnützerweise darauf herumwanderten, hatten ganz offensichtlich keinen Anspruch darauf – denn sie wußten nichts damit anzufangen. Man konnte sie taufen oder töten (oder beides): zur Integration in eine sinnvoll und rentabel planende Wirtschaft waren sie untauglich. Nur so ist die blutdürstige Erbitterung zu erklären, mit der ‹hochanständige› Kirchgänger dieses rothäutige Ungeziefer jagten und auslöschten.

Die Farm, das Land, ist Wirtschaftsbetrieb, sonst nichts. Mehr denn jemals zuvor (mehr auch als in jüdischer Zeit, wo Kanaan durch die uralten Gedenkstätten des Volkes bis in Abrahams Zeit geheiligt war) ist die Welt zuhandenes Zeug, Rohstoff und sonst nichts. Formen der gewalttätigen Natur – das Klima mit seinen enormen Schwankungsbreiten, die Stürme und Regengüsse, die giftigen Pflanzen und die Insektenplage – trugen auch dazu bei, ein romantisches Verhältnis zur bukolischen Umwelt hintanzuhalten; das konnte konservativen Neuengländern wie James F. Cooper und David Thoreau überlassen bleiben.

(Es ist bezeichnend, daß in den USA [mit Ausnahme der einst spanischen Gebiete] keine klimatisch sinnvolle Architektur entstanden ist: in unseren Tagen wurde sie durch die technische Klimaanlage überflüssig gemacht.)

Gab die Farm nichts mehr her, wandte man sich entweder einer anderen Beschäftigung zu – oder man suchte sich neues Land im Westen, wo es praktisch umsonst zu haben war. Umsonst – aber mit Widerhaken. Denn die Landspekulation setzte in Amerika ebenfalls sehr früh und sehr vehement ein. Für die Finanziers im Osten, die vor allem hinter den großen Eisenbahnprojekten standen, waren Tausende von Quadratkilometern abstrakte Chiffren des finanziellen Kalküls, sonst nichts. Über Nacht konnte ein freier *homesteader*, der herrenloses Land okkupiert hatte, zum Hintersassen einer

Finanzkompanie werden, deren Herren zweitausend Kilometer entfernt in New York oder Boston wohnten. Dieses Faktum hat zu den großen und bitteren Parteiungen des 19. Jahrhunderts geführt – aber weder Finanziers noch *homesteaders* waren sich über die gemeinsame Wurzel ihres Strebens klar.

Zweitens – Alle sonstige wirtschaftliche Aktivität stand unter den gleichen Gesetzen der Mobilität und Rentabilität: *free enterprise*, für europäische Fortschrittler des 18. und 19. Jahrhunderts ein politisches Ziel, für das sie hartnäckig kämpften, war für Amerika von Anfang an eine wirtschaftliche Realität. Schon bei Benjamin Franklin erscheint Arbeit als quantifizierbare, nach den Regeln des Mehrwerts vorauszuberechnende Tätigkeit. Zünftlerische Ansätze waren unbekannt und entstanden – ein amerikanisches Kuriosum – erst als Folge einer mehr oder weniger siegreichen Gewerkschaftsbewegung, die – im Gegensatz zu Europa – das zünftlerische Prinzip des *closed shop*, also der zwangsweisen Mitgliedschaft, in vielen Branchen durchsetzte. Jede nicht-ökonomische Wertung menschlicher Realitätsveränderung wurde nicht nur als unvernünftig, sondern als sozial und geistig gefährlich beargwöhnt.

Nur so ist die Wut zu erklären, mit der sich Generationen von Yankees gegen die europäische Aristokratie und ihre Werte wandten. Auch das, was man amerikanischen Sozialismus nennen könnte (‹Populismus› wäre wohl richtiger), war viel zu stark von dieser Fixation bestimmt, um sich an die neuen ‹wissenschaftlichen› Klassifizierungen des Marxismus gewöhnen zu können. Thorstein Veblens Angriffe auf die *conspicuous consumption*, das ostentative Erwerben von aristokratischen Statussymbolen, sind ein Dokument dieses egalitären Kampfes; aber seine erschreckendsten Dokumente finden sich bei Mark Twain. Er hat ein Buch geschrieben, in dem sich vulgäre Diffamierung europäischer Vergangenheit mit den kuriosesten Zwängen zu ihrer Rezeption mischt: «A Yankee at King Arthur's Court» – ein Yankee am Hofe König Arthurs. Die Fabel, eine Art von *Science-fiction*, spielt kaum eine Rolle; es genügt zu sagen, daß ein aus Neuengland ins britische Mittelalter zurückkatapulierter amerikanischer *fixer*, ein vielgewandter Pfiffikus, das Reich des alten Königs total umkrempelt. Ich stehe nicht an, es als eines der unmenschlichsten Bücher des 19. Jahrhunderts zu bezeichnen; man muß nur einmal nachlesen, mit welcher Wonne der Yankee seine gepanzerten Feinde an einem Hochspannungsdraht verschmoren läßt. Psychoanalytisch höchst aufschlußreich ist der Schluß des Buches: Merlin gewinnt seine Zaubermacht zurück, das rationale Experiment versinkt im Chaos. Mark Twain, der entschiedene Atheist, mochte keinen Teufel fürchten, aber der keltische Untergrund der angelsächsischen Seele hat ihn schließlich doch erwischt.

Drittens – Diesen Seelenuntergrund hatten die stolzen Puritaner aus Europa mitgebracht. Wie einst das Volk Israel mochten sie die äußeren Symbole und Kronen der bösen Macht an fremden Küsten, hinter den Grenzen ihres Roten Meeres, des Atlantik, zurückgelassen haben: neben dem ALten Testament schleppten sie in ihrem Marschgepäch, ohne es zu ahnen, den finstersten Gegner von allen mit: Satan. Es gibt keine Christlichkeit, die so viel aus ihm gemacht hat wie die amerikanische. In Hunderten, Tausenden von *revival meetings*, in unzähligen Kanzelreden war er präsent; kein süditalienisches Nest hat je so unter dem Würgegriff des Bösen gestöhnt wie die brüderlichen Gemeinden des neuen Kontinents. Und es waren keine schlauen, auf Unterdrückung bedachten Obrigkeiten, die das von oben verordneten: es war vielmehr die unterste Ebene, die analphabetische Basis der amerikanischen Sozietät, aus der dieses Miasma emporstieg. Billy Sunday, einer der prominentesten Laienprediger des Revivalismus, verschanzte sich buchstäblich hinter seinem Pult und hielt geifernde Zwiesprache mit dem Satan, den er an einem Fixpunkt über den Häuptern seiner begeisterten Gläubigen erblickte (Billy Graham ist nur noch ein höchst verdünnter Aufguß dieser alten, kräftigen Brühe des amerikanischen Fundamentalismus). Auf karikaturistische Weise wiederholte sich hier das Phänomen der *Amhaarez*, der religiös besonders ansprechbaren Gesetzlosen, die als *farm hands*, als *share croppers*, als Fahrer von Pferdeteams und Mitglieder von Landnahme-Banden jahrelang unter anarchischen Verhältnissen lebten und mit einem Schlag des Enthusiasmus, einer schweißtriefenden Schlacht in tropischer Nacht, das Heil gegen den Urfeind erkämpfen wollten. Sicher, auch hier war viel soziales Ressentiment am Werk: das Ressentiment gegen die gepflegten Kirchgänger des Establishments und ihre *Divines*, ihre Pastoren mit den Universitätsdiplomen von Harvard und Princeton; Ressentiment auch gegen den buchgelehrten Agnostizismus, Deismus, Unitarismus der Oberklasse. Dennoch sollten die Satanserlebnisse der amerikanisch-fundamentalistischen Unterschicht all denen zu denken geben, die Gottes- wie Satansglauben in direkte Relation zu Repressionsmechanismen der Herrschenden setzen: so leicht ist historischer Materialismus nicht zu haben. ‹Give 'em hell, Harry› – ‹mach ihnen die Hölle heiß, Harry!› So riefen noch 1948 die kleinen Leute Amerikas ihrem Champion Harry Truman zu – und der Ruf stammt direkt aus den Revival-Zeiten des *Bible Belt* und des Mittelwestens.

Viertens – Auch die positiven Traditionen der ursprünglichen christlichen Einwanderer waren und sind bis in unsere Tage fühlbar. Die positivste davon ist die Tendenz zur Brüderlichkeit. Amerikas Christentum ist am wenigsten von allen Christentümern durch den alten hellenistischen Fluch gehandikapt: die Absorption der religiösen Energien in die Spekulation. In Amerika war und ist christliches Gemeindeleben ohne brüderliche Praxis unvorstellbar. Natürlich gab und gibt es elegante Umgehungen: etwa die Isolierung sozialer Schichten in arme und reiche, in schwarze und weiße Pfarreien. Diese Isolierung ist aber höchstens als Substitut für die europäische Praxis zu werten, von vornherein Überzeugung und Leben zu trennen. Der wohlhabende Presbyterianer, der nur seine imitiert-gotische Kirche im Grünen besucht, kauft sich auf eine letzten Endes treuherzigere Weise von den Implikationen der christlichen Botschaft frei als ein französischer oder deutscher Christ, der zwar Schulter an Schulter mit armen Leuten in der Kirchenbank steht, aber in der alltäglichen Existenz nicht im Traum daran denkt, hieraus praktische Folgerungen zu ziehen.

Daneben und darüber hinaus muß betont werden, daß heute ‹ökumenische›, das heißt ganz einfach christliche Aktion in Amerika zu den Alltäglichkeiten gehört. Der europäische Journalist, der von seiner Geschichte einschließlich Marx daran gewöhnt worden ist, überall saubere Antagonismen am Werke zu sehen, unterschlägt und unterspielt in der Regel die Vitalität solcher Unternehmungen. Er klammert sich an Prominente (zum Beispiel auch in der Rassenfrage), die ihm aus fotogenem Exil in Frankreich oder Algerien lupenreine Theorien für seine Features und Stimmungsberichte liefern. Die weißen Nonnen, die das Luxusapartment einer katholischen Vorstandsdame wegen ihrer verdächtigen Haltung in der Negerfrage mit Pickets umgeben; die *Black Panthers,* die in *community projects,* in Unternehmungen mit weißen Baptisten, Episkopalianern, Lutheranern, mit Juden und Agnostikern kooperieren; die unzähligen gesamtchristlichen Initiativen gegen den Vietnamkrieg werden übersehen oder nur dann kommentiert, wenn sie, wie im Fall der Gebrüder Berrigan, in eine Art von Dramaturgie übersetzt werden können. Und selbst in diesem Fall wird die richtige Lektion nicht gelernt, der richtige Schluß nicht gezogen, der doch auf der Hand liegen sollte: es gibt in Europa, außer in Frankreich keine katholischen Berrigans. Mir muß der Fall noch bekannt werden, daß christliche Kleriker oder Aktionsgruppen die Mietbücher der Hausherren zerfetzen, die unsere Gastarbeiter ausnehmen: allein eine solche Aktion hätte Anspruch, neben der Tat der ‹Neun von Catonsville› halbwegs zu bestehen. (Der Abstand in der jeweiligen Relevanz solcher Aktionen ist traurig genug.) Nicht einmal der Widerstand gegen Hitler zwischen 1933 und 1945 oder der tapfere Kampf der osteuropäischen Christen um ihre Existenz ist kategorial vergleichbar; denn in beiden Fällen handelte und handelt es sich um die Verteidigung der eigenen Rechte, so respektabel das sein mag, während sich die Berrigans für den Gesamtzustand ihrer Gesellschaft engagierten.

Der Grund für solches Unverständnis ist einfach, aber für unsere Überlegungen äußerst wichtig: jeder Europäer, ob Christ oder Atheist, ob Marxist oder Liberaler, ob Konservativer oder Progressiver, hebt seine Beurteilung der Phänomene in aller Welt letzten Endes von einer Matrix ab, die jüdisch-christliche, hellenistische, römische, germanisch-feudale Elemente vereinigt. Da Amerika durch das Mißverständnis einer gemeinsamen Sprache – des Englischen – mit Europa verbunden ist, und da die amerikanische Geschichte zweifellos in engem Zusammenhang mit Europa verlaufen ist, nehmen wir uns das Recht heraus, das, was in Amerika gesagt, getan, veröffentlicht wird, im Guten wie im Bösen nach europäischen Präzedenzfällen zu beurteilen.

Das ist – wie im Falle Rußlands – eine höchst fragwürdige Basis. Sie gibt zu einer Fülle von bequemen, aber mörderischen Kurzschlüssen Anlaß. Amerika ist – wiederholen wir es – viel christlicher als Europa. Natürlich hat es fast alle Elemente der gesellschaftlichen Formation von Europa übernommen, aber seine Gründungsgeschichte (nicht die politische sosehr als die soziale) hat es dazu gezwungen, die offen unchristlichen Züge der europäischen Tradition nur in gebrochener Form in seine Entwicklung einzubauen. Viele der Schwierigkeiten Amerikas in der handfest politischen Arena resultieren daraus; so haben die USA weder in Vietnam noch in Lateinamerika gewagt, offen kolonialistische Verwaltungs- und Beherrschungsmechanismen zuzugeben. Für die Betroffenen war dies keineswegs segensreich, im Gegenteil: britische Kolonialpraxis hätte vermutlich die meisten der Idiotien vermieden, deren Zeuge wir in Panama, in Vietnam geworden sind und (nächstens) in Thailand und ganz Lateinamerika werden. Der europäische Beobachter, an Zynismen seit Cäsar und Konstantin gewöhnt, vermag die Schwierigkeiten nicht abzuschätzen, die es der amerikanischen Politik bereitet, der eigenen Öffentlichkeit den Konsens zu einem verspäteten Kolonialismus abzuringen; und der marxistische *cant*, die Heuchelei, die sich über strategisch günstig gelagerte Repression entrüstet, tut das Seine dazu, die prekäre Lage des amerikanischen Bewußtseins zu verschleiern.

Ein anderes, wenig beachtetes, aber ebenso wichtiges Faktum betrifft die amerikanische Sozialstruktur. Europa ist einhellig der Meinung, daß es in Amerika keine Aristokratie gibt. Tatsache ist, daß Amerika über die einzige funktionierende Aristokratie der Welt verfügt. (Die ‹neue Klasse› des Sozialismus ist keine: sehr zum Nachteil der betroffenen Länder.) Die amerikanische Aristokratie sind die Familien des ‹alten Geldes› im Osten. Interessierte seien auf die Existenz des ‹Grolier Club› verwiesen, einer Vereinigung von Bibliophilen, deren potenteste Mitglieder aus dieser Aristokratie stammen. Familienbibliotheken mit 30–40 000 Rara, also Handschriften und seltenen Drucken, die von einem halben Dutzend hauptamtlicher Bibliothekare in akademischen Gehaltsstufen betreut werden, sind dort keine Seltenheit. Ich halte diese Evidenz für zwingend. Zudem: wer amerikanische Literatur (etwa von Henry James, Marquand, Albee) auf soziologische Befunde ‹lesen› kann, findet die Daten, die auf die Existenz einer solchen Aristokratie hinweisen, in Hülle und Fülle.

Was die amerikanische Aristokratie daran gehindert hat, sich zu konstituieren, das heißt, sich politisch in aller Form als solche zu definieren, ist die Hypothek der Gründungsgeschichte – das heißt der christlichen Gründungsgeschichte. Die amerikanische Aristokratie muß im Verborgenen operieren, weil ihre Existenz der Prämisse der nonkonformistischen protestantischen Brüderlichkeit widerspricht. Es gibt in Amerika keinen älteren Adel als die ‹Mayflower›; die Passagiere der ‹Mayflower› landeten unter dem Banner der christlichen Brüdergemeinde. Von diesem Handicap ist die amerikanische Aristokratie nie losgekommen; nur so ist es zu erklären, daß in Europa feudale Esel, deren Blut längst durch vielfältige Heiraten mit den Töchtern von Heereslieferanten aufgefrischt worden ist, noch mittelalterliche Heraldik vor sich herschleppen können, während es etwa der Familie Dulles (wir kennen die Brüder John Foster und Allan) verwehrt geblieben ist, im Gotha aufgeführt zu werden. Sicher, vielleicht wäre es besser, wenn wir die amerikanische Aristokratie an Hand von Titeln als solche identifizieren könnten; auch manche Geheimnisse der amerikanischen Innen- und Außenpolitik wären dann leichter zu erklären. Aber worauf es hier ankommt, sind die Brechungen, denen europäische Gesellschaftsmuster unterworfen waren, ehe sie in der amerikanischen Soziallandschaft heimisch werden konnten.

Fassen wir zusammen: die meisten der positiven wie negativen Unterschiede, welche Amerika von Europa trennen, sind auf seine stärkere christlich-brüderliche Fundierung zurückzuführen. Ein Kontinent ohne alte Götter (wir sprechen hier nicht von Lateinamerika, das eine ganz andere, noch schwierigere Problematik hat), ein Naturgarten wird von Küste zu Küste durch Brüdergemeinden besetzt, die den alten Ruf plötzlich machtvoll erneuert hören: Wachset und vermehret euch, macht euch die Erde untertan. Zum erstenmal ist die Verheißung vom Endreich der Fülle in konkrete Nähe gerückt; und so entbrennt auch der Hunger nach dieser Fülle heller und heißer als irgendwo anders. Europäer, die selbst seit Jahrtausenden zu den härtesten Materialisten der Erde gehören, machen sich über die amerikanische Jagd auf den Dollar lustig; aber der Dollar ist nichts anderes als der quantitative Maßstab der Erwählung und der Verheißung. Nicht mehr eroberte Fahnen und Stadtschlüssel werden gezählt, sondern eroberte Quadratmeilen, praktische Errungenschaften, eroberte Produktionsziffern pro Kopf und Arbeitsstunde. Henry Ford steht ebenso in dieser Tradition wie die ersten Siedler – und jener Quaker, der als Manager der großen Braunkohlenkompanie von Kentucky mit der Bibel auf dem Beifahrersitz herumfährt, um die Zerstörung ganzer Bezirksämter durch seine haushohen Schürfmaschinen zu beaufsichtigen. In dem Augenblick, wo sich Europa dieser amerikanischen Errungenschaften bemächtigen konnte, hat es sie mit größerer Skrupellosigkeit als die Amerikaner praktiziert. Das Beutemachen, das Vorzeigen von wirtschaftlichen Skalpen wird hierzulande wesentlich vulgärer betrieben als drüben – schon deshalb, weil die Basis der freien Bruderschaft fehlt. Was an Bedenklichem in der amerikanischen politischen und gesellschaftlichen Utopie steckte, hat Tocqueville schon sehr gut beschrieben; es wäre interessant zu wissen, was er heute über Europa schreiben würde.

Amerika hat die Menschheit jahrhundertelang davon abgehalten, den Ernst ihrer Lage voll zu begreifen; heute begreifen ihn Amerikaner schneller als alle anderen. Auch davon wird noch die Rede sein müssen. Was uns jedoch zuerst beschäftigen muß, ist der andere große Versuch, das Endreich der Verheißung im Diesseits zu errichten: der Sozialismus.

Auf zum letzten Gefecht

Marx war im allgemeinen recht sparsam mit konkreten utopischen Entwürfen; doch gibt es eine bekannte Stelle in der «Deutschen Ideologie», die gelegentlich als solcher zitiert wird. Sie lautet:

«In der kommunistischen Gesellschaft, in der jeder sich in jeder beliebigen Branche entwickeln kann und keinen exklusiven Tätigkeitsbereich mehr hat, regelt die Gesellschaft die allgemeine Produktion und macht es mir gerade dadurch möglich, heute dies, morgen jenes zu tun, am Morgen zu jagen, am Mittag zu fischen und am Abend Viehzucht zu betreiben oder auch das Essen zu kritisieren, ohne jemals Jäger oder Fischer, Hirte oder Kritikus zu werden, gerade wie ich Lust habe.»

Es ist heute schwer, eine solche Stelle ernst zu nehmen. Wenn diese Utopie Wirklichkeit werden könnte, dann würde sie folgendes voraussetzen:

1. eine Bevölkerungsdichte von etwa zehn Menschen auf den Quadratkilometer;
2. eine technische Ausrüstung, die nur in Bevölkerungszentren mit wesentlich höherer Verdichtung hergestellt werden kann;
3. eine Landschaft von hoher Ursprünglichkeit in klimatisch angenehmen Breiten.

Tatsächlich gab es das alles zur Zeit der «Deutschen Ideologie»; und das Leben, das Marx hier als sozialistische Utopie schildert, ist ihm von einem Bekannten beschrieben worden, der es tatsächlich lebte – im Kalifornien von 1845. Älteste konkrete Bedürfnisse der Menschheit konnten da erfüllt werden: Forellenwasser, Jagdrevier,

Weideland, Freizügigkeit. Und sie werden erfüllt ohne die Handicaps des Wilden: Mangel an Technik, unzureichende gesellschaftliche Organisation, magisch-mantische Ängste.

Zur Zeit der «Deutschen Ideologie» gab es allerdings Wilde, die auch so üppig und freizügig lebten (wenigstens die Männer, die Frauen hatten einen Arbeitstag von 15 Stunden): die Plains-Indianer, die großen Helden der europäischen Schulbuben. Ihre Kulturen waren äußerst kurzlebig; wir wissen, woran sie zugrunde gingen, aber man macht sich meistens nicht klar, wie sie überhaupt entstehen konnten: vor 1800 waren sie nämlich unmöglich, da es in Amerika keine einheimischen Pferde gab. Die gestohlenen oder entlaufenen Pferde der Spanier (Mustangs, von *mesteño*, verwildert) waren die neuen Produktionsmittel, die sofort in eine neue Wirtschaftsform mit neuen Stämmen, neuen gesellschaftlichen Gewohnheiten und neuen kulturellen Versuchen umgesetzt wurden.

Doch nicht diese Plains-Indianer wurden für die Theorie des Sozialismus wichtig, sondern ein älteres indianisches Sozialmodell: das der Irokesen. Über dieses politisch geniale Volk, das im 17. Jahrhundert eine Liga gegründet hatte, veröffentlichte 1851 der Rechtsanwalt Henry Lewis Morgan eine Studie unter dem Titel: «League of the Ho-De-No-Sau-Nee or Iroquois». Sie wurde zu einem Grundpfeiler von Friedrich Engels' berühmter Arbeit «Der Ursprung der Familie, des Privateigentums und des Staates» von 1884.

Engels war von den Irokesen begeistert; begeisterter jedenfalls, als es die strenge Theorie seines Meisters erlaubt hätte. Die Irokesen hatten nach seiner Ansicht eine ideale Verfassung – da gab es keine Soldaten, keine Polizei, keine Gerichtsverhandlungen. Alle waren gleich und frei – der gemeinschaftliche Haushalt und die Verwandtschaft wußten um ihre Verantwortung für alle, für Alte, Kranke und Invalide.

Wir sind gescheiter geworden, wie man so sagt, und wir wissen heute mehr über die Iroquois. Sie waren die blutrünstigsten und ausdauerndsten Folterer unter allen Indianerstämmen, eine Pest für rote und weiße Nachbarn (die Huronen wurden von ihnen praktisch ausgerottet) und hatten ein kompliziert verschränktes System aus Mutterrecht und einem nie ganz integrierbaren Kriegerorden. Aber das ist hier nicht von Belang. Engels' Rekurs zu den Primitiven und Marxens Utopie sind Evidenz für das innerste und wichtigste Pathos des Marxismus, für das Pathos der Erreichbarkeit des Milleniums, des irdischen Reiches der Erfüllung. Das Irokesen-Modell evoziert die ursprünglichen paradiesischen Möglichkeiten der Menschennatur; Marxens Vision, geborgt aus der Erfahrung eines Emigranten, ist Vorwegnahme des kommenden Reichs, des Endes der Entfremdung. Ohne dieses doppelte Pathos ist die erregende Geschichte der Arbeiterbewegung unverständlich.

Daß sich der Marxismus entschieden wissenschaftlich und gottlos gibt, ändert nichts daran, daß er logisch eine Prämisse bedingt, die ein Glaubensakt ist: nämlich den Glauben an die Erlösbarkeit des Menschen.

Man kennt die Hoffnungen, die heute gerade wieder von christlicher Seite an diesen fideistischen Aspekt des Marxismus gewendet werden. Oft genug wird dabei behauptet, der Atheismus sei im Marxismus kein logisch notwendiger Bestandteil, sondern das Resultat der unglücklichen Rolle der Kirchen in der Geschichte, besonders im 19. Jahrhundert. Marx habe mit dem Satz, Religion sei «Opium für das Volk», eigentlich nur eine ziemlich genaue Zustandsbeschreibung der sozialen Lage seiner Zeit geliefert, die man heute auch in den Kirchen gefaßt anerkennt.

Dennoch wäre es falsch, den Atheismus im Marxismus so nebensächlich zu sehen. Er hatte und hat mindestens zwei unabdingbare Funktionen im System:

Erstens entspricht er in der historischen Situation ziemlich genau der Wirkweise jener *asebeia* oder *impietas*, also jener Kultverweigerung, welche Juden und Frühchristen gegenüber der heidnischen Umwelt auszeichnete. Solche Frömmigkeitsverweigerung war und ist Absage an die Stabilisierungstendenz unterdrückerischer Herrschaft; und da in Europa an die Stelle des Kaiserkults von 100 n. Chr. der christlich designierte Monotheismus getreten ist, muß man den militant atheistischen Kampfgeist des alten Marx im gleichen funktionellen Zusammenhang sehen.

Zweitens wird im Bilde Gottes jede Form von ‹Idealismus› angegriffen; das heißt jede philosophische Verfestigung, die zur Lähmung der revolutionären Praxis führen könnte. Der Marxismus gewinnt dadurch jene ‹Freiheit vom Gesetz› wieder, die als roter Faden die Argumente des Paulus durchzieht.

Paradoxerweise ist also die Gottlosigkeit des Marxismus geradezu ein Kriterium für seine Wiederaufnahme ursprünglicher jüdischer bzw. christlicher Herausforderungen an die unterdrückte und unterdrückende Umwelt. Wie wenig ‹wissenschaftlich› solcher Atheismus ist, erhellt schon daraus, daß die wirklich wissenschaftlichen Atheisten (zuletzt etwa Professor Jacques Monod) vom zünftigen Marxismus prompt als ‹Idealisten› denunziert werden.

Um solche *rabies theologorum,* solche vom Mittelalter her vertraute theologische Kampfwut aufs Verständliche zu reduzieren: dem wissenschaftlichen Atheismus Schopenhauerscher Provenienz wird ‹eigentlich› nur vorgeworfen, was schon die hellenistische Tradition von der jüdischen trennte: das Auseinanderhalten von Erkenntnis und Leben, die Annahme, daß es eine positive oder negative Werteinsicht ohne gelebte und ständig überprüfte Praxis geben könne.

Am Grunde eines solchen ‹Materialismus›, der auf der Einheit von Theorie und Praxis besteht, ruht aber die jüdisch-christliche Überzeugung, daß Weg und Wahrheit eins seien; und solche Einheit ist wiederum unmöglich ohne ‹Hoffnung›, das heißt ohne die Annahme der Zielgerichtetheit menschlicher Entwicklung – jüdisch-christlich gesprochen: von Schöpfung und Verheißung.

Aber verlassen wir die dürren Weiden der Abstraktion und kehren wir zu unserer eigenen Methode zurück; das heißt, halten wir uns an das Jesuswort «An ihren Früchten sollt ihr sie erkennen»! (Marxistisch heißt das, daß es nicht auf Interpretation, sondern auf Veränderung ankommt.) Der Marxismus ist also in seinen Auswirkungen auf die Betroffenen zu untersuchen, an den gesellschaftlichen und politischen Resultaten seiner Praxis. Und hier ist nur festzustellen: er hat es in verblüffend kurzer Zeit geschafft, sämtliche Bedenklichkeiten der christlich-abendländischen Geschichte in seiner Praxis zu reproduzieren. Das ist nicht verwunderlich, wenn man die große Liste von Gemeinsamkeiten überfliegt, die Christentum und marxistischer Sozialismus von ihren Ansätzen, ihrer Aufgabenstellung, ihrer Problematik her haben und haben müssen. Einige dieser Gemeinsamkeiten haben wir in anderen Zusammenhängen schon kurz gestreift; der Deutlichkeit halber seien sie nun Punkt für Punkt diskutiert:

Erstens – Der ursprüngliche Kern der Botschaft ist die Verkündung eines schon angebrochenen, zumindest nahen Endzustandes, der den Zusammenfall von Schöpfung und Verheißung beziehungsweise Erfüllung und Bedürfnis bringen wird. Zwar setzt dieses nahe Erdreich noch einmal Kampf voraus («Das Reich der Himmel leidet Gewalt, und nur die Gewalttätigen reißen es an sich» – «Auf zum letzten Gefecht»): aber der Sieg ist schon deshalb sichergestellt, weil er einer inneren, durch Haß und Unterdrückung verborgenen und verschütteten Realität entspricht, die durch den fideistischen Akt lediglich freigelegt werden muß, um ihre unendliche Überlegenheit über diesen *Aion* zu manifestieren. Die ‹Welt›, die Welt der Unterdrückung und der Klassenherrschaft, ist schon gerichtet, d. h. ihre inhärenten Widersprüche werden sie letzten Endes selbst zu Fall bringen.

Zweitens – ‹Letzten Endes›: das letzte Ende, der Jüngste Tag der glorreichen Offenbarung, steht um die Ecke. In Marxens Freundeskreis wird ebenso ernsthaft über die Frage diskutiert, ob man dieses Endreich noch erleben werde, wie dies unter den Jüngern Jesu und in der Urgemeinde geschah. Noch der alte Bebel ist fideistisch vom nahen großen ‹Kladderaddatsch› überzeugt, und Trotzki meint etwas später, die Annahme des Ausbleibens der Weltrevolution sei eine ungeheuerliche These.

Drittens – Das vorläufige Ausbleiben dieses Endzustandes nötigt zur Organisation einer Kontinuität, in der die politische Sicherung der Verkündung in den Vordergrund tritt. Damit beginnt zwangsläufig die doktrinäre Auseinandersetzung innerhalb der gemeinsamen Grundüberzeugung.

Viertens – Da die Zerfleischung der Gemeinsamkeit durch Sekten und Richtungen für die Bewegung lebensgefährlich wird, gilt es, die Unverletzlichkeit der Lehre sicherzustellen. Zu diesem Zweck wird ein Büro geschaffen, das die einheitliche Auslegung der Grundschriften überwachen soll. Zunächst ist die Diskussion der Lehre noch Sache von Konzilen; später schiebt sich die Unfehlbarkeit des Heiligen Büros in den Vordergrund und bestimmt die Praxis.

Fünftens – Da die Stifter die ‹Gerechtigkeit› dieser Welt als hohl, die Befolgung ihrer Gesetze als Glaubensschwäche bzw. als Instrument der Klassenherrschaft entlarvten, ist irdische Aktion keinem Kodex, keinem Sittengesetz unterworfen, das in sich selbst wertvoll wäre: alle Aktion ist nur in ihrer größeren oder geringeren Wirksamkeit für den Enderfolg der Botschaft zu werten. Weder im Christentum noch im Marxismus haben Diskussionen über ‹Gewaltlosigkeit› oder andere humane Grundfragen einen bindenden Wert, weil sie zu keinerlei Festlegungen führen können: die nächste historische Kurve kann schon wieder ganz neue Perspektiven eröffnen.

Sechstens – Diese humane Unverbindlichkeit des Systems wird noch verstärkt durch die Methode bzw. Anti-Methode der Stifter, konkrete Fragen menschlichen Zusammenlebens und alle Kategorien irdischer Vorsorge *en bagatelle* zu behandeln. So entstanden Leerräume wirtschaftlicher, ethischer, politischer Art, die aus den Prämissen der ursprünglichen Botschaft nicht aufgefüllt werden können. Die notwendigen Erkenntnisse und Methoden werden dann von außen geborgt und eingebaut; es entstehen wieder moralische Haustafeln, platonische und aristotelische Lehrstühle, Formeln wie «Antike und Christentum», «Marxismus plus Elektrizität», «Kommunismus plus Amerikanismus».

Siebtens – Da sich aber das Heilige Büro (durchaus in Wahrnehmung seines ursprünglichen Auftrags) der Vorläufigkeit aller solcher Bindestrich-Formeln bewußt bleibt, entwickelt es einen nahezu unbegrenzten Macchiavellismus. Das es letzten Endes nur um die Sicherung der Botschaft in einer grundsätzlich feindseligen Welt geht, um ‹Kirche›, um ‹Sowjetmacht›, unterliegen alle Regelungen, alle Absprachen und Bündnisse den Erfordernissen der jeweiligen Linie.

Achtens – Machtergreifung, Expansion erfolgt in einer Weise, die mit den ursprünglichen Ansätzen nichts oder wenig zu tun hat. Jesu Botschaft war zunächst und vor allem an Israel gerichtet; Marxens Analysen und Agitation bezogen sich auf die hochindustrialisierten Länder und Gesellschaften des Westens. In beiden Fällen wurde die Botschaft vom ursprünglichen Adressaten ‹verworfen›, später aber zum Agens des rapiden und siegreichen Aufbaus unterentwickelter Regionen: des keltisch-germanischen Raums im Mittelalter, Rußlands und vieler Länder der Dritten Welt in unseren Tagen.

(Selbst in den Anomalien der Expansion stecken Parallelen. Die durch den Zweiten Weltkrieg, also durch Hitlers Aggression in die russische Einflußsphäre geratenen Länder Osteuropas lassen sich durchaus mit jenen Kreuzfahrerstaaten vergleichen, in denen die Zivilisationsstufe der Unterworfenen weit über der ihrer Herrscher lag. Die levantinischen Christen jener Reiche, meist gebildete Leute, standen der Mentalität ihrer westlichen Glaubensgenossen ungefähr so gegenüber wie heute polnische, tschechische, ungarische Sozialisten der ihrer östlichen Freunde.)

Neuntens – Die Machtergreifung, die immer nur eine teilweise sein kann, schafft ein zusätzliches ideologisches Problem: das Ausbleiben des Millenniums. Das Leben bleibt ärgerlicherweise immer noch unerträglich, Bedürfnis und Erfüllung klaffen nach wie vor weit auseinander, das Endreich ist, wenn überhaupt, nur um Zentimeter nähergerückt. Hier ist offenbar ein altböser Feind am Werk, der die Herzen der Gläubigen verwirrt oder die Klassengegensätze verschärft. Die Tatsache, daß er schon gerichtet, schon geschlagen, schon überwunden ist, macht ihn keineswegs ungefährlicher, im Gegenteil. Unbehaust in irgendeiner Heimstatt der Realität, kann er die groteskesten und unwahrscheinlichsten Verkleidungen annehmen, kann in knusprige Hexen oder in alte Bolchewiken fahren und sie zu absurden Dingen bewegen, wie sie in den Protokollen der Hexenjäger bzw. der Moskauer Schauprozesse enthalten sind: dem Feiern von Schwarzen Messen mit Oskulation des teuflischen Hinterteils – oder endlosen Treffs mit trotzkistischen Teufeln in Hotels, die um die fragliche Zeit längst abgerissen oder noch gar nicht erbaut waren.

Zehntens – Trotzdem hat die Angst des Heiligen Büros einen realen Hintergrund, der ernsthaft genug ist. Der Widerspruch zwischen dem dynamischen, egalitären Kern der Botschaft und der statischen Herrschaft des Büros, des Garanten der Kontinuität, führt zur Dialektik Orthodoxie–Ketzerei. Für die Ketzer hat das Heilige Büro die Botschaft verraten, deformiert; aber für das Büro bestätigt die Existenz der Ketzerei zusätzlich das Wirken des altbösen Feindes und macht seine Zurüstungen zu dessen Unterdrückung vor aller Welt glaubwürdig.

Elftens – Der Erfolg beider Systeme war und ist dennoch ungeheuer – und zwar ist er ein Ausfallprodukt der Auseinandersetzung, die zur Zerstörung alter, scheinbar unwiderleglicher Positionen geführt hat. Vor allem wurden und werden die durch die Botschaft aufgerufenen Energien gerade der Intelligenz auf das Feld verwiesen, das quantifizierten Fortschritt verspricht und gewährt: das Feld der Naturbeherrschung. Die in Technik und Wissenschaft Tätigen genießen weitgehend Immunität von den Schrecken des oder der Heiligen Büros (das marxistische kann ihnen gefährlicher werden, weil es angeblich selbst nach ‹wissenschaftlichen› Gesichtspunkten urteilt, also noch in seiner ‹galileischen› Phase steckt; aber das ist in der Regel vorübergehend und scheitert meist an der Notwendigkeit, quantifizierten Fortschritt als Evidenz für die Überlegenheit des Systems vorweisen zu können). Dadurch ziehen Naturwissenschaft und Technik gerade jene aktiven Geister an, denen das Klima der ideologischen bzw. theologischen Auseinandersetzung zu fruchtlos bzw. zu gefährlich erscheint. Die Tatsache, daß heute im Westen der Zustrom zu den naturwissenschaftlich-technischen Fächern stagniert, während sie im Osten nach wie vor höchsten Status besitzen, hängt logisch damit zusammen, daß es im

Westen keine tödlichen und gefährlichen ideologischen Irrtümer mehr gibt.

Zwölftens – Da Heilige Büros in der Regel keine schöpferischen Persönlichkeiten anziehen, war und ist es eine Notwendigkeit, für den theologischen bzw. ideologischen Hausgebrauch eine eigene Terminologie und Technik zu entwickeln, die es dem Unbedarften erlaubt, mittels ihrer Handhabung nach außen den Anschein ungeheurer Kompetenz zu erwecken. Dies war früher der hohe Reiz der Theologie; heute ist er auf die marxistische Scholastik übergegangen. Auch mäßige Intelligenzen können sich überdurchschnittlichen gewachsen oder überlegen fühlen, wenn sie, sagen wir, die indische Eröffnung und die Botwinnik-Variante des Schachspiels kennen und so den Anfänger in neun Zügen Matt auf c4 setzen können. Dies ist um so leichter möglich, wenn fast keine Realitätskontrolle mehr vorliegt, sondern die Auseinandersetzung ausschließlich innerhalb des Regelwerks, des Schachbretts oder der scholastischen Spielfläche erfolgt. Praxisferne Menschen mit reduzierter Sinnlichkeit fühlen sich in solchen Welten besonders wohl; damit dürfte es zusammenhängen, daß den Scholasten der berühmte Kontakt mit der ‹Arbeiterklasse› – also solchen Menschen, die ihr Selbstverständnis noch unmittelbar aus der Vitalsphäre und der körperlichen Geschicklichkeit beziehen – so ungeheuer schwerfällt.

Das ist eine kurze Liste der gemeinsamen Probleme und Resultate von Marxismus und Christentum. Hinzuzufügen in aller Fairness ist die Gemeinsamkeit, daß sie beide auf ihre Weise trotz allem die Welt ein wenig humanisiert haben; davon wird aber noch ausführlicher zu sprechen sein.

Es muß ferner deutlich gesagt werden, daß es dem Marxismus gelungen ist, die einfachsten Überzeugungen der christlich-jüdischen Tradition in Weltgegenden zu tragen, die von einer imperialistisch pervertierten Christenheit nie erreicht wurden und nicht erreicht werden konnten. Und auch hierzulande bewahrt der marxistische Sozialismus noch Zehntausende von Menschen, die ‹reinen Herzens› sind, vor dem Sturz in die Verzweiflung – vor dem sie die christlichen Kirchen in ihrem jetzigen Zustand nicht ohne weiteres bewahren könnten.

Das Erschrecken der Kirche vor dem Marxismus ist also nicht zuletzt durch die – selten bewußte – Einsicht bewirkt, daß hier Kräfte am Werk sind, die ursprüngliche Elemente der Botschaft besser der heutigen Menschheit vermitteln können, als sie dies selber vermöchte. Die Gründe hierfür werden im nächsten Kapitel zu erörtern sein. Doch da unser Thema nicht gute Absichten, sondern ablesbare Resultate christlicher Geschichte betrifft, läßt sich an dieser Stelle eine – vorläufige – Bilanz ziehen; eine hypothetische Antwort auf die Frage: Wie erfolgreich war das Christentum?

Es hat, jedenfalls bisher, keinen Erfolg in seinen zentralen und proklamierten Intentionen aufzuweisen; es hat nicht vermocht, die Welt in das zu verwandeln, was die alte Präfation des Christkönigsfestes als eine Welt der Gnade, der Gerechtigkeit, der Liebe und des Friedens beschreibt. Das läßt sich mit einem Blick in die Tageszeitung feststellen. Auch seine häretischen Kinder und Erben haben das nicht vermocht. Das Christentum und seine Erben waren jedoch außerordentlich erfolgreich in der Weckung von Energien, die sich um den ältesten Auftrag der jüdisch-christlichen Tradition bemühten: um den totalen Herrschaftsauftrag über den Rest der Schöpfung. Es war erfolgreich in der Übermittlung selbstverständlichen Vertrauens in die Garantien der Genesis: qualitative Einzigartigkeit des Menschen, totale Profanität der Natur, ihre Verfügbarkeit als Ausbeutungsobjekt und ihr unerschütterliches ökologisches Gleichgewicht. Die Selbstverständlichkeit solchen Vertrauens geht heute weit über die Grenzen von Judentum und Christentum hinaus: räumlich, aber vor allem auch im Bewußtsein der Zeitgenossen. Das Christentum hat ferner seinen historischen Erben eine – möglicherweise tödliche – Überzeugung vermitteln können: die Überzeugung von der glanzvoll angeordneten Zukunft, von dem Neuen Jerusalem, das uns auf jeden Fall erwartet; sei es im Gang der Heilsgeschichte, sei es im ehernen Pendelschlag der historisch-materialistischen Uhr. Die glanzvoll angeordnete Zukunft aber rechtfertigt sich aus der Annahme, daß alles Unvollkommene, alles Leidvolle, aller Todesschmerz unserer Existenz ein Ärgernis ist, keine Existenzbedingung: daß es sich hier um Webfehler im Menschheitsmuster handelt, die – entweder durch göttlich-eschatologisches Eingreifen oder durch die Logik des gesellschaftlichen Prozesses – korrigiert werden müssen und tatsächlich korrigiert werden.

Auf dieser Basis hat sich in letzter Zeit auch eine theoretische Wiederannäherung von Marxismus und Christentum vollzogen, die in vielen Teilen der Welt bereits ein neues progressistisches Aktionsklima geschaffen hat.

Übung drei:

Ein Spezialist

Ich bin Spezialist, Agronom, und ich sitze am Schreibtisch. Es ist gut, daß ich sitze; denn vor mir liegt die Direktive Nummer 1434 Strich 72 von der Zentrale. Durchgegeben auf Weisung des Ministeriums. Inhalt, in dürren Worten: das Breitband-Insektizid X Zehn wird aus der Produktion gezogen. Jede Anwendung ist sofort einzustellen. Neue Weisungen folgen.

Ich stelle fest, daß die Zentrale verrückt sein muß. (Oder das Ministerium.) Wir hier haben im letzten Erntejahr den Produktionsrekord bei Weizen pro Hektar eingestellt und hätten ihn dieses Jahr garantiert übertroffen. In welcher Welt, glaubt die Zentrale, leben wir eigentlich? Endlich sind wir so weit, daß wir den endgültigen Beweis für die beste gesellschaftliche Organisationsform der Menschheit überhaupt antreten können. Das haben wir schließlich feierlich angekündigt seinerzeit: Wettbewerb mit dem feindlichen System bis zum Sieg. Und der Sieg wäre gekommen, das hätte ich ihnen heuer garantieren können – ich, der Agronom.

Der Sieg im Wettbewerb mit dem Klassenfeind: es liegt doch auf der Hand, wo da die absoluten Prioritäten liegen müssen.

Natürlich, man kann sich denken, wie eine solche Direktive zustande kommt. Ich halte mich auf dem laufenden, jawohl, keine Angst. In der «Komsomolskaja Prawda» hat sich da dieser Wassilij Peskow geäußert. Leninpreisträger. Na schön. «Wo bleiben die Vögel? Warum sind im Juni auf den Feldern keine Wachteln mehr zu hören? Unsere Wälder, Gärten und Felder werden immer stiller.» Wachteln! Dem seine Sorgen möcht ich haben. Und wenn's ihm zu still ist in seinem Datscha-Garten, dann soll er mal gegen sieben Uhr früh zu uns kommen, wenn die Maschinen anlaufen zur Produktionsschlacht. Dann kann er lebendigen Lärm haben, soviel er will, und mehr als genug.

Wachsamkeit statt Wachteln, Genosse Peskow! Und der Genosse Peskow ist natürlich nur eine Schwalbe, die den Sommer ankündigt – oder den Winter, je nach Standpunkt. So was in der «Komsomolskaja Prawda» zu schreiben, geht nicht ohne Deckung. Wissenschaftler, meinetwegen. Wir ehren und respektieren die Wissenschaft, das ist selbstverständlich. Aber wenn ich Borkenkäfer-Spezialist bin, dann schreie ich natürlich Zeter und Mordio, wenn die modrigen alten Bäume aussterben, in denen meine stinkenden Lieblinge gedeihen. Den Hintergrund, den ignoriere ich – oder nehme ihn nicht ernst.

Der Klassenfeind ist nämlich raffinierter, als man allgemein annimmt. Wir haben unsere Schriftsteller mal wieder ein bißchen an die Kandare genommen, und schon läuft eine Parallelaktion über die Wissenschaft, davon bin ich fest überzeugt. Und welche Wissenschaft? Die Ökologie, was sonst. Oh, die sind da gerissen im Westen. Die stellen Angstprognosen, reden vom Umkippen der Weltmeere und dergleichen, donnern gegen ihre eigene Produktion – und die Fords und Krupps und Dassaults produzieren weiter munter drauflos, schöpfen Mehrwert ab und warten nur darauf, daß wir Sozialisten, die die Wissenschaft respektieren, unsere zentrale Planung dazu mißbrauchen, die Produktion zu drosseln. Eine psychologische Bremse, die man uns einbaut. Und sie zieht; das zeigt der Artikel des Genossen Peskow.

Ich weiß allerdings nicht, ob dem Genossen Peskow wohl in seiner Haut sein sollte – trotz Leninpreis. Der ganze Ton, in dem er da den Wachteln nachweint, will mir als altem Studenten des dialektischen Materialismus gar nicht gefallen. «Es kommt darauf an, die Welt zu verändern», lautet die elfte These zu Feuerbach. Und Weltveränderung, das heißt doch wohl Naturveränderung. Naturveränderung zu wessen Gunsten?

Man soll diese westlichen Agenten nicht unterschätzen, die wissen genau, wo sie den Hebel ansetzen müssen. Ein Mister Wheeler in Kalifornien hat zum Beispiel die These aufgestellt, daß sich die industrielle Menschheit *als Ganzes* gegenüber dem ökologischen Gleichgewicht benehme wie die französische Aristokratie vor 1789. Wer aber war diese Aristokratie? Eine sterbende, vom historisch-dialektischen Prozeß zum Untergang verurteilte Klasse. Mit anderen Worten: die ganze ökologische Kassandra-Ruferei ist darauf angelegt, den dialektischen Antagonismus zwischen Kapitalismus und Sozialismus zu einem zweitrangigen Problem zu erklären, eine neue Dialektik – das heißt, einen neuen dialektischen Gegensatz – zusammenzubasteln, den Begriff der ‹Ausbeutung› zu vernebeln und damit den fortschrittlichen Teil der Menschheit um seinen produktiven Schwung zu bringen. Das geht frontal gegen unsere Produktionsschlachten, gegen unsere Mehrjahrespläne, gegen unseren Anspruch seit Gründertagen, daß wir die Ausbeutung des Menschen abschaffen und die Ausbeutung seiner natürlichen Hilfsquellen erst richtig in Gang setzen werden.

Diese Direktive ist, meiner Ansicht nach, zutiefst antihumanistisch. Der Humanismus gehört zu dem Erbe der Menschheit, das wir als bewußte Marxisten zu bewahren haben. Der Mensch hat einen unabdingbaren Anspruch auf die Beherrschung der Erde, da gibt es überhaupt keine Alternative. Das haben die alten Juden schon gewußt; auch wenn man kein Gläubiger ist, muß man in dieser These der Bibel einen echten Fortschritt sehen. «Wachset und vermehret euch» oder wie das heißt, und «machet euch die Erde untertan.» Und dann diese interessante Geschichte von der Sintflut, ein vorwissenschaftlicher Mythos natürlich, aber da steht wörtlich, nachdem dieser Hausvater seine Arche verläßt, bekommt er die Garantie: «Bleiben werden Saat und Ernte.» Jawohl, Saat und Ernte, und die werden immer besser im Pendelschlag des dialektischen Fortschritts. Das ist die Entwicklungsrichtung der Menschheit und sonst nichts.

Das heißt ganz klar: schon diese alten Hebräer haben gewußt, daß Wachteln und Borkenkäfer nicht unser Bier sind, sondern Saat und Ernte, Herrschaftsauftrag des Menschen. Modern ausgedrückt heißt das ungefähr: unsere objektive Grundbefindlichkeit ist angelegt auf eine Gesellschaft ohne Entfremdung. Und wo bleibt denn das bescheidenste und primitivste Ziel der Aufhebung dieser Entfremdung, wenn wir nicht einmal satt werden dürfen? Darauf läuft's nämlich hinaus. Das soll er uns erst einmal vormachen, der Genosse Peskow, wie wir den Lebensstandard heben wollen ohne wissenschaftliche Bearbeitungsmethoden des Bodens. Wie sollen wir denn vor der Arbeiterklasse der ganzen Welt dastehen, wenn wir das nicht schaffen?

Na, glücklicherweise läuft das in der politischen Praxis ohnehin anders. Im Landwirtschaftsministerium gibt es die ‹Hauptverwaltung Natur› und die ‹Hauptverwaltung für Pflanzenschutz›. Wenn die Hauptverwaltung Natur so einen Wachtelbrief bekommt, dann schickt sie ihn an die Hauptverwaltung für Pflanzenschutz und fordert, den Gebrauch von Chemikalien auf den Feldern zu verbieten. Und die Hauptverwaltung für Pflanzenschutz hat schon ihren Antwortbrief parat, da steht drin: «Wir kämpfen für die Ernte.» Bitte, das ist das einzige Argument, das zählt.

Neben dem Genossen Peskow gibt es noch den Genossen Oldak, und der hat mit seiner Kampagne gegen die Zerstörung der Natur, wie er das nennt, die Katze aus dem Sack gelassen. Er verlangt, daß wir auf sieben bis zehn Prozent Wirtschaftswachstum verzichten. Das muß man sich vorstellen! Hier schaut, davon bin ich überzeugt, der Pferdefuß des Klassenfeindes heraus. Wenn wir die Wissenschaft nicht so respektierten . . .

Aber nun liegt diese Direktive vor. Den Feinden des Fortschritts ist irgendwo der Einbruch geglückt. Ob's da im Ministerium etwas gegeben hat – –? Sokolow soll ja leider trinken. Aber der ganze Aufruhr ist nicht von Dauer, davon bin ich überzeugt.

Vorläufig läßt mich die Direktive in der Praxis ganz kalt. Ich habe noch genug von dem Zeug hier, um die nächste Ernte – die Rekordernte – sicherzustellen. Und bis zum nächsten Jahr werde ich politisch ein bißchen aktiv werden müssen. Die Wachteln haben ja noch keine Vertreter im Sowjet und im Zentralkomitee sitzen, oder? «Wir kämpfen um die Ernte», das ist das einzig entscheidende Stichwort, das ist die Priorität. Die Welt des Jahres 2050 ist es nicht. Das wird sich auch politisch durchsetzen.

Philosophisch ist es ohnehin klar. Der Marxismus-Leninismus ist schließlich keine idealistische Philosophie, sondern aufs engste praxisbezogen. Die Praxis ist immer das Korrektiv der Theorie. Wenn wir die entscheidende Priorität einmal ins Auge gefaßt haben – nämlich den Sieg über den Imperialismus und den Klassenfeind auf der ganzen Linie –, dann folgt alles andere aus der Praxis.

Unsere Enkel werden ihre eigene Praxis entwickeln müssen. Die können dann Wachteln pflegen und Borkenkäfer zählen, wenn sie Lust haben. Oder wenn sie müssen. Wir müssen jedenfalls nicht. Der Mensch hat noch lange nicht alle Möglichkeiten der Erde ausgeschöpft, wir stehen erst am Anfang des großen Sieges über die Natur, der bisher nur durch die Unmenschlichkeit und Unvollkommenheit der Herrschaftssysteme verhindert wurde. Das ist unsere Art, die Dinge zu sehen; dafür lohnt es, zu leben. In eine dreckige Kate ziehen, mühsam mit Kot düngen, bloß damit die Genossen Wachteln munter herumfliegen können – das ist doch keine Alternative. Das ist keine Kategorie, die des Fortschritts der Menschheit würdig ist. Das müßte auch philosophisch einmal ganz klar herausgestellt werden.

Halt, noch eine Möglichkeit, für heuer beantrage ich ohnehin keine Nachlieferung von dem Insektizid, und im Herbst werde ich einen Antrag an unsere Forschungszentrale stellen. Sie sollen ein paar Leute rausschicken und Proben absammeln, das Ungeziefer ist, so scheint mir, dabei, gegen das alte Mittel resistent zu werden. Eigentlich merkwürdig – wir haben's erst vor drei Jahren eingeführt. Aber was soll's, das ist schließlich das Los des ringenden Menschengeistes, und es ist gut so. Ohne Widerstände, die es zu überwinden gilt, ist er noch nie vorangekommen.

Das progressistische Klima

Zwischen dem 17. und dem 19. Jahrhundert löste sich die alte Dialektik von Orthodoxie und Ketzerei aus ihrem christlichen Rahmenwerk; zwar proklamierten die Ketzer noch immer den Verrat der Botschaft Jesu durch die Kirchen, aber sie beriefen sich zur Begründung ihrer neuen Position nicht mehr auf die Schrift als höchste und letzte Autorität, sondern zogen andere Quellen heran. Wie wir gesehen haben, änderte dies an den praktischen Resultaten solchen Widerspiels fast gar nichts; aber da das in den Kirchen verfaßte Christentum seit eineinhalb Jahrtausenden sich selbst als Hort eines Glaubensbesitzes und den Begriff ‹Glauben› als Festhalten an bestimmten dogmatischen Wahrheiten definiert hatte, konnte der neue kritische Geist nicht mehr als Schisma oder Ketzerei verarbeitet werden, sondern war ein Angriff auf das Christentum selbst.

Verschärft wurde diese Situation durch das, was im Kampf der Konfessionen untereinander an innerkirchlichem Klima (und zwar auf beiden Seiten) entstanden war. Die vermeintliche Notwendigkeit, die Unterscheidung vom Gegner über alle anderen Gesichtspunkte zu stellen, hatte zur Heraufkunft einer engbrüstigen Mittelmäßigkeit geführt, die über das jeweils ‹Abweichlerische› zu Gericht saß; und welcher kreative Geist ist nicht abweichlerisch? Nicht mehr der kraftvollste, sondern der ‹genaueste› Glaube zählte; nicht mehr die Liebe oder die Solidarität, sondern der Stallgeruch; nicht mehr die Hoffnung, sondern das ängstliche Festhalten an den festgelegten Kriterien.

So sah man sich – eigentlich ziemlich plötzlich – den Geistern gegenüber, die man aus den Kirchen hinausgeekelt hatte, und man sah sich ihnen in unzulänglicher Rüstung und mit reichlich ärmlicher Mannschaft gegenüber. Verwunderlich ist nicht der Sieg der neuen, kritischen Geister über die alten Dunkelmänner: verwunderlich ist, daß den Kirchen überhaupt noch große Seelen und Hirne verblieben.

Die Lage der verfaßten Christenheit war und ist also keineswegs beneidenswert. Hätte sie auf die rasch hintereinanderfolgenden Herausforderungen der säkularen Welt seit 1648 anders reagieren können, als sie reagiert hat? Hätte sie rechtzeitig die Ideale von 1789 umarmen, den christlichen Sozialismus propagieren sollen? Zweifellos wäre dies möglich gewesen, wenn Kirchen- und Weltgeschichte die Geschichte reiner Intentionen und reiner Erkenntnisse wären; aber Geschichte wird eben stark vom Unterbau bestimmt, und der Unterbau der Kirchen, aller Kirchen mit Ausnahme einiger Freikirchen, war vom 19. Jahrhundert an für das Handeln nach reinen Erkenntnissen und Intentionen nicht geeignet. Was die Kirchen noch an volkstümlicher Macht besaßen, verdankten sie entweder ihrer Kontrollfunktion an den Pforten des Jenseits – eine sehr verdächtige Macht – oder dem Mißtrauen der Massen gegenüber allem Neuen. Das Alte aber, das es zu bewahren galt, war nicht sosehr das Christliche als das Heidnische: die kollektiven Seelengründe einer abergläubischen, im Zwielicht übernatürlichen Zornes und übernatürlicher Beschwichtigung lebenden Bauern- und Bürgerschaft.

Es ist nur logisch, daß sich die Kirchen angesichts solcher ungünstiger Ausgangspositionen in Fortschrittsfeindlichkeit ergingen. Sie stießen sibyllinische Warnungen gegen die Demokratie, die Großstadt, den Kunstdünger, die Technik, den Lippensift aus, verherrlichten die einfachen Tugenden von gestern und vorgestern, gaben sich als Interpreten einer statischen ‹gottgewollten› Schöpfungsordnung – kurz, taten ziemlich genau das, was ein römischer *Pontifex Maximus* einstmals gegen das Christentum selbst getan hat oder hätte, wenn es mit den technischen Voraussetzungen von heute auf den Plan getreten wäre. Dabei war man sich aber von Anfang an der eigenen Sache keineswegs sicher; man wußte – bei einiger Reflexion – nur zu gut, daß die *secular city*, die weltliche Stadt, die jetzt im Entstehen war, von Enkeln und Erben der Christenheit bewohnt ist, und daß man selbst am Entwerfen der Baupläne ziemlich maßgebend beteiligt war.

So war denn von Anfang der Aufklärung an ein kirchlicher Progressismus vorhanden, der sich dieser Tatsache stellen wollte. Es gab innerchristliche, ja innerkirchliche Versionen der Aufklärungsbewegung; im Protestantismus setzten sie stärker und früher ein, aber auch im rheinischen und österreichischen Katholizismus hatten sie hervorragende Vertreter.

Ihr Pech war, daß sie nicht volkstümlich waren; mit anderen Worten, daß sie keine Basis hatten. Das Volk kaute keine Theorien durch, sondern hielt sich an Klasseninteressen. Diejenigen der Bourgeoisie waren kirchenfeindlich, solange die Kirche feudal war, und wurden kirchen-konform, sobald die Bourgeoisie selbst reaktionär wurde; nicht, weil die Kirche von Haus aus und unbedingt reaktionär sein mußte, sondern weil die ‹progressiven› Kräfte ihr Heil außerhalb der Kirche suchten. Die Bauern waren und blieben christlich, solange es keine Hagelversicherung und keine landwirtschaftlichen Lehrstühle gab; das heißt, daß sie heidnisch-magisch blieben – mit vielen liebenswürdigen Zügen, die dieser *way of life* vor allem im Katholizismus bewahrt hat.

Wirklich frei zur Selbstreflexion und zur möglichen fortschrittlichen Aktion konnten die Kirchen erst werden, als diese Basis selbst zerbröckelte. Nur so erklärt es sich, daß die Theologie aller Konfessionen heute erstaunlich optimistisch ist – optimistischer jedenfalls, als sie jemals seit Konstantin war. In ihr ist so gut wie kein Ressentiment gegen die moderne säkularisierte Welt mehr zu spüren, gegen Fortschritt oder Aufklärung; und dies trotz der Tatsache, daß fast alle Warnungen der alten Konservativen vor der Weltentwicklung recht behalten haben.

Die Freiheit der Theologie ist, zunächst, eine Freiheit, die sie eben der weltlichen Entwicklung verdankt. Am klarsten, da sich der Prozeß in unserer Gegenwart abspielt, läßt sich dies am Katholizismus erläutern. Der Entschluß des Papstes Johannes zur Einberufung des

Zweiten Vatikanischen Konzils (auf ihn kommt es mehr an als auf das Konzil selbst) muß in Beziehung gesetzt werden zu seiner offen geäußerten Ansicht, daß entscheidende Impulse des Christentums nicht innerhalb, sondern außerhalb der Kirchen sich entfaltet haben: er zog das Bild Jesu von der Saat heran, die ein Sämann sät, und von der einiges am Wegrand aufgeht. Der Papst bejahte damit jene Dialektik, die uns in den vorigen Kapiteln beschäftigt hat: das Widerspiel von Orthodoxie und Ketzerei, aus dem soviel menschliche Emanzipation erwuchs. In dem Augenblick, wo ein Konzil einberufen wurde, mußte sich die Theologie in Bewegung setzen; mußte die Grundsatzdiskussion wieder beginnen, die sich unter der Ägis der Ketzerriecherei und der Weltfeindlichkeit scheintot gestellt hatte.

Für Westdeutschland kam der Umschwung gerade rechtzeitig. Dieses Land, zum erstenmal in seiner Geschichte der Feudalität entronnen und dem offenen Materialismus ergeben, konnte vor dem Zweiten Vatikanun nur noch die reaktionärsten Formen des Katholizismus verleiblichen, der sich in einer immer hoffnungsloseren Abwehrhaltung gegenüber der Gesellschaft befand. (Daß sich weite Teile der Gesellschaft von ihm geistespolitisch bedienen ließen, widerspricht dem überhaupt nicht.) Was der deutsche Katholizismus hatte – noch und wieder hatte –, waren Theologen; heologen, von denen einige nicht mehr schreiben durften, einige von selbst nicht mehr schrieben, um sich nicht der Verfolgung auszusetzen. Mit einem Schlag waren diese Theologen zur Visitenkarte des deutschen Katholizismus geworden – und sind es seitdem geblieben. Ja, sie sind sogar so etwas wie die Lieblinge der Gesamtgesellschaft; die zahlreichen Buchveröffentlichungen für gebildete Laien erfreuen sich steigender Auflageziffern, die nicht nur auf Gläubige zurückzuführen sind.

Die Kirchen sehen eine solche Entwicklung nicht ungern. Auf der Ebene der Akademie-Tagungen und Kongresse haben die Theologen eine gesellschaftliche Vermittleraufgabe übernommen, die um so wichtiger ist, je schmäler die Machtbasis der Kirchen in der Gesellschaft wird. Je kühner und freimütiger sich die Theologen dort oder am Fernsehschirm äußern, desto besser nehmen sie diese meist unbewußt akzeptierte Aufgabe wahr.

Gerade auf dieser Ebene der Tagungstheologie (der Ausdruck ist nicht abwertend gemeint) kam die interessante Koalition zustande, die eine Reihe von Jahren das geistige Feld zu beherrschen schien: die Koalition zwischen fortschrittlichen Theologen und fortschrittlichen Marxisten. In einer Reihe von Gesprächen, die von der Paulus-Gesellschaft initiiert und vor allem von den Intellektuellen der ČSSR gestützt wurden, suchte man sich näherzukommen und stellte ein gemeinsames Überzeugungsklima fest, das sich etwa in folgenden Thesen zusammenfassen läßt:

Erstens – Die Intention beider Bewegungen, der christlichen wie der sozialistischen, ist auf die Zukunft gerichtet. Beider Berechtigung liegt nicht in goldenen Zeitaltern der Vergangenheit, sondern in Heilszielen, die sie sich gesetzt haben, oder die ihnen gesetzt sind.

Zweitens – Diese Heilsziele sind in beiden Fällen kollektiv; weder das Reich Gottes noch die klassenlose Gesellschaft befassen sich in erster Linie mit dem Einzelmenschen, sondern mit der Verwirklichung des Heils für alle.

Drittens – Das Heil ist kein fertiges Gebäude, das sozusagen möbliert bezogen werden könnte, sondern entfaltet, offenbart, realisiert sich in der liebenden, beziehungsweise solidarischen Praxis, die durch Weltveränderung neue Wirklichkeiten setzt.

Viertens – Die Praxis ist immer eine kämpferische Praxis insofern, als sie gegen verhärtete Verhältnisse, Strukturen, Denkweisen anzugehen hat. Der Weg des Christentums wie des Sozialismus ist also zwangsläufig ein Weg der Aufklärung und Bewußtwerdung; beide haben Freiheit zu lehren, und zwar nicht im liberalistischen Sinn, sondern im ständigen Kampf gegen solche Verhältnisse, Strukturen, Denkweisen, die objektiv die Entfaltung von Freiheit für alle unmöglich machen.

Fünftens – Welt und Schöpfung sind nur insoweit erfahrbar und wichtig, als sie Bezug auf diesen Heilsweg haben. Die Schöpfung ist noch nicht zu Ende, die Welt ist machbar, und das Potential des

Menschen, sie zu verändern, ja sie in gewissem Sinne erst zu machen, ist bisher so gut wie unausgeschöpft. In dem Maße, in dem er die Verhältnisse, die ihn bedrücken, überwindet, wird dieses Schöpfer-Potential anwachsen.

Soweit die möglichen Gemeinsamkeiten. Es ist bezeichnend, an welcher Stelle sich die Wege trennten und trennen: fast immer war und ist es der Begriff der Zukunft, der solche Trennung signalisiert. Die Marxisten werfen den Christen vor, ihre eschatologische Zukunftserwartung laufe letzten Endes auf eine Gabe von oben hinaus und beraube den Menschen seiner endgültigen Selbstbestimmung; die Christen andererseits finden die Marxismus-Formel von der klassenlosen Gesellschaft und dem Ende der Entfremdung anthropologisch zu kurzatmig; sie behaupten, daß gerade die Verweisung der ‹absoluten Zukunft› auf Gott die relative und reale Zukunft des Menschen für jede mögliche Verwirklichung offenhalte. Kurz: was beide Seiten einander vorwerfen, ist, daß der Partner dem Menschen seine allerbeste und allerschönste Zukunft nicht gönne, so oder so.

Das Prinzip, unter dem man sich einigte und unter dem man stritt, ist also das Prinzip Hoffnung; der Mann, der diesen Titel über sein wichtigstes Buch setzte, Ernst Bloch, ist folgerichtig so etwas wie eine Eminenz der Koalition geworden. Und in der Tat sind ihm die Christen sehr viel Dank schuldig. Er hat den Marxismus aus der öden Monotonie seines Geschichtsbildes befreit, in dem die jüdisch-christliche Tradition einfach unter ‹Religion als Opium› eingereiht war, hat den Atheisten die fundamentale Andersartigkeit dieser Tradition klargemacht und damit eine intelligente Diskussion erst ermöglicht. Bloch geht so weit, die jüdisch-christliche Erbschaft, die der Marxismus angetreten hat, zu bejahen, ja sie zu rühmen; allerdings ist für ihn der einzig logische Schritt in die endgültige, von Juden und Christen angelegte Emanzipation der Atheismus. Moses und Jesus, so meint er, haben begonnen, die Menschen den aufrechten Gang zu lehren; aber sie schrecken davor zurück, die letzte Neigung des Hauptes auch noch abzuschaffen – oder, um Bloch nicht unrecht zu tun: er meint, daß Moses und Jesus die innerhalb ihres gesellschaftlichen Zusammenhangs möglichen Fortschritte verkörpern, daß jedoch diese Fortschritte bereits auf Atheismus angelegt seien, und daß es heute eine Inkonsequenz darstelle, diesen Schritt nicht zu realisieren.

Wie weit er damit einer Gefühlslage auch innerhalb der Theologie entgegenkommt, zeigte vor kurzem die ‹Gott-ist-tot›-Theologie. Im Grunde ist diese etwas forsche Formel nur der popularisierte Ausdruck eines Dilemmas, welches das Christentum ebenfalls mit dem Sozialismus teilt: das Dilemma der Antinomie von Schöpfung und Verheißung. Man hat die heutige Theologie insgesamt ‹horizontal› genannt; das heißt, daß sie alle wesentlichen Heilswahrheiten in humanen, enger: in zwischen- und mitmenschlichen Kategorien zu fassen versucht. Newmans Formel ‹I and My Creator›, ich und mein Schöpfer, kann heute nicht auf Anhänger rechnen. Auch solche Systeme im heutigen theologischen Pluralismus, die von Altizer und den anderen Propheten der Gott-ist-tot-Theologie abrücken, befassen sich nicht oder kaum mit Fragen der Schöpfungsordnung, sondern ganz und fast ausschließlich mit humaner Wirklichkeit. Dennoch ist ihnen das Dilemma ständig präsent. Und unterderhand wird es – wie alle unterdrückten oder verdrängten Probleme – zur Frage Nummer eins. Selbst Altizer hat Gott nicht ‹eigentlich› für tot erklärt, sondern sieht ihn geradezu als Gegenprinzip zu den Verheißungen des Christentums, als den düsteren Zirkelschläger, den etwa William Blake als Urizen gezeichnet hat: als Unterdrücker und Erfinder der natürlichen Höllen. Dorothea Sölle sieht in Jesus den ‹Stellvertreter› oder ‹Schauspieler Gottes›, der die Herrschaft des Vaters ablöst, ihn also, wenn man es genau nimmt, liquidiert hat. Über Ernst Blochs Interpretation des Gottes, der Hiob antwortet, als eines ‹finster-weisen Naturbaal› haben wir bereits gesprochen; hier kann ergänzt werden, daß Bloch zustimmend eine altpersische Legende zitiert, in der ein grausamer Vater (Gott) seine schöne Tochter (die Gemeinde) einsperrt und den Freier, der vor ihrer Tür singt (Christus), im Zorn erschlägt. Der Freier aber hinterläßt der Tochter seinen Ring und sein Lied und verspricht die Wiederkunft.

Die Legende ist, wie erwähnt, persisch und gehört dem großen gnostisch-manichäischen Kulturkreis der Antike an. Sie ist offen dualistisch; zwei Prinzipien stehen sich gegenüber, ein lichtes und ein dunkles – *aber das dunkle Prinzip ist der Schöpfer Himmels und der Erde selbst*. Ihm gegenüber befinden sich die progressiven Theologien in der gleichen Verlegenheit, in der sich ihre Väter gegenüber dem Satan befanden. Entweder wird er als Nichts behandelt, als *quantité négligeable*, als Abwesenheit der guten Verheißung – oder er wird, wie bei Altizer, Sölle und Bloch, manichäisch aufgewertet zu einem Heerfürsten der Nacht, gegen den uns das Licht der Menschlichkeit in Pflicht nimmt. In beiden Fällen muß *gegen* ihn gesiegt werden; muß der Mensch seine eigene Schöpfung bauen – mit oder ohne Verheißung? Natürlich mit Verheißung – das heißt mit der Hoffnung, daß die Geschichte des Menschen auf eben diesen hominisierten Kosmos angelegt ist.

Es sei betont, daß diese Art des Geschichtsdenkens (besser: Geschichtsfühlens) sowohl den Voraussetzungen der christlichen Orthodoxie wie denen des klassischen Marxismus widerspricht. Für den aufrechten Orthodoxen gibt es keine Geschichte außerhalb von Gottes Zulassung; und für den historischen Materialisten gibt es nur den großen Pendelschwung von These, Antithese und Synthese. In beiden Systemen ist eigentlich nicht der Mensch das Thema, sondern der Gang der Heilsgeschichte. ‹Richtige› und ‹falsche› Entscheidungen sind in diesem Gang nicht aufregender als die Entscheidung eines Gasmoleküls, ob es innerhalb seiner Versuchsanordnung der allgemeinen Strömung folgen will oder nicht.

Es ist aber das Verdienst – und gleichzeitig die Schwäche – der neuen Koalition, den Menschen thematisiert, das heißt in den Mittelpunkt der Überlegungen gestellt zu haben. Die Koalition war sich einig darüber, daß die Zukunft des Menschen eine menschliche Zukunft zu sein hat; keiner der vielen Dialogpartner in Marienbad und anderswo hat auch nur einen Satz auf das Schicksal der nichtmenschlichen Schöpfung verschwendet. Man war sich ferner einig, daß die Gegenwart zwar diesen menschlichen Verhältnissen keineswegs entspricht, daß die Menschheit aber, wie Bloch es ausdrückte, allmählich gelernt hat, aufrecht zu gehen. Er und die meisten seiner christlichen Gesprächspartner sind der Meinung, daß dieser Lernprozeß bereits mit der Urverheißung an die Stammväter des Volkes Israel begann; und daß er durch die Propheten und durch Jesus von Nazareth fortgesetzt und beschleunigt wurde. Andere (und unter ihnen befinden sich durchaus schon junge Christen) sehen dies kritischer und lassen vor dem Beginn der wissenschaftlichen Aufklärung keine Lernprozesse gelten, die wirklich den Namen der Emanzipation verdienten. Alle aber – ob sie nun Reformisten oder Revolutionäre sind –fordern die Vollendung der Aufklärung, die weitere Befreiung des Bewußtseins zur Mündigkeit, die immer weitere Demokratisierung der Gesellschaft und betonen die Notwendigkeit systemsprengender Reformen. Ziel dieser Bewußtmachung und der ihr entsprechenden Reformen (oder Umwälzungen) ist eine freie Brüdergemeinde, dem Zwang der Herrschaft und der jrkeiressionen entronnenq die frei die Erde beherrscht und ihre Reichtümer an alle verteilt.

Nun stand und steht die ‹Tagungs-Theologie›, von der wir sprachen, nicht im Mittelpsnkt des politischen und gesellschaftlichen Geschehens, beileibe noch nicht. Weder die politische Praxis der Profangesellschaft noch die innere organisatorische Praxis der Kirchen hat sich so verändert, daß man auch nur von einem bedeutenden Einfluß sprechen könnte. Wir haben diesen Teil der öffentlichen Diskussion lediglich deshalb herausgegriffen, weil er einen allgemeinen Stimmungsumschwung im denkenden Publikum illustriert und weil die Begriffe, mit denen hier gearbeitet (und leider Gottes auch oft manipuliert) wird, für unsere Überlegungen wichtig sind. Aber selbst dieses Verfahren wäre nicht erlaubt, wenn eine solche Illustration für die Lage der Gesamtgesellschaft gar nichts bedeuten würde. Sie bedeutet jedoch sehr viel; nämlich die Verbreitung von radikalen Überzeugungen und Ideen zur intellektuellen Subkultur, die lange vor dem realen Sturz der Herrschaftsverhältnisse die Gemüter der Multiplikatoren, das heißt der Meinungsverbreiter, beherrscht. Mindestens anderthalb Jahrhunderte vor dem Ausbruch der Reformation war die Mehrheit der denkenden abendländischen Christen von der Notwendigkeit der Reform nicht nur überzeugt, sondern faßte dies als den einzig möglichen Standpunkt auf; fahrende Scholaren verbreiteten diese Notwendigkeit in der Form von Pamphleten, Schmähgedichten, Parodien und kabarettreifen Witzen. Das ganze 18. Jahrhundert Frankreichs dachte und fühlte in den Rahmenvorstellungen der Aufklärung. Der entscheidende Test für die Wirksamkeit solcher Subkulturen ist der des Einflusses auf den Gegner. Die herrschende Schicht, die sich an Vagantenliedern delektiert, die Rousseau liest oder Peter Weiss beklatscht, ist sich dabei keineswegs ihrer Schizophrenie bewußt, sondern tauscht lediglich den einen *cant*, die eine Spielform der Heuchelei gegen die nächste ein. Sie ist, so merkt sie plötzlich, selbst an ‹Reformen› interessiert, an der Vermenschlichung oder an der Reinigung oder an der Verbesserung der bestehenden Verhältnisse; sie ist allerdings, im Kontrast zu ihren Gegnern, durchaus überzeugt davon, daß sie selbst in der Lage ist, dieses Reformwerk zu meistern.

Die letzten zehn oder fünfzehn Jahre westdeutscher Geschichte sind dafür ein gutes Beispiel. An den Verhältnissen hat sich (trotz des Regierungswechsels von 1969) so gut wie nichts geändert; aber was sich völlig geändert hat, ist das Rahmenwerk der öffentlichen Überzeugungen, in dem sich die alten Kräfte noch glauben betätigen zu können.

Ein Symptom für diese Entwicklung ist immer das Schicksal des echten Konservativen. Von der europäischen Geschichte schon seit zweihundert Jahren benachteiligt, ist der Konservatismus in Deutschland endgültig untergegangen. Er wird allgemein als Synonym für ‹Reaktion› gebraucht – ein absolut groteskes Mißverständnis. Echter Konservatismus setzt eine Welt voraus, in der menschliches Streben von übergeordneten, wenn nicht göttlichen, dann ‹natürlichen› Gesetzen geregelt und begrenzt wird. Der Reaktionär dagegen glaubt an die Machbarkeit der Welt und der Umwelt, genauso wie der Progressist. Er agiert nicht im Rahmenwerk von göttlichen oder natürlichen Gesetzen, er glaubt vielmehr in recht handfester Weise an die totale Herstellbarkeit der ihm genehmen Umwelt. Ein Konservativer kann letzten Endes gar kein Programm haben; das Programmieren hat ein Anderer (Gott) oder ein Anderes (die Natur) besorgt. Der Reaktionär dagegen traut es dem fortschrittlichen Feind ohne weiteres zu, daß er die Welt so gründlich verändert, daß sie nicht wiederzuerkennen ist; und er ist gewillt, seinerseits alle notwendigen Maßnahmen zu treffen – nicht um irgendwelche Prinzipien zu retten, sondern den Gegner an der Machtergreifung zu hindern. Reaktion lebt also ideell vom Gegner, sie lebt von der Zukunft, die sie zu vereiteln wünscht, und ist damit nicht mehr als ein Manager der Verzweiflung.

Für den Konservativen ergibt sich in einer solchen Konstellation eine höchst schwierige Alternative. Bleibt er tätig, arbeitet er der Reaktion in die Hände; hält er an seinen grundsätzlichen Überzeugungen fest, bleibt ihm nur die Resignation – und die Hoffnung, daß die von ihm verehrten Strukturen und Werte durch den Umbruch verändert, aber nicht zerstört werden. Jahrzehntelang hat sich das beste christliche Ingenium im Konservatismus verzehrt; in unseren Tagen scheint es sich zu entschließen, auf die Reform, ja auf die Revolution zu setzen, um die Werte, auf die es ihm ankommt, in die Zukunft hinüberzuretten.

Dabei lassen sich verdächtige Nachbarschaften nicht vermeiden. Die Verdächtigkeit der Nachbarschaft wird nicht dadurch bestimmt, was geredet wird, sondern durch die gesellschaftliche Bedeutung des Geredes. Die Reaktion hält sich – sei es aus Gründen des schlechten Gewissens, sei es aus strategischen Hinhalte-Gründen – eine hochdotierte progressistische Subkultur, die längst die Alibi-Rolle der ehemaligen Staatskirchen übernommen hat. Zu dieser Subkultur gehören subventionierte theologische Lehrstühle genauso wie subventionierte radikale Staats- oder Stadttheater. Die dort Agierenden – linke Theologen wie linke Regisseure – können dabei nur auf die List der Geschichte setzen, die für sie arbeitet; wenn sie sich Illusionen über ihre Rolle in der Gesellschaft machen, haben sie ihre eigene Stellung in dieser Gesellschaft nicht genügend durchdacht. Vorläufig gilt: der *cant* des Fortschritts, des Reformismus, ist so oder so zur Dominante unseres Kultur- und Geistesbetriebs – und, bis zu einem gewissen Grade, sogar zum politischen Kleingeld unserer Wahlkämpfe geworden. Während noch bis vor kurzem die Lenker unseres Landes durch Parolen wie ‹Sicher ist sicher› und ‹Keine Experimente› um Legitimation ersuchten, schreiten heute alle nennenswerten Prominenten mit erhobenem Blick und leuchtenden Auges dem Beschauer in die reformierte Zukunft entgegen. Wäre der vielzitierte Kleine Mann auch nur um ein weniges konservativer, als er es tatsächlich ist (er hat guten Grund, es zu sein, davon später), wäre dem Millennium Tür und Tor geöffnet. Die Nachkriegszeit mit ihren Stimmungsvarianten von blanker Verzweiflung über ängstlichen Immobilismus bis zur Philosophie und Literatur des Absurden ist endgültig vorbei; heute wird geplant, programmiert, expandiert, der Erfolg liegt wieder einmal – wie schon so oft in der menschlichen Geschichte – um die nächste Ecke.

Verehrter Leser! Wir haben bewußt diese etwas zynische und (notwendigerweise) summarische Skizze der politischen Stimmung der Diskussion der sozialistisch-theologischen Koalition angeschlossen – und zwar deshalb, weil das Gesetz, unter dem sowohl diese Koalition wie auch die Wahlkämpfer unseres Landes antreten, durch die Weltentwicklung bereits überholt ist.

Das Pathos des Reformismus sieht sich heute einem Weltzustand gegenüber, der es vor nahezu hoffnungslose Probleme stellt, und diese Probleme, die scheinbar so dringend der Meisterung gerade durch den Progressismus bedürfen, entziehen sich seinem Zugriff gerade deshalb, weil sie nichts anderes als das Resultat von Erfolgen sind – Erfolge derjenigen Methoden der Weltbewältigung nämlich, die sich aus judäisch-christlichen Voraussetzungen entwickelt haben und durch Energien angetrieben werden, die ohne judäisch-christlich geformtes oder wenigstens beeinflußtes Selbstverständnis der Menschheit nicht vorstellbar sind.

Nun gilt es, nicht nur ein paar Schritte zurückzutreten und auf Distanz zu gehen; es gilt vielmehr, uns alle zu einer Kehrtwendung zu nötigen und jenen Tatsachen ins Angesicht zu sehen, die wir, durch welche Verheißungen immer beflügelt, systematisch aus unserem Bewußtsein verdrängen. Was zur Debatte steht, ist der menschliche Erfolg selbst: ein Erfolg, der noch nie so greifbar nah schien wie heute – und der dennoch die tödlichste Bedrohung in sich schließt, der die Menschheit bisher gegenüberstand.

Die Frage, die gestellt werden muß, lautet: sind die bisherigen Methoden, die zum Erfolg geführt haben, imstande, die Zukunft zu sichern? Nicht eine bessere, schönere, größere Zukunft, sondern die Zukunft schlechthin, die schlichte Möglichkeit wenigstens für einige unserer Enkel, ihr Leben auf diesem kleinen Stern zu fristen, der trotz aller prometheischen Entwürfe ihre Heimat ist und sein wird? Das ist die letzte Herausforderung: vielleicht wirklich das letzte Gefecht.

Zweiter Teil:
Bilanz und Herausforderung

Übung vier:

Wissenschaftler im Labor

X: Machen Sie weiter. Ein interessantes Stadium?

X/3: Sehr. Die Anordnung steht dicht vor dem Umschlag.

X: Haben Sie nicht schon damals –?

X/3: Das war der *letzte* Umschlag: von Methan- auf Sauerstoffbasis.

X: Aber das nämliche Prinzip.

X/3: Das nämliche. Wachstum einer Lebensform auf Kosten des Gleichgewichts.

X: Der Umschlag erfolgt diesmal wohin?

X/3: Wird in Y-11 untersucht: Biochemie.

X: Bestätigen sich die Kurven?

X/3: Nicht ganz. Es ist eine Rückkopplung mit Informationsspeicherung festzustellen, die auf Bewußtseinscharakteristika hinweist.

X: Aber die Zentralkurve ist wie üblich exponential: blinde Aggressivität bis zum Grenzwert.

X/3: Ich bitte die *erhöhte* Aggressivität zu beachten: bei dieser niedrigen Stufe von Eiweißverbindungen läßt sie auf gruppen-egoistische Reflexion schließen.

X: Arten-Egoismus?

X/3: Noch nicht ganz. Ich habe mir erlaubt, regional differenzierte Datenbestände anzulegen. Die hohe Instabilität hat sich eindeutig auf Regionen ausgedehnt, die den höchsten Reflexions-Index aufweisen.

X: Mit entsprechend reduzierten Instinkt-Engrammen. Keine

sehr glückliche Spezies offenbar – verzeihen Sie den Anthropomorphismus.

X/3: Aggressivität zunächst als Ausgleich für Benachteiligung, ja.

X: Spuren von zweckbestimmten Triebhemmungen?

X/3: Durchaus. Hier – und hier.

X: Ich glaube, Sie erhoffen sich etwas.

X/3: Ich würde mir das nie gestatten.

X: Daran tun Sie Unrecht. Lassen Sie sehen: eine winzige Chance gebe ich Ihrer Anordnung. Wenn die Reflexion rechtzeitig gesamtbiosphärische Daten einbeziehen würde –

X/3: Bei gleichzeitigem radikalem Aggressionsabbau –

X: Das ist doch wohl identisch. Eine Frage der verbleibenden Zeit.

X/3: Die ist minimal. Bei solchen Exponentialkurven ist es fraglich, ob überhaupt noch volle intraspezifische Solidarität erreichbar ist.

X: Ist eine Rückkopplung zwischen Aggressions- und Reflexionsbeschleunigung feststellbar?

X/3: Schwankungen unterhalb der üblichen Beobachtungsnorm.

X: Ah, Sie hoffen also doch. Ein sich selbst regulierendes Eiweiß-Kontinuum: damit könnten Sie sich habilitieren.

X/3: Statusbedürfnisse sind bereits ein Aspekt der Aggression.

X: Geben Sie mir diese Regionaldifferenzierungen mit. Wir haben dergleichen bisher auf Grund der T'schen Axiome bisher außer acht gelassen. Wenn sie haltbar sind, könnten wir eine technisch süße neue Anordnung ins Auge fassen.

X/3: Sie meinen – gleich hier und jetzt –?

X: Aber! Jetzt haben Sie sich verraten. Laufende Versuche werden nie modifiziert, das wissen Sie doch. Das könnte Ihrer kleinen Kultur so passen!

Totaler Erfolg als totale Krise

Wer heute in Europa oder Amerika das fünfundvierzigste Lebensjahr erreicht oder überschritten hat, erinnert sich an ein Stimmungsklima, das sich vom heutigen radikal unterscheidet. Der Verfasser gibt ohne Zögern zu, daß dieses Klima seine eigene Weltsicht entscheidend geprägt hat. Die Stichworte kamen damals nicht von Bloch, Marcuse oder Mao, sondern von Camus und Sartre; und der Gefühlshintergrund, vor dem ihre Stichworte wirksam wurden, war der eines entsetzlichen Krieges, in dem fast jeder Einzelne eines bestimmten Alters die äußerste Fragwürdigkeit menschlicher Existenz ausgekostet hatte. (Dieses Gefühl hatte nichts mit linker oder rechter politischer Orientierung zu tun.) In den ersten zehn oder fünfzehn Nachkriegsjahren wurden alle Aktivitäten, alle Diskussionen durch das Nachzittern jener Katastrophe bestimmt, die jeden, der sich überhaupt noch Gedanken über den Fortgang der Geschichte machte, zu immensen Anstrengungen nötigte. Hiroshima und die Erprobung der Wasserstoffbombe; die Absurditäten des Kalten Krieges, von dem wir alle annahmen, daß er in den heißen umschlagen konnte, ob wir darüber sprachen oder nicht; die plötzliche Verflüssigung aller Verhältnisse in der sogenannten Dritten Welt: alles rief zu den Waffen, und selbst die restaurativen Kräfte, die (wie im Deutschland der Adenauer-Ära), nichts Besseres als die Rückkehr zu alten Positionen kannten, krallten sich mit einer Wut in ihrer Siegfried-Linie fest, die bestenfalls Engagement, vermutlich aber helle Verzweiflung verriet.

Beide Seiten – Fortschritt und Restauration – teilten das Gefühl der wahrhaft letzten Schlacht: es ging um Sein oder Nichtsein. Damals, in den fünfziger Jahren, entstanden die großen Kampagnen gegen die Atomrüstung; in England marschierten Hunderttausend auf das Zentrum Aldermaston, internationale Gremien von Wissenschaftlern wie die Pugwash-Konferenzen befaßten sich mit der nuklearen Drohung und suchten nach einem Kommunikationssystem, das zu ihrem Abbau führen konnte. Echte Hoffnungen wurden auf die UN gesetzt: ihre Schlichtungs- und Exekutivmaschinerie, durch Korea heillos diskreditiert, schien in der Dritten Welt, im Prozeß der Entkolonialisierung, eine reale Funktion zu finden.

Das ist Schnee von gestern; sowohl das Entsetzen wie die Hoffnungen sind geschwunden. Rezepte von vorgestern wurden in dem Maße wirksam, in dem eine trügerische Détente provinzielle Probleme wieder interessant machte.

Aber wer – statt von den Vokabeln einer intellektuellen Diskussion – von den handfesten Weltproblemen ausgeht, sieht recht wenig Grund zu der Annahme, daß es heute um das mögliche Überleben der Menschheit besser bestellt ist als in den Jahren zwischen 1945 und 1958. Die Schrecken, die uns damals erfüllten, stehen immer noch am Horizont: der Kalte Krieg, die Möglichkeit der Selbstvernichtung der Menschheit durch Kernwaffen. Objektiv haben sich die beiden Schrecken noch kompliziert und dadurch vergrößert: der Kalte Krieg wurde durch die Zerwürfnisse im kommunistischen Lager, insbesondere durch den Konflikt der UdSSR mit China, sowie durch den jetzt erst enthüllten Gegensatz zwischen den industrialisierten und den nicht-industrialisierten Ländern, potenziert; der atomare Schrecken wurde flankiert durch die Krise der sogenannten Umweltverschmutzung, was nichts ist als ein höfliches Wort für die mögliche Selbstzerstörung der Menschheit durch Zerrüttung des ökologischen Gleichgewichts. Die beiden Problemkreise Kalter Krieg und nukleare Bedrohung haben sich also ausgeweitet in die Problemkreise des globalen Klassenkampfes – und der globalen Bedrohung durch unkontrollierte bzw. nur vordergründig kontrollierte Technologie. Mit dieser Ausweitung ist die Vervielfältigung der möglichen Krisenherde und Gefahrenschnittpunkte unausweichlich gegeben. Das *n-th-Power-Problem*, also das Problem einer möglichen Herstellung und/oder Verwendung von Kernwaffen durch dritte, vierte, fünfte Mächte bis hinab in den Kreis dürftiger Mittelstaaten, eine Chimäre der Pugwash-Konferenzen, ist erst in den letzten Jahren zur möglichen Realität geworden. Der innere Zustand der Dritten Welt verschlechtert sich zusehends, und die unvermeidliche Konfrontation der USA mit ihrem machtpolitischen Hinterland Ibero-Amerika wird erst die volle Brutalität der Situation offenbaren.

Eine einzige Beschwichtigungsmaschinerie, die in den fünfziger Jahren nicht diskutiert wurde, weil sie absurd schien, ist mittlerweile aktiv geworden: die Unheilige Allianz der Produktionsmittelbesitzer, kurz der Großmächte. Die institutionalisierte Feindschaft von USA und UdSSR wurde zur kaum mehr notdürftig verhüllten Interessengemeinschaft, neuerdings gewürzt durch Planspiele einerseits mit Peking, andererseits mit einem Westeuropa, das zwar gigantisch aussieht, aber nicht viel mehr ist als eine Wirtschaftsmaschine zur Herstellung des eigenen Schmieröls. Diese Maschinerie funktioniert teilweise ganz gut – trotz Vietnam und Prag; Einflußsphären des Zaren, des Weißen Hauses und (seit neuestem) der Halle des Himmlischen Wohlwollens werden im großen ganzen anerkannt, die klassischen Geräte der Macht-Diplomatie werden mit neuartigen Putzmitteln wie *crisis management* und viel Aufwand von Chiffren aus Anfangsbuchstaben wieder auf Glanz gebracht. Daß dies länger gutgehen könnte als unter Alexander I., Talleyrand und Metternich, ist füglich zu bezweifeln.

Hand in Hand mit der äußeren Bedrohung geht der Verfall bewährter, aber offensichtlich überholter Kommunikations- und Pazifizierungsmethoden innerhalb der überkommenen Gesellschaften. Während in absolutistischen Zeiten, auch noch im 19. Jahrhundert, jeder halbwegs wohlwollende Landesherr imstande war, erträgliche und sogar nützliche Projekte des Städtebaus, der Landschaftsgestaltung, der Bildung zu stiften und durchzuführen, stoßen alle diese Vorhaben heute auf Hindernisse, die unüberwindlich scheinen. Das Profil der Großstädte ist heute in Warschau,

Nowosibirsk und Bombay genauso grauenhaft wie in Paris, Chicago oder München; auch hochtönende Manifeste von Architekten, Soziologen, Ideologen vermögen daran nicht das geringste zu ändern. Die Universitäten, ob sie nun in Zagreb, Frankfurt, Berkeley oder Caracas stationiert sind, sind in einem Zustand permanenter Unruhe. (Um allen Mißverständnissen vorzubeugen: der Verfasser ist davon überzeugt, daß Law-and-order-Maßnahmen das Unpassendste wären, um diese Unruhe zu meistern.) Der Achilles der Planung, hochgerüstet wie nie zuvor mit Projektgruppen, Computern, Tiefen-Interviews, Hearings auf jeder Ebene, hetzt in lächerlichster Weise hinter den brutalen Fakten her und vermag sie nicht mehr einzuholen.

(Eine – vielleicht reaktionäre – Erinnerung: Karl der Große war mit seinem eigenen Vietnam konfrontiert, den Sachsenkriegen. Sie wurden für immer abgeschlossen durch die Übertragung der Gebeine des heiligen Liborius nach Paderborn.)

Für die höchste Gefahr, der die Menschheit heute gegenübersteht, nämlich die Gefährdung des ökologischen Gleichgewichts des Planeten, ist überhaupt noch keine konkrete oder auch nur theoretische Lösung in Sicht. Eben jetzt, im Jahre 1972, hat eine systematische Gruppe am Massachusetts Institute of Technology die Zukunftsaussichten der Menschheit einer bisher unmöglichen Kontrolle unterzogen. Neunzig Parameter, also Einflußfaktoren, wurden in einen Mega-Computer gefüttert und in Hunderten von Variablen durchgerechnet. Die Ergebnisse sind in fast allen Fällen katastrophal; aber mit Ausnahme von Aurelio Peccei, dem Generaldirektor von FIAT, dessen Club of Rome die Untersuchung in Auftrag gegeben hatte, ist die allgemeine Reaktion resigniert bis achselzuckend: die Umstellung erscheint zu schwierig, die Lage ist nicht ernst, weil sie hoffnungslos ist.

Dabei ist die Gesellschaft tagtäglich mit modischen Umweltlärmen erfüllt; sie sind sozusagen zum psychischen Lärmpegel unserer Existenz geworden. Man hat das Umweltproblem als das Vietnam-Erlebnis der Bourgeoisie bezeichnet; die Formulierung ist deshalb interessant, weil sie sowohl die Verwirrung der denunzierten

Bourgeoisie wie auch die Verwirrung der Denunzianten enthüllt.

Gerade in Deutschland hat sich aus Vätertagen so etwas wie ein Oberförster-Komplex erhalten, der aus gestörter Kommunikation mit den Mitmenschen kommt und in dem verräterischen Satz gipfelt: «Mein Bodo (oder mein Sattelpferd oder mein Platzhirsch) hat mich noch nie enttäuscht.» Und tatsächlich mag ein Großteil des Umwelt-Pathos aus solcher Mentalität stammen. Dazu kommt die bekannte Tatsache, daß noch jede herrschende Klasse von einem bestimmten Zeitpunkt an ihren Konservierungsdrang auf Fuchs und Dachs ausdehnt – und zwar von dem Zeitpunkt an, wo Fuchs und Dachs als Begründung für die feudale Verschwendung des akkumulierten Mehrwerts herhalten müssen. So hat der Bourgeois (und, nebenbei, auch der staatssozialistische Funktionär) ohne viel Federlesens die Heger- und Jägergewohnheiten des Herrn Rauhgrafen übernommen. Wenn dann die Bächlein nicht mehr so reinlich rinnen wie zu Urvaters Zeiten, wenn der Rheinsalm mit Phenol und der Waldrand mit Bleirückständen aufgeladen werden, dann mag tatsächlich so etwas wie ein heillos verzerrtes Vietnam-Erlebnis stattfinden.

Soviel zum Denunzierten; aber der Denunziant ist nicht minder verwirrt. Es ist sicher logisch, daß ein militanter amerikanischer Neger die Fixigkeit beargwöhnt, mit der Nixon die Umweltfrage in den Vordergrund spielt, und dahinter ein schmutziges innenpolitisches Kalkül vermutet (und er hat bestimmt recht damit). Es ist auch logisch, wenn der deutsche Progressist hinter der Betrübnis um Waldis Unpäßlichkeit und den verpfuschten Katenschinken Seelengründe des Hindenburgdeutschen wittert. Aber daraus zu schließen, daß das Umweltproblem keines oder nur eines zweiter Ordnung wäre, ist sinnlos. Es ist ebenso sinnlos wie anzunehmen, daß es der Kapitän der ‹Titanic› auf das Leben der Zwischendeck-Passagiere abgesehen hatte.

Der Großteil der Neuen Linken redet und fühlt dementsprechend auch anders. Er lastet das Umweltproblem kurzerhand dem spätkapitalistischen System an, summiert es zu dessen übrigen Verbrechen und postuliert den Umsturz der Verhältnisse mit dieser zusätzlichen Begründung. Nicht in einem Buch von Konrad Lorenz und nicht in einem Prospekt eines deutschen Reformhauses steht der Satz: «Diese Generation könnte die letzte Generation im Experiment der lebenden Materie sein» – er steht vielmehr im Gründungsmanifest der radikalen amerikanischen Studenten-Organisation SDS.

Der Satz kennzeichnet die Größenordnung und die Dringlichkeit des Problems. Der Ausdruck ‹Umweltverschmutzung›, der sich bei uns eingebürgert hat, wird ihm nicht entfernt gerecht. Wenn der bundesrepublikanische Innenminister versichert, daß seine Republik nicht im Dreck ersticken müsse, dann zeigt schon die Formulierung, daß er eben diesem beschwichtigenden Ausdruck (bewußt oder unbewußt) aufgesessen ist. Es dreht sich nicht mehr um Umweltverschmutzung, sondern um globale Vergiftung und Gefährdung des ökologischen Gleichgewichts. Die Zuständigkeiten des Innenministers, der über einen künstlich begrenzten Fleck Mitteleuropas begrenzte Kompetenzen ausübt, die das 19. Jahrhundert formulierte, können noch nicht einmal die Elbe retten, welche die Rückstände böhmischer, brandenburgischer, sächsischer Produktionsschlachten aufzunehmen hat; von der Ostsee ganz zu schweigen.

Nicht das verendete Rehlein im Siebengebirge und nicht die verseuchte Müllkippe von Gelsenkirchen sind die Gefahr, sondern der Tatbestand, den der amerikanische wissenschaftliche Schriftsteller Isaac Asimov mit dem dürren Satz ausdrückt: «Die gute Erde stirbt.» Sie stirbt heute schon bis in die Weltmeere hinaus. Ich halte es nicht für moralisch gleichgültig, daß die Menschheit im Laufe ihres Siegeszugs viele Hunderte von Tierarten ausgerottet hat (225 waren es angeblich seit der Renaissance, einige Hunderte treten wohl noch im Lauf unseres Säkulums hinzu); aber die Menschheit wird an diesen ihren Mordtaten nicht sterben, wie sie auch nicht an ermordeten Indianern und ermordeten Juden gestorben ist. Woran sie sterben wird (oder was jedenfalls ihre Existenz als Art bis zur Unkenntlichkeit verändern wird), ist der ökologische Zusammenbruch des Planeten, zum Beispiel der Weltmeere, die nach einigen

Schätzungen bereits lebensfeindlich werden und die Sauerstoffproduktion einstellen können. Da sie etwa 70 Prozent des Sauerstoffs produzieren, von dem wir abhängig sind, wären die Folgen leicht auszumalen.

Dabei können wir uns die meisten Folgen des ökologischen Zusammenbruchs noch keineswegs ausmalen, weil wir seine möglichen Ursachen gar nicht kennen. Bis vor kurzem wußte man noch nicht einmal, woran die Hochkulturen Mesopotamiens starben (es waren ökologische Gründe), und wir wissen heute noch nicht genau, woran die Hochkulturen von Yucatan starben. Ökologische Forschung über größere Lebensräume, die Erforschung ihrer kausal zusammenhängenden Lebensketten, war bis in die Gegenwart hinein unbekannt, und heute verfügt sie nur über einen Bruchteil der Mittel, die sie instand setzen könnten, ergiebig zu forschen, «The State of Our Ignorance», der Stand unseres Unwissens, so überschrieb denn auch René Dubos, ein führender amerikanischer Ökologe, einen seiner Aufsätze für breitere Leserschichten.

Ignoranz ist aber nicht nur unser gegenwärtiger Zustand, was die Fülle der Tatsachen betrifft, sondern auch in bezug auf die Relevanz des Problems zu den bestehenden politischen, ideologischen, gesellschaftlichen Gruppierungen. Und Ignoranz ist es, welche die Aufhellung der Fronten in dieser lebensentscheidenden Frage so schwierig macht. Der Siedler am Stadtrand, der erbittert die Rauchschwaden eines Industriewerks verflucht, kümmert sich vorläufig wenig um den Zustand des deutschen Waldes, während der Aufsichtsratsvorsitzende, der in eben diesem Walde besorgt die Wirkung neuzeitlicher Düngemittel auf sein Forellenwasser registriert, in der Sitzung seines Gremiums gegen gesetzliche Umweltschutzauflagen der Regierung agitiert. Und derselbe russische Parteiideologe, der die Sklaverei des Überkonsums in den westlichen kapitalistischen Ländern anklagt, wird sich hüten, die Riesenprojekte zu erwähnen, die Wolga oder Don in tote Wasserarme verwandeln.

In Wahrheit setzt sich das Umweltproblem aus einer Reihe von Entwicklungstendenzen zusammen, die sich überkreuzen. Übervölkerung mag das ökologische Problem Nummer eins in Ostasien oder in Ägypten sein – verglichen mit dem durchschnittlichen amerikanisch-westeuropäischen Konsumbürger ist der kinderreiche Inder ein sehr läßlicher ökologischer Sünder.

Das Minimum an Leben, das er der Natur abringt, ist organisch und kehrt in einen organischen Kreislauf zurück – was Motorboote aus PVC, Plastikeimer, moderne Waschmittel, Berge von Verpackungsmaterial, die zu den Selbstverständlichkeiten industrialisierten Lebens gehören, nicht tun. Das sind Tatsachen, die gelegentlich auch linksliberalen Nachrichtenmagazinen entschlüpfen. Sicher kann (das scheint die moderne Verhaltensforschung zu erhärten) Bevölkerungsdichte nur bis zu einem gewissen Punkt gesteigert werden – wann dieser Punkt erreicht ist, ist allerdings unklar und hängt von den kulturhistorischen Voraussetzungen des betreffenden Raumes ab. Bevölkerungsdruck an sich ist eine furchtbare Drohung, aber er ist keine Drohung, die notwendigerweise das Überleben der Menschheit gefährdet, das ökologische Gleichgewicht könnte sich nach – sicherlich unvorstellbar gräßlichen – Katastrophen wieder etablieren.

Unumkehrbar dagegen ist die totale ökologische Verwüstung durch Ausbeutung. Die Wüsten Mesopotamiens, der Karst der illyrischen Küsten gehen auf eine kollektive Ausbeutung (vor allem Kahlschlag für den Schiffbau und Ziegenzucht) zurück, die gegen unsere gegenwärtigen großzügigen Verfahren geradezu kindlich erscheint. Die Riesenbagger der Strip-Miner in Kentucky schaffen in wenigen Jahren, wozu die alten Sumerer, Babylonier und Akkader immerhin fast ein Jahrtausend gebraucht haben. Und die Weisheit, die da am Werke ist, ist sicherlich um keinen Deut weiser als die der alten Könige Mesopotamiens.

Die neueste und famoseste Aussicht ist die Beseitigung des Amazonas-Urwalds. Schon jetzt steht fest, daß sich dieser Urwald nicht so ausbeuten läßt wie ursprünglich angenommen: entgegen der bisherigen Lehrmeinung wird nämlich der erschöpfte Boden nicht zum ursprünglichen Zustand der Bepflanzung zurückkehren, sondern wird sich in jene Art Wüste verwandeln, die Nordbrasilien heute schon ist.

Der große ökologische Eklat, das absolute Desaster steht also – wenn wir Arrivierten es mit Kunststoffen und Industrieabfällen nicht schaffen sollten – dann bevor, wenn die sogenannten Unterentwickelten erst einmal anfangen, sich zu entwickeln.

Wir sind weiß Gott nicht in der moralischen Position, ihnen deshalb Vorwürfe zu machen; ein System, das Hollywoodfilme in Elendsgebiete exportiert, darf sich nicht wundern, wenn entsprechende Anforderungen nach ausbeutender Lebensart aus dem Dschungel und der Steppe auftauchen. Selbst wenn die Organisation der Produktion, die dann erforderlich wird, nach absolut sozialistischen Prinzipien erfolgt, wird diese nicht das geringste an den planetarischen Folgen ändern. Die Schrift des Unheils steht an der Wand.

In den letzten Monaten sind die Zusammenhänge zwischen dem ökologischen und dem wirtschaftlichen, sozialen, politischen Zustand der Menschheit schärfer und präziser herausgearbeitet worden. Leider mußte dieses Buch abgeschlossen werden, ehe es möglich war, die Studie «Limits of Growth», Grenzen des Wachstums, die als Ergebnis der bereits erwähnten Auftragsarbeit des Club of Rome in den USA erschien, gebührend auszuwerten.

Die Ergebnisse haben Aurelio Peccei zu der düsteren Prophezeiung veranlaßt, die wir auf der ersten Textseite zitierten. Es sei hier betont, daß die Studie *kein* totales Umkippen der Ökologie an irgendeinem speziellen Punkt vorsieht und daß sie auch soziologische Faktoren – wie etwa das Auftreten eines *secondary kill*, einer aus Anarchie geborenen Desintegration der Hungernden und Kranken in Banden von Totschlägern – außer acht läßt. Dagegen kennt sie Variablen wie die Erschließung ungeheurer neuer Rohstoff- und Energiequellen sowie die (mögliche oder unmögliche) Sofort-Reduktion des Bevölkerungswachstums auf den Punkt Null. Auch in diesen Fällen aber ist die Katastrophe unvermeidlich – wenn nicht das Lieblingskind, der verhätschelte Zentralgedanke der aktiven Menschheit aufgegeben wird: das ständige Wachstum, das immer optimistischere Ausschreiten zu immer rosigeren Horizonten.

Diese Auftragsarbeit ist nur ein Teil der neuesten, pessimistischen Futurologie, die seit dem ‹Selbstmordprogramm› von G. Taylor und den ‹Quality-of-Life›-Untersuchungen Forresters von sich reden macht.

Schöne Aussichten, kann man sagen. Woher bezieht eigentlich, angesichts dieser entsetzlichen Perspektiven, der moderne europäische, amerikanische, marxistische oder christliche oder liberale Fortschrittler sein Pathos und seinen Optimismus? Mit welcher Legitimation hat sich ein konservativer Mann wie Papst Johannes XXIII. ausdrücklich gegen die ‹Propheten des Unheils› gewehrt, die nur Unglück für die kommende Zeit voraussagen? Woher stammt denn, wenn man sich all diesen fürchterlichen Tatsachen aussetzt (und es wäre billig anzunehmen, daß sich die Progressiven diesen Tatsachen nicht aussetzen), das weithin selbstverständliche Gefühl, daß es die Menschheit trotz allem herrlich weit gebracht hat?

Es stammt aus der Realität. Die Menschheit hat es tatsächlich herrlich weit gebracht. Der ganze Satz von Problemen, denen wir uns gegenübersehen, ist die unmittelbare Konsequenz dieses Erfolges. Kurz zusammengefaßt kann man formulieren: die totale Krise ist das Resultat des totalen Erfolgs.

In absolutem Gegensatz nämlich zu den Bedrohungen von gestern – und das heißt zu den Bedrohungen von 800000 Jahren Menschheitsgeschichte – sind alle Bedrohungen unseres Jahrhunderts vom Menschen selbst geschaffen, sind *man-made*, wie das englisch in einem Wort heißt – menschgemacht. Es war immer ein imposantes Bild der Anthropologen, die kurze Anwesenheit des Menschen in der Schöpfung mit dem Stand von Uhrzeigern zu vergleichen: Setzen wir unsere Weltsekunde als Mitternacht an, dann ist der Mensch erst fünf Minuten vor zwölf aufgetreten.

Aber innerhalb dieser winzig kurzen Lebensspanne ist das, was wir Kultur oder Zvilisation nennen, wiederum ungeheuer jung. Karl Jaspers und andere sprechen von einer Achsenzeit, die den Zustand der Bewußtwerdung des Menschen eingeleitet habe, und legen sie etwa auf die Jahre 1000–500 vor Christus. Das Verhältnis

800 zu 3 ist demnach das Verhältnis von naturwüchsiger ‹Wildheit› zur Zivilisation im allerweitesten Sinne. Wir sind nicht mehr so naiv anzunehmen, daß der naturwüchsige Mensch keine ‹Kultur› gekannt habe – seine sozialen Arrangements waren und sind sogar phantastisch komplex, wie die Ethnologie festgestellt hat. Entscheidender aber war seine Konfrontation mit dem, was er bekämpfen mußte, war seine Ausgesetztheit in einer Welt, die er unmöglich als die seine, als sein ausschließliches Eigentum begreifen konnte.

Unsere glückliche Vergeßlichkeit hindert uns daran, uns zu erinnern, wie kurz die räumlichen und zeitlichen Abstände sind, die uns von dieser Welt trennen. Ich erinnere mich an den Vortrag eines Indien-Missionars, den ich in den dreißiger Jahren hörte. Der Ordensmann, der alles andere als ein Unmensch war, erläuterte uns, daß die letzte Hungersnot in Indien ein Mißerfolg gewesen sei; und zwar deshalb, weil sie die Bevölkerungszahl nicht genügend reduziert habe. Normalerweise (oder wie man das nennen will) falle sie auf den Stand vor dreißig Jahren zurück, aber die verbesserte Gesundheitsfürsorge habe diesen Prozeß nicht voll wirksam werden lassen.

Seit drei- bis vierhundert Jahren – darauf kommt es hier an – ist der Prozeß der Menschwerdung nicht nur theoretisch, sondern praktisch ungeheuer beschleunigt worden, jedenfalls in unseren Breiten. Es ist nicht immer leicht, die theoretische und die praktische Seite dieses Fortschritts chronologisch zu fixieren; so hat der Holländer des 17. Jahrhunderts, von dem bereits die Rede war, einen Lebensstandard erreicht, der sein Land zum Schweden (oder zu den USA, wie man will) seiner Zeit machte, lange ehe die egalitären Ansprüche der Massen in den Verfassungen Amerikas und Frankreichs formuliert wurden.

Und wie immer die Verfassungen aussehen, die den einzelnen Völkern entweder von wohlwollenden Obrigkeiten diktiert oder von ihnen selbst erstritten wurden: das Sterben großer Menschenmassen wurde zunehmend zum unerträglichen Skandal und wurde mit allen zur Verfügung stehenden Mitteln bekämpft. Die absolute Achtung vor dem menschlichen Leben selbst dann, wenn die Korruption oder die Rückständigkeit der politischen Organisation es nicht verhindern konnte, daß ein Massensterben stattfand, ist ein Fortschritt; und das unreflektierte Entsetzen über den Rückfall in steinzeitliche Praktiken (etwa im Fall von Auschwitz und Treblinka) beweist die restlose Übernahme dieses Grundsatzes ins allgemeine Bewußtsein.

Diese Achtung vor dem Leben mag noch nicht so entwickelt sein, wie wir uns das wünschen; und die müde Reaktion unserer Mitbürger (und von uns selbst, wenn wir einmal ehrlich sind) auf die Ereignisse in Vietnam, im Sudan, in Bengalen, in Kurdistan, in Indonesien zeigt, daß der Mensch im Grunde noch ein Dorfbewohner ist, der die Entsetzlichkeiten der Welt nach dem Abstand von seiner Haustür beurteilt. Aber wenn wir auch unsere Mitbürger (und uns selbst) wegen dieser müden Reaktion verurteilen: sie ist wenigstens müde, vor dreißig oder vierzig Jahren war sie nicht existent. Ich darf auf den Vortrag des Indien-Missionars zurückkommen, den ich vorhin erwähnte: daß bei Hungersnöten in Indien Millionen starben, war uns interessant, verursachte einen fremdartigen Schauder, aber Indien war weit weg, furchtbar weit weg. Heute ist es nah, ziemlich nah. Selbst wenn wir die Anteilnahme nicht aufbringen, die wir beim Tode eines nahen Verwandten empfinden: es ist uns klar, was dort passiert, und es ist uns klar, daß dieses Geschehnis uns selbst betrifft. Die Tatsache der einen Welt ist uns wenigstens insoweit bewußt, daß wir den Schrecken von Bengalen und Vietnam den heuchlerischen Schutzschild der persönlichen Hilflosigkeit entgegensetzen. Mit anderen Worten: wir wissen, daß wir uns eigentlich solidarisch fühlen, und daß wir solidarisch handeln müßten; wir wissen nur nicht, wie wir das bewerkstelligen sollen, oder wir hüten uns zumindest davor, den Dingen auf den Grund zu gehen, weil wir die praktischen Konsequenzen fürchten.

Mit anderen Worten: die Heuchelei, die wir praktizieren, weil wir uns moralisch verpflichtet fühlen, aber Moral nicht praktizieren wollen, beweist wenigstens das eine: daß wir Mangel an Engagement als Schuld empfinden.

Ähnliches gilt von den Ansprüchen, die der Mensch von heute an die Gesellschaft stellt. Man empfindet es zu Recht als Skandal, wenn Gewalthaber irgendeiner Couleur den Anspruch jedes einzelnen Staatsbürgers auf ein Minimum an materiellen Gütern, auf ein Minimum an Würde und Recht mit Füßen treten. Im Grunde weiß und fühlt jeder genau, daß die gleichen Bedürfnisse, die man selbst empfindet (politische, soziale, materielle Bedürfnisse), wenigstens theoretisch die Bedürfnisse jedes Erdenbürgers sein sollten und dürfen.

Fassen wir zusammen: Die hominisierte Welt ist in etwa doch eine humanere Welt geworden. Die Menschheit hat genug zu essen, wenn sie will, d. h. wenn sie sich entschließt, sich zweckmäßig zu organisieren. Die Menschheit hat sämtliche anderen Arten des Tierreichs niedergeworfen, einschließlich der meisten Bakterienstämme. Die Lebenserwartung ist allenthalben gestiegen. Und darüber hinaus weiß heute eigentlich jeder einzelne, selbst der panisch auf seine Herrschaft bedachte Privilegierte, daß die Menschheit ein Ganzes ist, daß es keine Ansprüche mehr gibt, die eine Minderheit sich vorbehalten kann. Zum erstenmal braucht der Mensch – wenigstens in unseren Breiten und in vielen anderen Gebieten der Welt – nicht mehr um Gnade bei seinem Feudalherrn zu winseln, wenn eine Mißernte die Ablieferung der Steuern zum Selbstmord macht. Zum erstenmal ist er halbwegs adäquat organisiert, verfügt über eine gewisse Mobilität, wird – mindestens wenn er das will – angemessen informiert, hat er die Aussicht, daß seine Kinder, wenn sie begabt sind, ohne die Entfaltung allzu krasser Raubtierinstinkte in die Oberschicht aufsteigen. Jetzt geht es nur noch darum, daß die zwei Drittel, die noch nicht soweit sind, aufholen können. Und dies, zu Recht, empfindet der Mensch von heute als Fortschritt.

Die Empfindung ist deshalb berechtigt, weil seine Ausrüstung seit dem Auftauchen des *Homo sapiens* auf diesen Kampf und diesen Sieg zugeschnitten war.

Durch Eiszeiten und Dürren, durch Kriege und Mißernten hat er sich zu diesem Sieg vorgearbeitet, und die Gefahren, die ihn heute umstehen, die Gefahren, die wir oben beschrieben haben, sind nichts als die logischen Resultate des errungenen Sieges der Art

Mensch über die Gleichgültigkeit der ihn umgebenden Natur.

Gegen diese Gleichgültigkeit hat er die Waffen der Medizin, der naturwissenschaftlichen Erkenntnis, der Technologie entwickelt, hat sich dem dräuenden Ungefähr des magisch-mantischen Weltbilds entrungen, hat die Kunst des Experiments und der Deduktion anzuwenden gelernt, hat immer höhere soziale Organisationsformen entwickelt.

Der Sieg der Medizin hat zur Übervölkerung geführt, weil dieser Sieg sich mit älteren, in der Zeit des kollektiven Überlebenskampfes sinnvollen Fortpflanzungsgrundsätzen überschneidet.

Der Gegensatz zwischen Ost und West ist (oder war) der Gegensatz zwischen verschiedenen Methoden der sozialen Organisation – wobei moralische Wertungen hier irrelevant sind.

Moderne Waffensysteme bis zu den Kernwaffen sind die Indienstnahme höchster wissenschaftlicher Erkenntnis durch die Hordeninstinkte, die in der Zeit knapper Jagdgebiete durchaus lebensnotwendig waren.

Die Schwierigkeiten heutiger Planung sind bedingt durch eine Höhe sozialer Verflechtung, welche die Welt noch nie gekannt hat.

Der endgültige Schrecken, der Alarm im Raumschiff Erde, dessen Selbstversorgungssystem in akuter Gefahr ist, ist auch nur das Resultat eines Sieges in einem Kampfe, bei dem es lediglich darauf ankam, der feindlichen Biosphäre eine möglichst große Beute zu entreißen.

Die Menschheit hat also Erfolg gehabt. Zwei fortschrittsfrohe Jahrhunderte haben diesen Erfolg heraufkommen sehen und begeistert begrüßt. Sie waren sich im wesentlichen darüber einig, daß dieser Erfolg gegen die alten Herrschaftsmächte nicht nur der Natur, sondern auch der Menschheit errungen wurde. Die letzte und kurioseste Blüte dieser Überzeugung ist die fast totale Geschichtslosigkeit der jungen Linken, die nur mehr einen ganz begrenzten Koran von einem halben Dutzend Gründervätern als geschichtliche Evidenz gelten läßt.

Aber diese Negation der Geschichte ist auf ihre Art konsequent;

ebenso konsequent wie alle bisherigen Negationen auf dem Wege der aktiven Menschheit. Negation ist immer Nicht-Berücksichtigung; und was die Gegner und Kontrahenten im Falle der dialektischen Auseinandersetzung um die Gegenwart und Zukunft am entschiedensten voneinander unterschied, war weniger das, was sie berücksichtigten, als das, was sie nicht berücksichtigten. Während den großen Stiftern und Ketzern jeweils das überflüssig oder schädlich erschien, was den Bewahrern und Siegelverwaltern des Heils lebensnotwendig und zentral war, setzten sie ihre neuen Visionen. Und selbst der berühmte ‹nächste Schritt›, der Schritt des Fortschritts also, wurde dadurch ermöglicht, daß man die Kontroversen von gestern nicht erledigte, sondern gewissermaßen unterbot: ‹Toleranz› wurde in dem Augenblick möglich, wo der Kampf an anderen Fronten eröffnet wurde.

Am klarsten ist dies im Fall der religiösen Toleranz. Sie wird immer dann funktionabel, wenn die religiösen Streitfragen, um die es der vorhergehenden Generation ging, gesellschaftliche Bedeutung verlieren. In dem Augenblick, wo es den neuen, naturwissenschaftlich oder politwissenschaftlich orientierten Geistern der Neuzeit klar wurde, daß ‹Wohlfahrt› durch Ausklammerung der sogenannten letzten Fragen und Inangriffnahme sehr konkreter Projekte angesteuert werden konnte, hörte die Theologie auf, eine zentrale Wissenschaft zu sein, und die Frage nach der jeweiligen Wahrheit einer Orthodoxie bzw. Ketzerei wurde uninteressant genug, um legale Arrangements der Toleranz zu ermöglichen. Konfessionsfragen waren höchstens noch als Verstärkungs- oder Verschleierungsmechanismen anderer, konkreterer Konflikte verwendbar. (Ein letztes Beispiel ist der nordirische Konflikt.)

Es entspräche also nur der Logik des bisherigen Geschehens, wenn auch die Frage nach dem Eigentum an Produktionsmitteln in dem Augenblick ‹tolerant›, d. h. nach rein pragmatischen Gesichtspunkten gelöst werden würde, in dem eine neue, unerbittliche Problematik am Bewußtseinshorizont der Menschheit auftaucht.

Diese Problematik ist, wie die gegenwärtige Futurologie zeigt, bereits vorhanden. Es ist die Problematik des Verhältnisses zwischen Menschheit und Biosphäre. Bisher war sie rein theoretisch, d. h. sie konnte als rein theoretisch empfunden werden, weil die begrenzte soziale und technische Ausrüstung der Menschheit ihre praktische Relevanz verhüllte. Heute jedoch stellt sich das Problem unverhüllt und in seiner ganzen Härte dar.

Es stellt damit Prämissen in Frage, die – bei aller Wut der Auseinandersetzung – den bisherigen und gegenwärtigen Kontrahenten in der klirrenden Fortschrittsschlacht gemeinsam waren. Je nach den Ausgangspunkten der jeweiligen Kontrahenten wird sich das Problem verschieden formulieren; den Christen etwa als Infragestellung der ‹absoluten Zukunft›, den Marxisten als Infragestellung der bisherigen Subjekte der materialistischen Dialektik; darüber wird noch im einzelnen zu sprechen sein. Hinter solchen heißen und schmerzlichen Überprüfungen steht eine einzige, sehr konkrete und sehr kalte Frage: ist es der Menschheit überhaupt möglich, ihre Zukunft zu sichern, wenn sie ihre bisherigen Erfolgskriterien beibehält?

Die Frage, die also als erste und dringlichste zu stellen ist, ist die Frage nach dem Preis des Erfolgs.

Gefunden und verloren

Es gilt, vom Preis des Erfolgs zu sprechen, eben des Erfolgs, den wir beschrieben haben.

Daß er hoch ist, wissen und spüren wir alle. Was in den letzten Generationen geschrieben worden ist, jedenfalls in unseren Breiten, war eine einzige Klage über den Preis des Erfolgs. Seit etwa 1800 ist unsere große Literatur eine Schreckens-Literatur; nicht die Wonnen antiker Weltergreifung, nicht die Entdeckerfreude der drei Jahrhunderte zwischen Renaissance und Napoleon sind konstitutiv geblieben, sondern der Schrecken über das, was die erfolgreiche Zivilisation sich selbst antut. Während das, was naivere Zeiten die Schöpfung nannten, immer machbarer und immer zugänglicher für das Wollen des Menschen zu werden scheint, schließt sich um die Psyche der Ahnungsreichen der Dschungel des Grauens. Die Grenzsituation wird zur künstlerischen Normalität. Und die Wut des Schlachtschreis gegen die Ungerechtigkeit des Ganzen ist noch nicht einmal so eindrucksvoll wie stille Unerbittlichkeit am Rande des Wahnsinns: Hölderlin, Kafka, Beckett haben mehr über uns gesagt als Brecht oder Bloy, die doch – scheinbar – um so vieles ‹engagierter› sind. Die Seher erstarren vor den Skeletten an der Karawanenstraße; blicken in die Augenhöhlen der Schädel und lesen darin, nicht im Fortschritt der Karawane, die Wahrheit über die Zeit. (Den billigen Trick unserer genormten Kulturprogressisten, die solches Entsetzen ausschließlich dem bürgerlichen, noch besser dem ‹spätkapitalistischen› Bewußtsein anlasten, können wir doch wohl beiseite lassen.)

Es ist wichtig festzustellen, daß die Termini ‹rückschrittlich›, ‹konservativ› oder ‹progressiv› in diesem Zusammenhang von hoher Fragwürdigkeit sind. Gerade die Persönlichkeiten und Richtungen der Kunst, die sich der unerbittlichsten Revolution verschrieben haben, sind entweder formal rückschrittlich – oder sie sind formal selbständig und dadurch im strikten progressiven Sinne dekadenzverdächtig.

Dennoch ist es nützlich, zur Illustration einen Sonderfall heranzuziehen, der nicht seiner qualitativen Bedeutung, sondern seiner Signifikanz für unser Thema wegen gewählt wird: den Sonderfall der christlichen Literatur um 1900, insbesondere des *Renouveau Catholique*.

Heute gibt es ‹christliche Kunst› und ‹christliche Literatur› nicht mehr; wenn es sie je in so sauberer Zuordnung von Adjektiv und Substantiv gegeben hat. Die Dialektik der Historie ist, wie wir sahen, in die Felder der säkularen Welt abgewandert, die Ereignisse der Welt und der Seele werden nicht mehr in evangelischen oder patristischen oder scholastischen Kategorien faßbar. Aber es gab, immerhin, Versuche, es gab einige große Namen und gibt einige achtbare Nachzügler. Es gab Bloy und Bernanos und Claudel und Péguy, es gab G. K. Chesterton, T. S. Eliot und Evelyn Waugh, es gibt Heinrich Böll und Graham Greene.

Diese Schriftsteller, vor allem die großen Franzosen, standen der modernen Welt in schärfster Kritik gegenüber. Komischerweise wurden sie aber als Kritiker ihrer christlichen Zeitgenossen berühmt und umkämpft. Sie waren und sind, zunächst und vor allem, nicht erbaulich; mit anderen Worten, sie bemühen sich um ein Niveau, das an sich schon beunruhigend ist. Aber sie waren und sind in der Regel erklärte Konservative, die der verachteten oder gehaßten Zeitgenossenschaft einen Spiegel vorhalten, einen Spiegel, der ihre Fratzen realistisch wiedergibt. Was war, wenn überhaupt, ihre Vergleichswelt? Die Werte, auf die sie sich bezogen?

Sie wählten, um sich verständlich zu machen, Typen von mittelalterlicher, jedenfalls altmodischer Reinheit. Der Mönch, der Krieger, der Gentleman, der Ritter von der Mancha, der Arme, das einfältig-fromme Mädchen: sie sind in Hülle und Fülle bei Bloy, bei Péguy, bei Bernanos, bei Chesterton, bei Waugh und zuletzt bei Heinrich Böll zu finden. Die ganze, sogenannte progressive Literatur der christlichen Erneuerung war und ist zutiefst archaisch-romantisch gestimmt. Sie konzentriert sich auf Lebensformen, die eben deshalb verschwunden sind, weil sie irgendwann einmal – im 13., im 16., im 19. Jahrhundert – von der Dialektik der christlichen Geschichte selbst hinweggefegt wurden. Sie standen der Mehrheit der Christen (oder ihrer Erben) im Wege, dem tiefsten, gräßlichsten Hunger von allen: dem Hunger nach dem Endreich. Und eben deshalb waren diese Leit- und Vorbilder, diese Archetypen christlichen Selbstverständnisses an irgendeinem Punkt von der Kirche selbst aufgegeben, verraten worden – denn die Kirche ist, wie wir sahen, der notwendig verräterischste Partner irgendeiner historischen Lebensform.

Diesen Verrat werfen die «progressiven» christlichen Literaten der Kirche vor; und der Vorwurf besteht natürlich zu Recht. Denn es gab (und es gibt vermutlich noch heute) Inseln im Strom der Entwicklung, auf denen sich wahrhaft christliche Lebensart zu verwirklichen schien; Lebensformen, Entwürfe, die unter dem Zeichen des Trösters standen, des Paraklet, der plötzlich zu lehren schien, wie Gott und Welt zusammengehen. Ihrer gilt es zu gedenken, wenn die Meditation über die Fragwürdigkeit unserer Erfolge nicht einseitig ausfallen soll. Es gab den benediktinischen Vorschlag, es gab den franziskanischen; es gab und gibt eine Atmosphäre über alten christlichen Universitäten, in der die Dämonen der Lüfte noch heute heiter gebannt scheinen. Es gab diese Inseln, auf denen das Herz, das gefolterte Herz der weißen Menschheit zur Ruhe kam. (‹*Hic quiescit cor*› ritzte ein Rokoko-Gast mit dem Demantring ins Fensterglas eines bayerischen Klosters – ich glaube nicht, daß der Mann log.)

Auf diese Inseln konzentriert sich fast bewußtlos die Kompaßnadel von Tausenden, Zehntausenden, die durch den gegenwärtigen Dschungel irren; und es ist lächerlich, solche Suche mit dem Slogan ‹Heimweh nach gestern› abtun zu wollen. Gewiß, Gottfried Benns parfümierte Klage um das Verlorene Ich ist penetrant unehrlich; aber ist es unehrlich, daß die linke christliche Jugend Amerikas auf einen 1968 verstorbenen trappistischen Einsiedler, den Schriftsteller Thomas Merton, schwört? Ist der ganze traurige Glanz der Hippie-Kultur, die im Grunde doch franziskanisch sein will, einfach als lächerlicher Irrweg zu bezeichnen? Und noch in der Sehnsucht unserer Touristen-Millionen nach den Buchten der katholischen Mittelmeere steckt ein aufrichtiger Kern wahrer Verlorenheit: in den vierzehn Tagen, die der Sekretärin, dem Maschinenschlosser in Ibiza oder Istrien vergönnt sind, erhoffen sie einen Wink von oben, eine Hochzeit zwischen Fleisch und Geist, die an die großen Feste der evangelischen Gleichnisse wenigstens von ferne erinnert.

Sie sind nicht mehr möglich; dank unserer Erfolge. Denn diese Erfolge verlangten ihren Preis. Niemand wußte dies genauer als die Konservativen. Sie – die Kaiser, die Priester, die Ritter, die Gentlemen der alten Schule – glaubten an irgendeinem historischen Punkt ihren Frieden mit der Welt gemacht zu haben. Sie glaubten zu erkennen, daß der nächste Schritt, den die Unzufriedenheit tun würde, der Schritt ins Verderben sein mußte. Sie glaubten, daß alle jene, die weitersuchten, weitertrieben, Besessene waren, denen es nur auf die Zerstörung von Werten ankam.

Denn selbstverständlich vertraten sie alle Werte. Sie hüteten Bücherschätze, sie hegten Wild. Sie pflegten Kranke und Arme. Sie hatten ein ritterliches oder feudales Tötungsritual erarbeitet und sahen voraus, daß die nächste, die revolutionäre Generation eine Generation von Vandalen sein würde. Sie hatten Signale für das Liebesspiel, Regeln für die Konversation erdacht, verstanden etwas von Kirchen und Schlössern. Sie fürchteten, daß alle diese kulturellen und gesellschaftlichen Errungenschaften, dieses System guter Sitten, dieses Schatzhaus künstlerischer Reichtümer von der nächsten Welt töricht und brutal zerschlagen werden würde.

Und sie hatten recht. Talleyrand hatte recht mit seiner Feststellung: «Wer nicht im *Ancien régime* gelebt hat, wird nie wissen, was die wahre Süße des Lebens ist.» Es ist sicher, daß die Welt nie mehr eine Herrenschicht wie die Englands erleben wird, in der auch größte individuelle Dummheit durch soviel echten Instinkt und echte Zivilisiertheit gebändigt und kompensiert wurde. Es ist ziemlich wahrscheinlich, daß sich nie mehr bürgerliche Handwerker, kleine Leute, in einer kreativen Apotheose ausdrücken werden, wie sie der bayrisch-österreichische Barock war. Ja, es dürfte sogar stimmen, daß kaum einer von uns Zeitgenossen unter sechzig je erfahren wird, wie eigentlich eine Kartoffel schmeckt, mögen wir uns auch an tiefgefrorener Reistafel delektieren.

Aber solches Bedauern, solche Sehnsucht nach der insularen Harmonie, ist uralt. Zweifellos war es schon das Bedauern der kultivierten Hellenisten und Römer, der Akademiker in ihren blumen- und brunnengeschmückten Atrien, welche die neue Welle heraufkommen sahen: die Welle der knoblauchfressenden Levantiner, die in unterirdischen Friedhöfen spukhafte Mysterien feierten. Gibbon, der englische Historiker, hat in seinem Werk über den Verfall und den Untergang des Römischen Reiches aus dieser Konstellation eine Kritik des Christentums gemacht – und bedachte dabei nicht, auf welcher historischen Plattform er selber stand. Was er, der großbürgerliche englische Historiker, als verlorenes Erbe empfand, ist ihm durch den Erfolg des Christentums vermittelt worden; dieses Christentum hat nicht nur die materiellen Voraussetzungen für ein altphilologisches und historisches Studium in England geschaffen, es hat ihm auch das Wissen tradiert, das ihm überhaupt eine Kritik an der Rolle des Christentums im spätrömischen Reich erlaubte. Das Christentum war eben gleichzeitig Institution und Botschaft, gleichzeitig Sehnsucht nach Kontinuität und Sehnsucht nach Veränderung, gleichzeitig Stütze der Throne und Treibstoff der revolutionären Motoren. Fortschreitend von Negation zu Negation zerstörte es zuerst die kosmisch-imperiale Balance Roms und wurde dann, nach 312, zur Reichsreligion; schuf es die Basis für ein christliches mittelalterliches Imperium und zerstörte es durch den papalen Internationalismus; verbrannte Giordano Bruno und eröffnete die Welt der Naturerforschung, der exakten Wissenschaft; initiierte die Psychologie des ‹innengelenkten Menschen›, der Kontinente eroberte, und verlor diese Kontinente an den neuen säkularen Menschen; prostituierte sich zur Hausmedizin der Bourgeoisie und gab die Sprengsätze zu deren Zerstörung an den Marxismus weiter.

Das sind die historischen Tatsachen, in denen sich jedes Heimweh nach verlorenen Paradiesen oder Inseln zurechtzufinden hat. Alle Inseln und Paradiese wurden verwüstet oder evakuiert, weil sie zwar einer Minderheit Gelegenheit boten, betörende Möglichkeiten zu entwickeln, aber die unerträglichen Verhältnisse von Mehrheiten nicht veränderten. Diese Mehrheiten waren zwar selten willens und imstande, ihren Hunger zu artikulieren, aber er wurde erfühlt (oft auch suggeriert) von denen, die erkannten, daß die eigentlichen Verheißungen der Herrschaft über die Schöpfung noch immer in weiter Ferne lagen und von den Inhabern der Paradiese systematisch verschwiegen wurden.

Aber warum wird das Endziel nie erreicht? Warum hat uns die Suche danach in das gegenwärtige Entsetzen geführt? Das ist die einzige Frage, die hier interessiert: die Frage nach der Erfolgsvorstellung der Gegenwart – und die Frage nach ihren Fragwürdigkeiten.

Die Suche nach dem Endreich, so sagten wir, ist vorläufig beim materiellen und biologischen Erfolg angelangt. Wir können eigentlich alles, was wir wollen. Aber, wie kürzlich ein geistreicher Franzose fragte, was wollen wir? Bisher war diese Frage müßig, weil sie eine selbstverständliche Antwort hatte: wir wollen die Herrschaftsformen beseitigen, die uns am Genuß der Güter der Erde hindern. Wir wollen den Skandal beseitigen, der sich – im Laufe der Jahrtausende – als Verbrechen von Menschen an Menschen enthüllt hat: den Skandal der Unerträglichkeit der Verhältnisse.

Dieser Erfolg scheint greifbar. Und deshalb muß er radikal in Zweifel gezogen werden. Nicht in erster Linie, weil er Kulturgüter der Menschheit gefährdet; die Menschheit, und insbesondere die weiße, die sogenannte christliche Menschheit, steht auf einem riesigen Leichenturm von Kulturen, auf einer Schädelpyramide, in der bestimmt unersetzliche Werte verborgen sind.

Das 19. Jahrhundert – auch sein Zeitgenosse Karl Marx – hat diese Pyramide als Fortschrittsbasis achselzuckend zur Kenntnis genommen. Wir sind etwas empfindlicher geworden, aber ändern können wir daran nichts mehr. Wir können die Tasmanier nicht wiedererwecken, die wir – das heißt unsere christlichen Seefahrer und Kaufleute – wie die Wildschweine gejagt haben; nicht die Hereros, die wir in die Wüste trieben; nicht die Indianerstämme, die wir mit Fusel und Pocken ausrotteten; nicht die Hunderttausende von Sklaven, die wir aneinandergekettet in den Atlantik geworfen haben. Aber die Frage ist: Warum soll es unseren Erfolgsvorstellungen besser ergehen als denen der Gemeuchelten, die wir den unseren opferten? Könnte nicht die Begrenztheit, die sie zu unseren Opfern machte, nämlich die Begrenztheit unserer Erfolgsvorstellung, eines Tages auch zu unserem eigenen Schicksal werden – einem Schicksal, in das wir bei unserer erprobten Aggressivität möglichst große Teile der leidenden Welt hineinreißen werden?

Die Frage lautet also: was ist das überhaupt – kultureller Erfolg?

Es gibt ein mögliches Kriterium, das vielleicht das objektivste von allen ist: das Kriterium des ökologischen Erfolgs, das heißt der Stabilität in der Lebensumwelt. Letzten Endes sind es nur die allerprimitivsten Kulturen, die diesem Test standhalten. Eine Kultur wie die der Australneger oder die der Sammler am oberen Amazonenstrom dürfte seit mindestens 50000 Jahren unverändert bestehen und wäre ohne Einmischung von außen sicher noch ebenso lange fortbestanden. Aus Funden in der Nähe von Ahrensburg bei Hamburg kann geschlossen werden, daß die Rentierjägerkultur der Nacheiszeit in Europa ähnlich stabil war: Opferbräuche haben sich dort Zehntausende von Jahren unverändert erhalten.

Selbstverständlich können wir nicht zu den Erfolgskategorien dieser Urmenschheit zurückkehren – aber wir sind nüchtern genug geworden, uns zu fragen, ob die vorzeitlichen Überlebenden der jeweiligen Generation, also die, die ins Reifealter gelangten, psychisch unglücklicher waren und sind als wir.

Sicher, auch sie haben gelitten, ihre schamanischen Ängste, ihre entsetzlichen Initiationsriten beweisen es. Aber wir haben keinerlei Instrumentarium mehr, uns ihre psychische Existenz auch nur vorzustellen.

Eine Definition des Erfolgs, die uns kulturell näher liegt, lautet auf englisch: *the greatest possible happiness for the greatest possible number* – also das größtmögliche Glücksquantum für den größtmöglichen Prozentsatz von lebenden Menschen. Sie klingt ehrbar genug; aber sie hat eine Falle eingebaut, die in dem auf sie bezüglichen englischen Witz verborgen ist: *the greatest possible number is Number One,* die Nummer Eins, die idiomatisch soviel wie ‹ich› bedeutet. Lassen wir die trefflichen Spekulationen beiseite, die an die Komplexität des Glücksanspruchs und des Glücksempfindens geknüpft wurden (die geistreichsten haben schon die Alten, zumindest seit Epikur, veranstaltet); stellen wir historisch fest, daß alle Malaise der Konservativen seit eh und je an ihre Glücksvorstellung gebunden ist.

Wenn zum Glück eine hohe Zahl von Dienstboten, ein Stall von *Hunters,* ein Ballsaal und eine gute Bibliothek erforderlich sein sollten, dann ist in der Tat nicht einzusehen, wie ein solcher Anspruch von einer größeren Zahl als von einigen privilegierten Familien eingelöst werden kann. Wer diese ihre Glücksvorstellung bedroht, hat offensichtlich keine Ahnung von den Höhen, die menschliches Glücksgefühl ersteigen kann. Genauso respektabel wie diese Glücksgefühle des alten Establishments sind die unseres gegenwärtigen Philisteriums: wer den ‹satten Sound› einer Honda oder eines GTX-Sportwagens für der Güter höchstes hält, wird schwerlich den klugen Argumenten für öffentliche Verkehrmittel zugänglich sein.

Nun hat man – gerade von wohlmeinend progressiver Seite – diesen ‹manipulierten› Bedürfnissen sogenannte echte oder konkrete gegenübergestellt. Darauf wird noch einzugehen sein; zu bejahen ist daran die Richtung, welche solche Kritik im allgemeinen nimmt – nämlich gegen unsere kapitalistische Konsumwirtschaft. Denn zweifellos hat diese einen der miserabelsten Auswege entdeckt, die überhaupt entdeckt werden konnten; einen Ausweg nämlich, der gar keiner ist.

Diese Art zu wirtschaften ist darauf angewiesen, die Schere zwischen Bedürfnis und Befriedigung immer zuungunsten des Glücks, selbst des wohlverstandenen epikureischen Glücks, offenzuhalten. Nur so kann sie das garantieren, was man lachhafterweise Stabilität nennt, was aber nur ununterbrochene Expansion und damit ununterbrochener und gesteigerter Raubbau an den Voraussetzungen unserer irdischen Existenz ist. Sie liegt uns ständig in Augen und Ohren mit ihrer künstlichen Bedarfsweckung, die dem System immanent ist. Und selbstverständlich ist dieser ‹Bedarf› längst kein Vitalbedarf mehr; die nächsthöhere Automarke, das Ferienboot, die Haifischflossensuppe aus der Dose sind so abstrakt und zeichenhaft wie der Goldknopf des Mandarins dreißigsten Grades oder das Handschreiben Seiner Majestät, das die Aufnahme in den Adelsstand ankündigt. Im Gegenteil muß Vitalbedarf künstlich verknappt und eingeschränkt werden, um den Status-, das heißt den Symbolbedarf und damit die Maschinerie der Produktion in Gang zu halten. Befriedigung echten Vitalbedarfs – etwa eines stillen Hauses, eines Wassers zum Fischen, einiger Tiere, in deren Nähe man tagtäglich die ursprünglichen Beziehungsmuster menschlicher Existenz erleben könnte – wird zunehmend schwieriger und setzt in den meisten Weltgegenden sehr viel Geld oder sehr viel Macht voraus – oder beides. Nur reiche Leute können heutzutage wie mittelalterliche Bauern leben (einschließlich biologisch gedüngter Kartoffeln), nur mächtige wie vorzeitliche Jäger. Je gieriger die Allmacht des Hungers, der nie gesättigt werden kann, an den Wurzeln unserer planetarischen Existenz nagt, desto krasser und klarer wird dieses Privileg der Reichen und Mächtigen hervortreten.

Der Sozialismus denunziert also richtig; aber seine Antwort ist keineswegs überzeugend. Das famose Schlagwort von den ‹konkreten› Bedürfnissen ist denkbar abstrakt; es findet nämlich auch keine ursprünglichen Prägungen des Vitalbedarfs vor, die oberhalb einer gewissen Bevölkerungsdichte noch gleichmäßig zu befriedigen wären. Konkreter Bedarf ist entweder ungemein dürftig – genug Kalorien, ein Dach überm Kopf, Hüllen zur Konservierung der Körperwärme, ein sexueller Partner – oder ungemein gierig – siehe oben. Wenn man die gesamte Bevölkerung also nicht von vornherein auf das Programm des Diogenes in seiner Tonne vereidigen will (und Alexander d. Gr. fand, daß er glücklich war), dann wird irgendein Heiliges Büro mit der peinlichen Aufgabe sich befassen müssen, zu definieren, was eigentlich ein konkretes Bedürfnis sei. Und eine solche Definition würde abweichende Bedürfnishöhen tabuisieren, für illegal erklären, verunmöglichen und mit Strafe belegen müssen. (Auch dann gibt es natürlich noch Unterschiede: die Genossen Breschnew und Broz dürften bei ihrem unentgeltlichen Vergnügen, Bären zu schießen, kaum allzu viele Genossen teilnehmen lassen. Bären sind notorisch selten und lassen sich nicht unbegrenzt reproduzieren.)

Gerade der ‹saubere› Marxismus, der Marxismus ‹mit menschlichem Antlitz›, bestreitet das. Von befreundeter Seite habe ich gehört, daß Ernest Mandel, der engagierte und liebenswerte trotzkistische Wirtschaftswissenschaftler, mit der Zuckerdose in öffentlichen Restaurants zu argumentieren pflegt: niemandem, der bei Sinnen sei, fiele es ein, diese Dosen zu plündern und seine Taschen voll Zuckerstücke zu packen. Ebenso werde in einer sanierten, das heißt auf konkrete Bedürfnisse abgestellten Wirtschaft niemand auf den Gedanken kommen, sich zu viel Überschuhe, Regenmäntel, Gulaschdosen oder Motorräder aus den staatlichen oder genossenschaftlichen Verteilungsstellen zu holen.

So verführerisch dieses Argument klingt, so anthropologisch unhaltbar ist es. Schon bei Pelzmänteln wäre wahrscheinlich Schluß: schöne Frauen werden auch in einer sozialistischen Wirtschaft Pelzmäntel haben wollen. Gegen ihre Einstufung als ‹manipuliertes› Bedürfnis spricht die Tatsache, daß jahrzehntausendelang die erotische Konditionierung auf Fellen stattgefunden hat. Es müßte also, so oder so, ‹De-Konditionierung› erfolgen; sei es durch Einstellen der Pelzproduktion, sei es durch Manipulierung des ethischen Überbaus, mit dessen Hilfe man Pelzfrauen irgendwie verächtlich machen müßte.

Am einfachsten erfolgt solche De-Konditionierung durch ‹Ideale›; und genau den Weg gehen die existierenden sozialistischen Gesellschaften. Der Weg ist zwar so alt wie das Bedürfnis nach Fellen und schönen Frauen, aber seine Wirksamkeit konnte bisher nirgends ersetzt werden. Die Sowjet-Gesellschaft zum Beispiel ist ganz einfach puritanisch, sie geht den Weg der Verinnerlichung von asketischen Idealen, deren Begründung im einzelnen höchst zweifelhaft ist. Der individuelle Konsumverzicht soll auf eine geheimnisvolle Weise durch Ölbohrungen in Kasachstan, durch glorreiche Weltraum-Unternehmen, durch Identifikation mit dem Väterchen Staat oder dem Mütterchen Partei kompensiert werden.

Um allen Mißverständnissen vorzubeugen: ich beneide das russische Volk um seinen hohen Grad an moralischer Erlebnisfähigkeit; aber ich verachte die scholastischen Purzelbäume, die nötig sind, um sie irgendwie mit ‹sozialistischer Moral›, mit ‹wissenschaftlichem Materialismus› in Verbindung zu bringen. Will man wirklich behaupten, das Bedürfnis, in den Weltraum vorzustoßen, sei ein ‹Vitalbedarf› des sibirischen Pioniers, des ukrainischen Bauern, des Leningrader Arbeiters? Sicher kann er und wird er sich mit solchen Abenteuern identifizieren – aber diese Identifikation ist ein gesellschaftlicher Sublimierungsprozeß. Man kann hier einwenden, daß solche Prozesse und ihre Notwendigkeit immer noch besser sind als die Konsum-Orgien des Westens; ich gebe das unumwunden zu. Aber – und darauf kommt es hier an –: solche solidarischen Bedürfnisse drängen ebenso auf Expansion wie die Bedürfnisse individualistischer Wohlstandsbürger. Wer auf dem Mond war, der muß auch auf den Mars und auf die Venus; das Prinzip der Bedürfniserweiterung ist das gleiche. Und Bedürfniserweiterung schlägt ökologisch so oder so zu Buch. Ob ein Wald sterben muß, weil dort eine Weltraum-Startrampe oder ein *Fun Center* errichtet wird, ist für uns und unsere Nachkommen gleich wenig belangvoll. Beides ist letzten Endes pathologisch, d. h. es stammt aus dem gleichen Pathos: dem Pathos der immer weiter ausgreifenden Weltmächtigkeit des ökonomischen Menschen. Oder hat der Sozialismus den *homo oeconomicus* des Adam Smith vielleicht abgeschafft? Keineswegs. Er hat – zumindest in seiner bisherigen Geschichte – deutlich genug zu verstehen gegeben, daß er die Definition des Menschen als eines weltverändernden Arbeitswesens noch heiliger halten will als der Kapitalismus. Das Pathos des Kampfes gegen die Natur zieht sich als roter Faden durch die Schriften fast aller Theoretiker. Bei den Frühsozialisten, vor allem bei Fourier, finden sich Stellen voll hoher, rührender Naivität, die die Erlösung auch der Natur durch den Sozialismus ankündigen; einen wissenschaftlich nachprüfbaren Stellenwert haben sie nicht. Was die Zukunft unseres Planeten betrifft, ist der Sozialismus bisher nicht über die neueste und fatalste Entdeckung hinausgekommen – die Entdeckung nämlich,

DASS UNSER GEMEINSAMES FLOSS ESSBAR IST.

Fassen wir zusammen: die Definition des Erfolgs als des größtmöglichen Glücks für die größtmögliche Zahl von Menschen stößt auf verschiedene Schwierigkeiten. Sie übersieht die soziale, historische Wandelbarkeit des Glücksbegriffs, sie übersieht die längst durch Bevölkerungsvermehrung überholte ursprüngliche Vital-Basis des Glücksanspruchs – und sie ist, sowohl im kapitalistischen wie im sozialistischen System heutiger Wirklichkeit, auf Manipulationen des subjektiven Glücksgefühls angewiesen, um ihren Anspruch auch nur halbwegs zu erreichen – das heißt, ihn scheinbar zu erreichen.

Es bleibt eine Kategorie des Erfolgs zu besprechen, die, wenn überhaupt eine Fortschrittsgeschichte der Menschheit angenommen wird, wachsende Aufmerksamkeit für sich beansprucht: die Kategorie der laufend größeren Bewußtmachung, der Hineinnahme immer größerer Bestände an Realität in die rationale Überlegung, die Absorption der Weltwirklichkeit in die kollektive Verfügung des Menschen.

Eine Version dieser Überzeugung ist die Naturphilosophie von Teilhard de Chardin; da sie gerade unter Christen viele Anhänger gefunden hat, muß sie besprochen werden. (Ich spreche in seinem

Fall nicht gern von Theologie; die kühnen Überbrückungen, die er vornimmt, die zu so wenig reflektierbaren Begriffen wie dem Punkt Omega führen, scheinen mir in der jüdisch-christlichen Heilslehre nicht belegbar.)

Was Teilhard de Chardin interessant macht, ist sein Renommee. Der Weltzustand und seine zunehmende Fragwürdigkeit ließen ein Bedürfnis (auch dies ein echtes Bedürfnis!) nach einem Denker entstehen, der den großen Wurf der Versöhnung wagte. Und es ist in der Tat vornehm, diesen Entwurf zu wagen; eine Lösung vorzuschlagen, die bei richtiger Anstrengung (und Teilhard setzt sie in seinem System voraus) eine mögliche Endlösung unserer Probleme sein könnte.

Meine Zweifel sind dennoch erheblich. Ich möchte hier zwei Einwände formulieren, die mir die Zustimmung zum Teilhardismus unmöglich machen.

Der erste stammt, das gebe ich unumwunden zu, aus der Leidenschaft. Wenn die Geschichte des Menschen, nein, des Kosmos, auf den Punkt Omega zustrebt, eine Art totalen Bewußtseins – dann wird man zwangsläufig den Blauwal, den bengalischen Tiger, den amerikanischen Seeadler, den Apollo-Falter, die alle dem Untergang geweiht sind, und zwar durch uns und unsere expansiven Bedürfnisse – dann wird man sie alle als notwendige Etappen solcher Entfaltung abschreiben müssen; als liebenswürdige, aber letzten Endes überschüssige Entwürfe, die wir Menschen kraft unseres Diktatur-Auftrages eben zu ignorieren oder zu vernichten haben. Die Philosophie Teilhards setzt voraus, daß wir diese allmächtige Richter- und Henker-Position für uns beanspruchen können, ja müssen; denn wo sonst ist Bewußtsein im göttlichen Auftrag tätig?

Das gleiche gilt – darum kommt der Teilhardist nicht herum – für die Schädelpyramide der untergegangenen Völkerschaften und Kulturen. Ich weiß natürlich, daß der typische Teilhardist keinem Australneger eine Haarlocke krümmen würde; aber es ist unrealistisch, Fortschritt auf den Punkt Omega zu predigen und die Tatsache zu übersehen, daß Primitivkulturen notwendig, logisch untergehen, wenn sie mit aggressiven, expansiven Kulturen zusammenstoßen. Sie holen sich daran den Tod, wie sich der brasilianische Urwald-Indianer noch heute den Tod am gewöhnlichen weißen Schnupfen holt. Ein wahres Beispiel aus der Geschichte: ein französischer Jesuiten-Missionar verbrachte unter furchtbaren Opfern Jahrzehnte bei den Huronen, rettete viele Seelen – und sah den Stamm an den Irokesen und vor allem den Pocken zugrundegehen. Er hat, vermutlich, die Kausalität nie begriffen – so wenig wie sie der Teilhardist zu begreifen wünscht. Bestenfalls, wenn der Stamm den Zusammenprall überlebte, vegetierten die Individuen als leiblich und seelisch gebrochenes Subproletariat weiter, mit Psychosen und Neurosen geschlagen; als Gedanken Gottes, wie man dies einmal nannte, als Verkörperung einer Möglichkeit aus dem Reichtum menschlicher Vielfalt sind sie gestorben.

Daß der Teilhardist gewillt ist, dies in Kauf zu nehmen, bewies mir das Gespräch mit einem amerikanischen Priester, einem Mann von großer Aufrichtigkeit und Integrität, dem ich diese Bedenken auseinandersetzte. Er meinte: «Wir *müssen* diese Kulturen kontaktieren – sonst erstarren sie.» Mit anderen Worten: das Prinzip der ‹Flüssigkeit›, der ständigen Bewegung und Entwicklung steht für den Teilhardisten tatsächlich im Vordergrund seiner Erwägungen. Wenn die Kreaturen Gottes einander schon töten müssen, ist mir da ein reeller Kampf um Weidegründe oder Wasserstellen lieber.

Der zweite Einwand ist etwas methodischer. Die Zunahme der Reflexion und die Absorption immer größerer Zusammenhänge durch das Gehirn wären dann ein echter Fortschritt, wenn sie unter Beibehaltung aller bisher geübten Fakultäten des Menschen möglich wären – oder wenn wenigstens ein Beweis dafür vorläge, daß ihre Verkümmerung in keinem Verhältnis zum Gewinn an Rationalität steht. Die Evidenz der Anthropologie und der Geschichte spricht dagegen. Sie zeigt, daß bei zunehmender Bedeutung bestimmter Bewußtseinsaktivitäten andere Kategorien der Welterfassung verkümmern oder verschwinden, und daß unsere Kategorien dann nicht mehr ausreichen, ihren relativ größeren oder geringeren Wert zu bestimmen. Können wir dann mit gutem Gewissen behaupten, daß dieses Entschwinden ein Fortschritt im Sinne ständiger Bewußtseinsentfaltung ist? Bleiben wir im Rahmen unserer eigenen Traditionen: wer kann behaupten, Homer so zu ‹verstehen›, wie ihn die Hörer seiner Gesänge vor Jahrtausenden verstanden? Wir können zur Not ermitteln, wie er vortrug – unsere Gymnasiasten können es schon handwerklich nicht mehr reproduzieren. Wer kann behaupten, so zu fühlen, wie Franz von Assisi fühlte, als er den Vögeln predigte? Es wird hier keine Ideologie versucht, sondern schlicht festgestellt, daß wir uns davor hüten müssen, *Veränderungen* unserer Welterfassung von vornherein als *Erweiterungen* und damit als ‹Ausfaltung› im Sinne des Teilhardismus zu bezeichnen. Aus dem Heimweh nach vergangenen Möglichkeiten ein Programm zu machen, wäre unsinnig – es wäre bestenfalls wirkungslos und schlimmstenfalls eine Art von Edelfaschismus. Aber ebensowenig ist es zulässig, aus der Not der menschlichen Entwicklung, die durch ungeheure Pressionen zustande kommt, die Tugend einer neuen Kosmogonie zu machen.

Wenn es noch eines Beweises dafür bedarf, daß der Kaufpreis des jeweiligen Bewußtseinsfortschritts voll zu entrichten ist, dann ist es das Schicksal dessen, was ich die ‹friedenstiftende Potenz› nennen möchte. Schon im vorigen Kapitel war davon die Rede, daß Karl der Große den Frieden mit den Sachsen durch den Transfer der Gebeine des heiligen Liborius nach Paderborn besiegelte. Man kann einen solchen Vorgang als simple Magie bezeichnen. Tatsache ist, daß es den Betroffenen selten darauf ankommt, mit welchen Mitteln eine Schlächterei beendet wird. Im Zuge der unleugbar fortschreitenden Bewußtseinsentfaltung sind der Menschheit immer mehr solcher Potenzen verlorengegangen: das Ritual der Kriegserklärung ist im 20. Jahrhundert endgültig ausgestorben, die Potenz zu endgültigen Friedensschlüssen desgleichen. Macchiavellis Analyse der Machtmittel im «*Principe*» war, im Sinne der Bewußtseinsentfaltung, ein Fortschritt, fast alle Höfe seiner Zeit waren von der Brillanz seiner Darlegungen fasziniert und bemühten sich nach Kräften zu lernen. Mit ihm, Macchiavelli, öffneten sich bereits die Labyrinthe der ‹Optionen›, der ‹Eskalationen›, der ‹Alternativen› – mit anderen Worten, der Abbau aller magischen oder rituellen Endgültigkeiten im Verkehr möglicher Feinde untereinander. Macchiavelli war insofern ein typischer Renaissance-Mensch, als er die abendländische Menschheit zu ihren ‹Quellen› zurückführte – das heißt, zu den hinterlistigen Operationen des athenischen und des römischen Imperialismus. Nur waren sie jetzt nicht mehr durch abergläubische Beschwichtigungsrituale vor den Kraftfeldern ethnisch-feindlicher Gottheiten gemildert. Wenn in Panmunjon die 1000. Waffenstillstandskonferenz stattfindet, sollten die Beteiligten dem Florentiner eigentlich ein kleines Denkmal errichten.

Denn sicher sind die friedenstiftenden Potenzen seit Macchiavelli weiter verkümmert. Die Resultate der Kriege seit 1945 sprechen eine deutliche Sprache; überall sind Provisorien zu den unsinnigsten Demarkationslinien erstarrt: Westberlin, der 20. Breitengrad, die Verhältnisse im Nahen Osten, die Pufferzone in Vietnam; und ungeheurer Scharfsinn muß aufgewendet werden, um solche Vorläufigkeiten wenigstens in einem oder anderen Fall in einen erträglichen Modus vivendi umzugestalten. Zwischen Optionen, Eskalationen, Vermittlungsgesprächen ersten, zweiten, dritten Grades laviert der Selbsterhaltungsinstinkt der Menschheit – behindert nicht so sehr durch seine Primitivität als vielmehr durch seine Raffinesse, die hinter jeder Ouvertüre der Gegenseite zunächst einmal eine, zwei, drei Winkelzüge der Kalkulation vermutet.

Aber auch innerhalb der Gesellschaften ist die friedenstiftende Potenz (die man hier besser ‹kommunikationsstiftende Potenz› nennen sollte) deutlich im Rückgang. Ja, mir scheint, daß viele Erscheinungen der letzten Jahre: der Verfall der ‹guten Sitten›, der Einbruch der Gossensprache vor allem in akademische Kreise (der angelsächsische Klassen-Instinkt hat bereits registriert, daß kein Arbeiterhaushalt die Ausdrücke gebrauchen würde, die unter Intellektuellen gang und gäbe sind) letzten Endes nichts anderes darstellen als einen verzweifelten Appell an die Gesellschaft, einen neuen Fundus für das zu liefern, was man früher *mœurs*, allgemein tragfähige Konventionen des Umgangs genannt hat. Daß die feierliche

Eselei des Wilhelminismus und des Viktorianismus auf die Dauer nicht genügen würde, war vorauszusehen; aber daß ihre Demontage den Bewußtseinsstand der Epoche so reduzieren würde, wie wir das in den letzten Jahrzehnten beobachten können, gibt zu denken. Man vergleiche etwa die Differenziertheit, die einem Robert Musil möglich war, mit den stammelnden Schreibungen unserer sogenannten Besten, und man wird wissen, was gemeint ist. Einer feierlich und immer wieder proklamierten Tendenz zur Egalität, zur menschheitlichen Verständigung steht ein Unvermögen der Kommunikation gegenüber, wie es nicht einmal zwischen Franz Xaver und seinen japanischen Gesprächspartnern vorlag. (Auch im München von 1900 konnten sich die Proletarier und die Akademiker noch sinnvoller verständigen, als dies heute zwischen den Akademikern und Proletariern der gleichen SPD-Sektion möglich ist.)

Ist all dies Rückschritt? Ist es Verfall? Keineswegs. Es ist nichts als das Resultat eines Prozesses, in dem Bewußtsein sich ständig entfaltete, während die irrationalen archaischen Möglichkeiten laufend verkümmerten. Da es die Menschheit noch nicht gelernt hat, all dies auf rationaler Basis zu tun, was sie früher auf ganz anderen Grundlagen erledigte, sind die Ergebnisse nicht überraschend. Die magischen Zeichen, die früher genügten, um Verständigung zu stiften; die Symbole, Rituale, Besiegelungen, sind erschöpft, entlarvt, zersetzt. Aber neue frieden- und kommunikationsstiftende Potenzen sind noch nicht in Sicht. Wir wissen nicht einmal, ob sie überhaupt möglich sind.

Es bleibt also die Fragwürdigkeit unserer Erfolgskategorien. Es bleibt die Frage nach einer Zukunft, die von solcher Erfolglosigkeit des Erfolgs gebrandmarkt ist. Fast alle – oft sehr unartikulierten – Äußerungen der deprimierten Jugend laufen auf diesen Punkt zu: was habt ihr mit euren bisherigen Erfolgen schon zu bieten? Und es tröstet nicht, daß diese Jugend nicht hinter unsere sogenannten Errungenschaften zurückkann.

Als letzte rationale ‹Front›, als letzte verzweifelte Zusammenfassung der möglichen Rechtfertigung unseres Weges bietet sich ihr der Neomarxismus an, die roten Büchlein treten als Heilige Schrift auf, die neuen Ikonen von Che und Mao und Onkel Ho werden vorangetragen, eine letzte Scholastik, eine letzte Devotionsliteratur machen von sich reden, weil man das Schweigen nicht erträgt – und der Versuch ist einiger Ehren wert. Er wird ja durchaus im Rahmen einer Tradition unternommen, einer Tradition, die wir zu skizzieren versuchten. Der Versuch zeigt, daß wenigstens eine aktive Minderheit noch an den alten Verheißungen festhält.

Viel, so scheint mir, ist das auch nicht. Vor allem deshalb nicht, weil das Ganze an ein Repetitorium erinnert, in dem längst durchgepaukte Lektionen aufs neue aufgesagt werden. Dabei hat sich der Zustand der Welt weit über das hinaus verändert, was unsere Väter noch bedrohte. Das schlimme ist nur, daß die Gefahren, die alle bisherigen Bedrohungen der Spezies harmlos erscheinen lassen, mit den Lektionen des Repetitoriums nur am Rande zu tun haben. Zum erstenmal nämlich, seit sich der Anthropoide von den Hinterbeinen aufrichtete, hat er sich selbst Gefahren verschafft, die alle seine Alarmsysteme überfordern.

Kein Adrenalinstoß erfolgt, wenn er von den genetischen Konsequenzen der Radioaktivität hört; keine innere Stimme warnt ihn, wenn er in phenolverseuchten Flüssen schwimmt. Nichts, auch keine Ethik der überkommenen Systeme, hindert ihn daran, seine Äcker von lästigen Schädlingen zu reinigen und dadurch die Weltmeere für die Katastrophe von 1980 oder 2000 vorzubereiten. In 500 Jahren, einer genetisch winzigen Zeitspanne, hat er gelernt, adäquat auf die Drohung einer Stahlröhre zu reagieren, die tödliche Geschosse entsenden kann – eine wahrhaft großartige Leistung; heute werden jährlich Dutzende und Hunderte von neuen Drohungen auf ihn abgefeuert, deren Konsequenzen er nicht im entferntesten versteht, geschweige denn als unmittelbare Gefahr biologisch registriert.

Ähnliches gilt von dem großen sozialen Mechanismus, der nach Adam Smith und Marx die Veränderungen in Gang hält: dem Mechanismus der Interessen. Es ist zum Beispiel nicht wahr, daß noch irgendein unmittelbarer Interessenzusammenhang zwischen den armen Völkern der Erde und den Lohnabhängigen in den Industrieländern besteht; das Gegenteil ist der Fall. Eine erleuchtete Politik der Entwicklungshilfe lebt heute, soweit überhaupt vorhanden, von der humanitären Tradition der Intelligenz und wird mehrfach wettgemacht, das heißt neutralisiert, durch die *terms of trade*, das Preisgefüge des Weltmarkts, welches nicht nur unsere Kapitalisten, sondern auch ihre Lohnabhängigen in moralisch unvertretbarer Weise begünstigt. Sowohl unsere Beziehungen zu den nichtindustrialisierten Ländern lassen sich, wenn sie zukunftshaltig sein sollen, nur unter drastischer Zurücksetzung der Eigeninteressen organisieren, wie auch unsere Beziehungen zur Umwelt, zum solidarischen Lebensverband unseres Planeten.

Die Zustände sind also hoffnungslos. Aber da sie hoffnungslos sind, müssen sie uns herausfordern. Wir reden ständig davon, daß es gilt, dieses und jenes Problem zu lösen; aber in Wirklichkeit lösen wir sie alle nicht, sondern schieben sie auf eine andere Ebene. Wenn die Menschheit heute herausgefordert ist wie nie zuvor, dann hat sie zunächst nur eine Pflicht: sich dieser Herausforderung zu stellen. Vielleicht gelingt es uns, wenigstens in Andeutungen zu zeigen, auf welche Ebene unsere Probleme heute transportiert werden müssen. Ich wähle im folgenden zwei Felder der Auseinandersetzung, die mir wichtig zu sein scheinen: ich wende mich an Christen und Sozialisten. Dies hat nicht nur persönliche Gründe; ich glaube vielmehr, daß – nach dem Verursachungsprinzip – diese beiden Gruppen durch die gegenwärtige Situation speziell herausgefordert sind, weil sie in hervorragender Weise zur Schaffung unseres Dilemmas beigetragen haben. Ohne einen grundlegenden Prozeß der *Metanoia*, des Umdenkens, in diesen beiden Lagern wird der Zustand der Welt nicht mehr rechtzeitig so zu ändern sein, daß eine Zukunft – nicht eine bessere Zukunft, sondern *irgendeine* – noch vorstellbar ist.

Übung fünf:

Der zehnte Kreis

Dante sah den zehnten Kreis nicht; er konnte ihn nicht sehen. Wer waren die tiefsten, die gewaltigsten Übeltäter seines neunten, des Eiskreises? Wen zermalmte Dis, der Höllenfürst, in seinen drei Rachen auf ewig?

Judas, Brutus, Cassius. Das sind: die drei Verräter am himmlischen und am irdischen Reich, die Erzverräter. Schlimmere Untat als diesen Verrat konnte der Führer Virgilius seinem Schützling nicht weisen, schlimmere waren nicht vorstellbar.

Aber was ist der Verrat des Judas, des Brutus, des Cassius – gegen die Untat des Hilmar Becker, ev., verh., gebürtig 1944 zu A. im linksrheinischen Deutschland?

Die Hölle ist leer. Dis, ihr Fürst, ist geschwunden wie Rauch und alle Schatten der neun Kreise mit ihm; alle Stolzen, Wollüstigen, Geizigen, Mörder, alle Verbrecher wider Glaube, Liebe und Hoffnung. Der große Trichter, in dem sie dahintrieben und gemartert wurden von Stufe zu Stufe, von Kreis zu Kreis, war ja Teil der Welt, der Erde, geschaffen durch den Sturz Satans in den Bauch seines Planeten.

Er ist leer – wie die Hölle. Leer von Gutem wie von Bösem. Er ist ohne Bewußtsein. Nicht einmal die Reflexe des kleinsten Insekts sind ihm verblieben, nur die Gleichgültigkeit der Felsen und Stürme, die Relation zur Schwerkraft himmlischer Körper in einer kleinen Milchstraße am Rand des Universums.

Und der zehnte Höllenkreis, reserviert für Hilmar Becker – bis in alle Ewigkeit.

Warum? Was macht ihn verworfener als Satan selbst, als Judas, Kain, Hitler, Dschinghis-Khan?

Er selbst weiß es nicht; und niemand, der ihn kannte, hätte es gewußt oder begriffen. Hilmar Becker, Juniorchef der Firma Polyphan & Co., 460 Beschäftigte, war ein angenehmer Zeitgenosse. Wäre nicht die zwingende Pflicht gewesen, das väterliche Unternehmen weiterzuführen, wäre er vielleicht ein lokaler Theaterkritiker geworden oder auch Studienrat. Er las gern moderne Literatur, plauderte abends am prasselnden Rauhputz-Kamin über Beckett und Salinger und Handke. Er war so gewissenhaft, daß er Schönberg- und Webernplatten kaufte, obwohl er ‹Figaros Hochzeit› für das größte Musikwerk der Welt hielt, und obwohl er den Amateur-Wettbewerb der Eurovision für lateinamerikanischen Gesellschaftstanz gewann.

Für einen Mann seines Jahrgangs war er überdurchschnittlich gefühlvoll. Er weinte seit seinem sechzehnten Lebensjahr achtmal; davon zweimal am Grab seiner Eltern und einmal, nachdem er seine Ehefrau betrogen hatte, eine weißblonde, weiche, kirschmündige Dentistentochter, die er trotz ihrer bösartigen, egoistischen Dummheit nicht verließ.

Als Arbeitgeber war Hilmar Becker vorbildlich. Er zahlte weit über Tarif, praktizierte vor allen anderen der Branche innerbetriebliche Mitbestimmung wie Miteigentum und ermöglichte über die ‹Hilmar-Becker-Senior-Stiftung› vierzehn Arbeitersöhnen und sechs Arbeitertöchtern das Studium. Er trat politisch hervor durch ganzseitige, von ihm allein bezahlte Zeitungsanzeigen vor den entscheidenden Bundestagswahlen von 197..., welche die fortschrittliche Koalition unterstützten und alle Wähler aufforderten, das nämliche zu tun. Er verlor dadurch viele Freunde seiner Gesellschaftsklasse, aber er weinte nicht, als ihm dies klar wurde.

Er hatte viele linke Freunde, Revisionisten und Revolutionäre. Die Revisionisten sagten: «Ja, wenn alle wie Hilmar wären!» Die Revolutionäre sagten: «Gott sei Dank sind nicht alle so wie Hilmar.» Fast alle dieser Freunde waren Intellektuelle oder solche, die sich dafür hielten. Er pflegte sie, Revolutionäre wie Revisionisten, in seiner Skihütte bei Cortina d'Ampezzo zu beköstigen und war ihnen dankbar dafür, daß sie ihm ihre Zeit opferten. (Von der Wichtigkeit der Zeit machte er sich unternehmerische, also übertriebene Vorstellungen.)

Warum also ist Hilmar Becker der letzte, der einzige Insasse der Hölle? Er begreift das nicht. Sein christlich-fortschrittliches Gewissen sucht nach Gründen. Er verwirft sie alle, wie seinerzeit der gerechte Hiob die Gründe für sein Elend verwarf.

War es vielleicht diese Sekretärin? Aber wo ist dann sie selbst, die Dame, die damals immerhin die Initiative ergriffen hatte und genau wußte, daß er verheiratet war? Ist ihm ein begabter Arbeitersohn nicht aufgefallen? Oder eine Arbeitertochter? Hätte er seinen Betrieb komplett sozialisieren, hätte er eine innerbetriebliche Räteverfassung einführen sollen? Und wenn – wo waren dann Herr Abs und Herr Flick und die entsprechenden amerikanischen, englischen, französischen Herren, die alle viel reaktionärer waren als er?

Hilmar Becker begreift nicht – und daß er nicht begreift, ist seine tiefste Höllenqual. Sie ist furchtbarer als die der drei großen Verräter. Jene wußten immerhin, warum sie ewiglich zerfleischt wurden in satanischen Kiefern.

Aber würde er begreifen, wenn er wüßte? Würde er den Schiedsspruch des großen Megacomputers anerkennen, der als letzte Institution der Erde funktionierte und entschied, daß Hilmar Becker der Mörder der Welt war? Nicht nur der 4,9 Milliarden Chinesen, Amerikaner, Russen, Bengalen, Ovambos, kurz der Menschheit – sondern auch der Rinder, Rehe, Fische, Tiger, Möwen, Kohlweißlinge, Nematoden – kurz aller Wesen, die auf Sauerstoff angewiesen sind?

Hilmar Becker ist der Mörder der Welt wegen des Prozesses «Polyphan & Co. gegen Bundesrepublik Deutschland», der in den Jahren 198... bis 199... stattfand. Er führte ihn mit ausdrücklicher Billigung seines Betriebsrats. Schließlich ging es um Arbeitsplätze. Er stellte dem Rat dar, daß die Vollmachten des neuen Öko-Ministeriums genügten, um den Bau der komplizierten Kläranlage zu erzwingen; daß die erforderlichen Investitionen nach dem Verursachungsprinzip von der Polyphan zu leisten seien; daß dadurch die Gewinnausschüttung zehn Jahre lang auf null bis einskommafünf Prozent des Kapitals reduziert werden würde – und zwar des nominellen, nicht des wirklichen. Wenn man aber den Prozeß durch alle Instanzen führte, wäre trotz der hohen Anwaltskosten für weitere drei Jahre die bisherige Ausschüttung garantiert, eine höhere als die bisherige wahrscheinlich. Bis dahin könnten alle Betriebsangehörigen weiter sehen.

Der Betriebsrat war sozialistisch, aber für einen Sozialismus mit menschlichem Antlitz. Er dachte an die laufenden Ratenzahlungen der meisten Beschäftigten, an den Urlaub, der bevorstand, und ging einstimmig auf Hilmar Beckers Alternativvorschlag ein. Die komplizierte Kläranlage blieb vorläufig ungebaut.

In jenen Jahren gingen die Weltmeere der Einstellung ihrer Sauerstoffproduktion entgegen. Ehrlichs, des amerikanischen Ökologen, Warnung war zwar gehört worden, aber der Apparat, der notwendig gewesen wäre, um den Trend der Weltwirtschaft zu wenden, kam nicht mehr zustande. Die Immission immer größerer Giftmassen war logisch, ebenso logisch war ihre Folge. Die Welt begann zu sterben, erst langsam, dann schnell.

Die Menschheit, die zäheste aller Lebensformen, verlangte einen Schuldigen. Während die Städte in Anarchie versanken, während die Meere sterile Wassergumpen wurden und die Vögel ihre Bruttätigkeit einstellten, forderte der Krisenstab der UN alles verfügbare Material von den Öko-Ministerien der Erde an und ließ es an OMEGAPOINT verfüttern, das Wunder des MIT, den großen Megacomputer, mit der kurzen Frage: WER WAR'S?

OMEGAPOINT wisperte sich die Billionen von Bytes aus seinen Banken zu, in Nanosekunden schossen sie durch die Relaismasken. An dem Tag, an dem ein Mob aus der brennenden

Strip City Basel–Rotterdam etliche Dutzend Industrieller wahllos ergriff und am Loreleifelsen aufhängte, darunter auch den verwunderten Hilmar Becker (mit dem letzten Blick gewahrte er unter den Erregten ein Mitglied seines Betriebsrats, das immer für Sozialismus mit menschlichem Antlitz gewesen war), hatte OMEGAPOINT die Antwort gefunden –

die letzte, sehr bescheidene Immissionsmenge, die wie ein Kippschalter die Prozesse der Meere endgültig umgelegt hatte, war aus dem Polyphanwerk in den Rhein geflossen.

Und da irgendeine Gerechtigkeit sein muß, sitzt Hilmar Becker hier im zehnten Höllenkreis, der eigens für ihn geschaffen wurde: für den Kain allen Lebens, den Judasverräter jedes Menschensohns, den Vernichter aller Historie, den Mörder des Planeten.

Jede Verheißung ist von der Erde verschwunden (wo werden die Toten auferstehen?) und damit auch jede Verdammnis. Im Nichts schwimmt Hilmar Becker, in der Kälte des Raums. Er hat den Richterspruch nie erfahren. Wird er ihm einmal offenbar? Ist es möglich, daß irgendeiner antwortet, ehe der kalte Planet in die Sonne stürzt oder die Sonne selbst zur Nova wird?

Aber wozu? Hilmar Becker würde selbst dann nicht begreifen. Sein Gewissen ist eine zarte, komplizierte, evangelisch-liberal-soziale Maschine, fast so fein wie OMEGAPOINT – aber die Speicherkapazität genügte nicht. Es hat sich so viel zu merken, daß es die wirklich entscheidenden Daten einfach nicht mehr unterbrachte.

Anfrage an die Christen

Christliche Brüder!

Wir, das heißt die Christen, haben den gegenwärtigen Krisenzustand der Welt verursacht – zumindest an führender Stelle mitverursacht.

Viele von euch werden diese Feststellung entrüstet ablehnen. Und es ist wohl nicht zweifelhaft, daß die Väter des Christentums, würden sie mit dem heutigen Zustand der Welt konfrontiert, ihn als dämonisch und antichristlich empfinden würden – als Vorstufe des unausweichlichen endzeitlichen Gerichts.

Sicher empfinden viele von euch ebenso. Für sie ist das, was wir täglich und stündlich um uns erleben, der konkrete Beweis für die Stelle im 1. Kapitel des Johannes-Evangeliums: «Er kam in die Welt, und die Welt hat ihn nicht erkannt.» Für sie hat die Welt Christus abgelehnt, wie sie ihn immer ablehnte; hat Gottes Plan mit seiner Schöpfung aufs schlimmste pervertiert und die Hand ausgeschlagen, die die göttliche Liebe ihr entgegenstreckte. Nicht nur den Christus hat die Welt verworfen, auch seine Freunde: die Apostel, die Männer wie Benedikt von Nursia, Franz von Assisi, die Frauen wie Hildegard von Bingen und Florence Nightingale. Sie alle versuchten Antworten auf die Not der Welt, und alle diese Anworten wurden nicht akzeptiert. Die Besten und Bewußten unter euch werden eine Gegenfrage stellen: was haben die Verwirrungen und Scheinlösungen der gegenwärtigen Welt mit der wahrhaftigen Botschaft zu tun? Was mit den Frommen des Judentums wie des Christentums?

Was mit den Kündern der Gerechtigkeit und der Liebe in allen Jahrhunderten? Immer wieder wurde die Antwort verfehlt oder verweigert, immer wieder wurden Irrwege beschritten, und diese Irrwege haben uns dahin gebracht, wo wir heute sind – nicht die Pfade der Liebe und der Selbstlosigkeit.

Darauf ist nur eines zu sagen: ich respektiere und ehre eure Leidenschaft – aber ich glaube nicht, daß sich daraus, aus Klage und Anklage, eine fruchtbringende Diskussion ergeben kann. Es geht nicht darum, was die Besten ersehnt und gewollt haben; es geht um Ursache und Wirkung, um Entwicklungen und Resultate. Wer moralische oder historische Schuld postuliert, traut der Welt mehr zu, als sie zu leisten vermag oder zu leisten gewillt ist; er begeht damit einen Fehler – zumindest einen pädagogischen Fehler. Er rechnet mit Bewußtseinszuständen, die auf der Welt nur selten vorzufinden sind. Es geht hier nicht darum, ob der Weg richtig oder falsch war, sondern ob er – unter den gegebenen Umständen der judäisch-christlichen Tradition und der irdischen Kräfte, die sie vorfand, der Gesellschaft, der Politik, der Produktionsverhältnisse und Denkformen unseres Kulturbereichs – zu anderen Ergebnissen führen konnte als zu denen, die wir um uns sehen.

Ich glaube, daß der Weg konsequent war. Der Erfolg unserer Kultur ist der Erfolg eines Lernprozesses, dem eine bestimmte Gruppe von Menschen (romanischen, griechischen, keltischen, germanischen, slawischen) unterworfen wurde. Was hat diese Gruppe unseren Traditionen, denen des Alten und des Neuen Testaments, entnommen? Was hat sie gelernt?

Natürlich nicht das, was die Stifter intendierten. So wenig wie eine durchschnittliche Klasse von Volksschülern oder Gymnasiasten das lernt, was ein begeisterter Christ, Humanist, Sozialist ihnen beizubringen wünscht; sonst sähe unsere Gesellschaft, zumindest die sogenannte Oberschicht ganz anders aus. Der Schüler, der Jünger, rezipiert nur das, was seine gesellschaftliche Struktur, sein Hintergrund ihm erlaubt zu lernen. Die Lektüre der Evangelien – vor allem der Berichte über die Gespräche der

Jünger untereinander – sollte uns da alle etwas realistischer stimmen.

Die Erfolge des Christentums sind die Erfolge eines Lernprozesses der europäischen, der weißen, der abendländischen Menschheit. Was hat sie gelernt? Das ist die einzig realistische Frage. Was hat sie als Axiome ihres Denkens, Fühlens und Handelns übernommen?

Ziemlich genau die Urverheißungen der alttestamentarischen Tradition. Die Überzeugung also, daß die ganze Schöpfung auf Verheißung angelegt ist; daß die Kreatürlichkeit des Menschen, sein Leid und sein Tod, ein Skandal ist; daß wir Menschen die einzigen Geschöpfe sind, zu denen der Schöpfer ein besonderes Verhältnis angebahnt hat; daß infolgedessen die Welt eine einzige Beute ist, die wir nach unserem Gutdünken verteilen können, solange wir die Spielregeln gegenüber unseren Mitchristen beachten. (Später, unter erklecklichen Schwierigkeiten, haben wir die letzte Regel auf alle Mitmenschen ausgedehnt.)

Darüber hinaus lernten wir noch, daß der Wert des Menschenlebens absolut ist – zweifellos ein Fortschritt. Wir lernten, daß man nicht ungestraft die Armen und Beleidigten verachtet. Und daß es – letzten Endes – unter der gesamtmenschlichen Solidarität nicht abgeht.

Wir lernten aber vor allem, daß unsere Zukunft absolut ist. Mit anderen Worten: daß für uns gesorgt wird, so oder so. Daß das, was uns zustoßen wird, die Qualität unserer Zurüstungen glanzvoll übersteigt. Daß Gott aus seinen Fernen wiederkehren und uns an seine Brust nehmen wird wie ein verlorenes Kind. Daß die objektive Befindlichkeit des Menschen auf seinen Triumph angelegt ist: jenen Triumph, der eines Tages – eschatologisch oder weltimmanent – die Absichten Gottes mit dem Menschen enthüllen und rechtfertigen wird.

Ist das wenig? Ich würde sagen, es ist sehr viel, wenn man den Ausgangspunkt der Entwicklung bedenkt. Wir haben Pan getötet, mit ihm sämtliche Naturgötter, Nymphen, Dryaden, Numina. Wir haben den Hunger nach dem Endreich in alle Seelen gesenkt, die ihm noch in den materialistischen Utopien der Gegenwart nachjagen. Wir sind (nach langen und komplizierten Prozessen, gewiß, aber doch folgerichtig) zu den selbständigsten, organisiertesten, unbesieglichsten Menschen der Welt geworden. Wir haben ein System der experimentellen und deduktiven Wissenschaft geschaffen, das selbst den Blütezeiten der Antike qualitativ überlegen ist.

Und was die verworfenen Antworten betrifft – wer hat sie denn immer zuerst verworfen, zumindest verschwiegen, die Antworten der Ekstatiker, der Selbstlosen, der Charismatiker und Geistbeseelten? Es waren doch allemal wir zuerst, die Bedenken hatten. Unsere Hirten wiegten bedächtig die Häupter, wenn ein Franziskus, ein John Wesley, ein Jan Hus unter uns erschienen – und oft genug hat es nicht beim Wiegen der eigenen Häupter, sondern beim Verlust des genialen Kopfes geendet. Denn mit Recht wurde da ein Mangel an Stabilität vermutet, eine Vernachlässigung der gängigen Sorge um das tägliche Brot und den jährlichen Zehnten; mit Recht hat man den Weg der Vollkommenheit isoliert hinter Regeln und Klostermauern, hat die Bergpredigt als evangelische Räte fein säuberlich von der Alltagspraxis getrennt, hat diese Alltagspraxis den Bedürfnissen des Systems unterworfen: des kontinuierlichen Systems, das im ständigen Widerstreit mit den Endverheißungen der Botschaft lag und liegt. Kein bekannter Papst, kein Kirchenvater hat protestiert, als Konstantin die Kirche in sein Schema einbezog; warum reagierten sie, nach den neuen progressiven Erkenntnissen, alle falsch? Waren sie vom bösen Feind verwirrt? Sie reagierten verständlich, das ist alles. Sie reagierten so, wie die religionssoziologische Situation sie reagieren ließ. Die Freiheit für sie war angebrochen, und nun gingen sie daran, Kontinuität zu festigen – jene Kontinuität, die seit dem Ausbleiben der Wiederkunft des Menschensohns notwendig schien.

Sie verwalteten die Schätze des Heils, sie banden und lösten, verwandelten das Heil in eine individuelle Chance jenseits des Grabes. Richtig oder falsch? Wie hätten sie an uns handeln sollen, an den kleinen Leuten, die besorgt nach dem Schicksal ihrer Lieben fragten?

Sie borgten die Naturrechts-Ethik bei den Hellenisten und das *ius divinum* bei den Römern aus. Richtig oder falsch? Sie mußten mitspielen an den Tischen der Welt, und sie hatten keine Karten; sie mußten sich also welche zu leihen nehmen.

Nein, lassen wir diese Art von Fragestellung beiseite. Stellen wir fest: das Christentum sieht heute so aus, wie es aussieht; das ist alles. Es hat Erfolge errungen; nicht die, die es anstrebte, sondern die, welche der Weltzustand hergab. Es hat einige Barbarei abgeschafft (nicht viel, aber einige) und einigen Macchiavellismus eingeführt (auch hier konnte man von Hellas und Rom lernen). Es hat zwar nicht die Stadt Gottes gebaut, aber dafür die *Secular City*, die Weltstadt, mitgebaut – als ziemlich maßgeblicher Unternehmer.

Wir Christen haben jahrhundertelang unsere ganze Geistes- und Seelenkraft auf Fragen konzentriert, die – so oder so – um unser Schicksal jenseits der irdischen Welt kreisten. Wir haben diese Welt transzendiert, wie man so schön sagt; wir haben um Trinitätsformeln und Differenzen in der Eucharistielehre gerungen, während wir unsere Ritter aussandten, unsere Kreuzfahrer, unsere Soldaten, Seekapitäne und Bankiers, unsere Missionare oder auch Naturforscher. Wir haben ihnen die Welt des Lebendigen zum Fraße vorgeworfen, damit das aggressive Tier im Menschen auf seine Rechnung kommt, während die Stadt des Heils erbaut werden sollte.

Unsere Brüder von der Laien-Fakultät begriffen. Sie haben die jenseitigen Fragen den Fachleuten hinterlassen und sind ihrerseits Fachleute für die Ausbeutung der Welt geworden, die doch, wie versichert, für uns, für die Wohlfahrt des Menschen gemacht ist. Der selbstloseste Frater wußte das und der schurkischste Abenteurer. Die armen Teufel, denen sie begegneten, und die es nicht wußten, wurden beiseite geschoben oder vernichtet. War man sehr gewissenhaft, taufte man sie noch rasch, damit der wichtigere Teil ihrer Existenz, ihre unsterbliche Seele, nicht zu kurz kam. Ihr Stück Erde konnten sie offensichtlich nicht richtig, nicht im Sinne der Verheißung verwalten. Das verschleuderten sie, holten nichts heraus, kratzten seine Fülle und seinen Reichtum überhaupt nicht an. Sie lebten, in dieser Hinsicht, jedenfalls wie Tiere und konnten wie sie behandelt werden. Die Furcht und das Zittern im Sinne von Genesis VIII brachten wir ihnen jedenfalls gründlich bei. Und wo wirklich der gütige Missionar Fuß fassen konnte, war der Conquistador, der Pfeffersack, mit Kanonen und Pockenviren schon vor ihm da – oder kam kurz hinterher.

Und die übrige Schöpfung? Die Rohstoffe, die Flora, die Fauna? Fülle der Güter, der gegenwärtigen Generation zur Nutznießung übergeben. Wen kümmerte schon, was folgte? Die Welt war ja riesengroß, unerschöpflich, und die Verheißung steht fest: nie werden aufhören Saat und Ernte, Jagd und Beute. Denn die Zukunft ist nicht unsere Sache, sie ist uns verheißen mit goldenen Mauern und edelsteinernen Toren, als Fülle auf ewig.

In den letzten Jahrzehnten haben wir eines begriffen (oder beginnen es zu begreifen): was die Laien-Fakultät da anstellte und anstellt, hat wirklich mit unserer Botschaft etwas zu tun. Wir erkannten und erkennen es an, daß hier Saat aufgegangen ist, die wir säten; eine Ernte, die zwar jenseits unserer Hürden sich darbietet, aber dennoch aus unseren Vorräten aufsprießt. Wir suchen, wie man so sagt, den Dialog; wir suchen nach Gemeinsamkeiten, bejahen die *Secular City*, versuchen überall da mitzumachen, wo es um Wohlfahrt und Gerechtigkeit geht. Wir erkannten und erkennen an, daß unsere Kirchen – vor allem die alte griechische und die alte römische – gar nicht sosehr christliche, ja nicht einmal jüdische Frömmigkeit praktizierten, wenn sie gegen den Fortschritt waren, sondern heidnische; die alte Frömmigkeit der Fruchtgötter, der ewigen Wiederkehr, der guten und bösen Geister von Wald und Flur. Daß die Naturforscher, die Aufklärer, die Techniker und Sozialwissenschaftler, die rings um uns munter an der *Secular City* bauten und bauen, besser begriffen haben als wir, was dem alten Pan in der Todesstunde Christi zustieß. Und daß die Sozialisten konkreter als wir die Anliegen der alten Propheten aufgriffen.

Nun haben aber die Christen, vor allem ihre Theologen, seit geraumer Zeit eine fatale Gewohnheit: sie erschließen sich gerade dann einer Erkenntnis, einer Bewegung, wenn diese ihre eigene

Zukunftsträchtigkeit bereits zu verlieren beginnt. Die Frage an uns selbst muß also lauten: ist die Basis für den Dialog, der nun allenthalben mehr oder weniger aufrichtig geführt wird, mit den Brüdern der Weltstadt noch tragfähig? Sichern wir Zukunft oder nicht, wenn wir auf den bisherigen Voraussetzungen weiterbauen? Und wenn nein: welche Prämissen müssen wir in Frage stellen, welche vertiefen, welche aufheben, wenn wir der Zukunft des Menschen noch dienen wollen?

Das ist die zentrale Anfrage. Nicht: wie haben wir gehandelt, richtig oder falsch? Moralisch oder schurkisch? Ich bin mir bewußt, daß diese Anfrage möglicherweise die Grenzen dessen überschreitet, was bisher als theologisch zulässig galt und gilt. Aber der Zustand der Welt, den wir besprochen haben, läßt uns keine Möglichkeit, die Anfrage zu umgehen.

Sie betrifft, soviel ist mittlerweile klargeworden, die alten Garantien der Genesis. Da ist, als erste und wichtigste, die Garantie der *Auserwählung* des Menschen, seiner Bildnishaftigkeit Gottes, seines grundsätzlichen qualitativen Unterschieds zum Rest der Schöpfung. Haben wir sie zu verwerfen? Haben wir uns daran zu gewöhnen, daß wir Wölfe unter Wölfen, Schafe unter Schafen, Schädlinge unter Drahtwürmern und Bakterien sind, die ebenso blind und automatisch nach ihrem Futter suchen wie jene? Haben wir uns mit dem Gedanken vertraut zu machen, daß wir ein Zufallstreffer der kosmischen Lotterie sind, Ausgesetzte auf einem kleinen Stern, Kontrollgruppe in einem galaktischen Projekt?

Die Frage ist, wieder einmal, falsch gestellt; denn die Antwort, sei sie Ja oder Nein, besagte nichts für die Praxis. Längst haben die räuberischen Gewohnheiten, die wir der Menschheit ermöglicht haben, sich so weit verselbständigt, daß sie aus kosmischer Verzweiflung genauso, wenn nicht gründlicher funktionieren würden als aus naiver Selbstsicherheit. Schon heute, möchte ich annehmen, handelt die Mehrheit aus solcher wenn auch uneingestandener Verzweiflung; hackt sie immer größere Stücke unseres gemeinsamen eßbaren Floßes ab, weil sie den Glauben an rettende Ufer längst verloren hat. Und die Rückkehr in eine gebundene Frömmigkeit, die

Rückkehr zum rituellen Tanz um den göttlichen Bären ist uns historisch und praktisch verwehrt.

Nein, wir müssen den Weg zu Ende gehen, den wir eingeschlagen haben. Wir müssen die Kategorie der Erwählung nicht verwerfen, im Gegenteil, wir dürfen sie gar nicht verwerfen, sondern müssen sie weiterentwickeln, wie sie durch die letzten drei Jahrtausende bereits weiterentwickelt worden ist – unter ständigen Rückschlägen, aber doch in ständiger Erweiterung unseres Bewußtseins.

Erwählung war ursprünglich nichts als die Privilegierung einiger Nomaden-Clans durch ein spezielles Gottes-Bündnis. Dieses Bündnis war zunächst auf das Volk Israel eingeschränkt; aber schon in langen, schrecklichen Prozessen seiner eigenen Geschichte hat es gelernt, die Auserwählung nicht mehr als Privileg aufzufassen, sondern als Auftrag – an die Völker, die in der Finsternis und im Todesschatten sitzen. Privileg blieb die Auserwählung nur in einem: im Bewußtsein. Das Volk war auserwählt, etwas über Gott zu wissen, was die anderen nicht oder noch nicht wußten. Und die Propheten belehrten das Volk, daß damit nicht Triumph verbunden war, sondern Gehorsam.

Das Christentum hat diese Botschaft internationalisiert; damit traten zwangsläufig Rückschläge ein. Wieder waren die einen erwählt und die anderen verworfen, waren die einen, ob sie nun in Rom residierten oder an die Küsten Amerikas zogen, die Empfänger besonderer Privilegien, die Schützlinge der *Magnalia Dei*, der Großtaten Gottes an seinen verwöhntesten Kindern.

Eben jetzt erst, in den letzten wenigen Jahrzehnten, haben wir Christen begreifen gelernt, daß solche Auserwählung eben kein Privileg ist. Daß wir *von der eigenen Botschaft her* den anderen nichts voraushaben, voraushaben dürfen als das Bewußtsein einer besonderen Verantwortung. Diese Verantwortung haben wir auf alle Mühseligen und Beladenen, alle Entrechteten und Geknechteten auszudehnen gelernt (natürlich noch nicht in der Praxis – wieder genügt der Blick in die Tageszeitung). Der Dienst am Menschen ist – wenigstens theologisch – als die *raison d'être* des Christentums begriffen worden.

Wir stehen vor einer noch größeren Umwälzung. Wir stehen vor der Aufgabe, *die Auserwählung des Menschen als Verantwortung zu begreifen – und sonst nichts.*

Damit sind wir bei der zweiten Garantie: beim *Herrschaftsauftrag*. Er sieht vor, daß wir uns die Erde untertan machen. Nun gibt es keine Untertanen mehr: die Völker haben den Terminus abgeschüttelt, wie sie den herrscherlichen Souverän abgeschüttelt haben. ‹Herrschaft› ist eine suspekte Kategorie geworden; auch dort, wo sie noch ausgeübt wird, durch Konzernherren oder Zentralbüros, hängt man ihr wenigstens das ideologische Mäntelchen des ‹Dienstes› um. (Wieder ist hier das Papsttum mit zweifelhaftem Beispiel vorangegangen.) Noch in solcher Heuchelei steckt aber die Erkenntnis, steckt die Verbeugung vor der Tatsache, daß es Untertanen nicht mehr gibt und geben darf.

Die einzigen Untertanen, die wir noch haben, sind die stummen Brüder und Schwestern: die Tiere, die Bäume, das Meer, die Rohstoffe und Energien der nichtmenschlichen Schöpfung. Sie behandeln wir gräßlicher, als wir je menschliche Feinde behandelten und behandeln, in der törichten Annahme, daß sie wehrlos sind und keine eigenen Rechte besitzen. (Wir werden noch sehen, wie selbstmörderisch diese Annahme wirklich ist.) Was nun fällig ist – wenn wir überleben wollen –, ist dieselbe konsequente Weiterentwicklung, welche der Begriff der ‹Herrschaft› und des ‹Untertanen› auf menschlichem Gebiet genommen hat. Wir haben uns daran zu gewöhnen, daß Herrschaft Dienst ist, sonst nichts: Ausführung eines Auftrags, den uns die tatsächliche Interdependenz alles Lebens erteilt. Da wir die einzigen Aggressoren in diesem neuen Herrschaftskampfe sind, da wir seinen negativen Ausgang aber bereits absehen können, wenn wir unsere Wege nicht ändern, müssen wir umdenken; radikal und komplett. Ein Bußvorgang ist notwendig, wie ihn die jüdisch- christliche Welt noch nicht erlebt hat. Der erste Bewußtseinsschritt, der bei diesem Umdenk-Prozeß getan werden muß, ist die Belebung einer uralten, nüchternen Formel, die am Aschermittwoch die Bußzeit der römischen Kirche einleitet: *memento homo quia pulvis es* ... Gedenk, Mensch, daß du Staub bist und zum Staub zurückkehrst. Wie sehr uns diese chemische Feststellung ins Gekröse fährt, beweist, daß hier etwas vernachlässigt wurde: ein Aspekt unserer Existenz, der noch nie so verdrängt worden ist wie heute. Das Faktum des Staubseins eint uns mit allem, was der Biosphäre des Planeten angehört. Von hier haben wir auszugehen.

Und schon sind wir mitten in einer dritten Frage, die der Zustand unserer Welt uns stellt – der Frage der *Erbsünde*.

Bleiben wir beim Ausdruck – obwohl wir nicht über seine augustinisch-manichäische, sondern seine alttestamentarische Konkretion sprechen. In dieser Konkretion – der Beschreibung unseres Loses als kranke, zur Plackerei verurteilte Wesen – ist die Erbsünde nichts anderes als die Kondition unserer Geschöpflichkeit; die Ausweitung und Auslegung der Formel vom Menschen, der Staub ist. Daß uns solcher Zustand unerträglich erscheint, ist wiederum natürlich. Aber haben wir eine andere Aussicht als die, mit ihm zu leben? Das Beste aus ihm machen, wie man sagt? Die Unerträglichkeit, die wir fühlten, hat uns zu den Leistungen angespornt, deren Kehrseite unsere heutige totale Krise ist. Diese Leistungen haben uns jedoch keineswegs vom Stachel befreit, der in unserem Fleische brennt. Im Gegenteil: es scheint, als ob er um so schmerzlicher zu fühlen ist, je wütender wir uns gegen sein Vorhandensein wehren.

Die Frommen vieler Jahrhunderte haben das längst erfühlt. Die Heiligen der Freude – Mystiker und Mystikerinnen, charismatische Genies wie Franz von Assisi – haben instinktiv oder meditativ einen Ausweg gefunden, der allerdings nie der Ausweg der vielen geworden ist. Die Kirche als Institution hat leider nicht viel dazu beigetragen, ihn populär zu machen, indem sie kurzschlüssige Ergebung ins harte Menschenlos predigte und Kompensation im Jenseits verhieß. Zu deutlich stand der Ideologie-Charakter solcher Predigt fest, zu klar war es, daß herrschaftliche Minderheiten entschlossen waren, sich nicht erst drüben belohnen zu lassen, sondern schon in dieser Welt, und auf Kosten anderer dem harten Menschenlos zu entrinnen. Der Laien-Fakultät mußte sich unter solch verdächtigen Umständen von selbst der Gedanke aufdrängen, daß sie hier auf reichlich billige Weise abgespeist wurde; daß solche Ergebenheitspredigt nichts anderes als der Trumpf im Ärmel der Mächtigen war. Sie folgerte daraus, daß jene nicht nur den Trumpf versteckten, sondern das Endreich selbst; daß dieses Endreich von ihnen ferngehalten wurde zugunsten einer Machtkontinuität, eines Herrschaftsmonopols, einer möglichst hohen Profitrate. Die Mystiker und Charismatiker, die andere Wege ins Freie suchten, mochten auf ihre Art sehr wichtige Leute sein, aber zu bestimmen hatten sie offensichtlich nicht viel, genausowenig wie der arme und heitere Herr Jesus die Praxis Seiner Kirchen zu bestimmen schien.

Man zog die Folgerungen, über die wir sprachen. Der Herrschaftsversuch, die Aggressivität wurde auf die nichtmenschliche Schöpfung ausgedehnt, während man die gleiche Herrschaft, die gleiche Aggressivität bei den eigenen Oberherren hassen und bekämpfen lernte.

Die Konsequenzen müßten eigentlich psychologisch klar zutage liegen. Wir kennen heute den Typus des ‹Herrschers›, der sich selbst vergewaltigt, ehe er andere vergewaltigt. Wir haben dieses Schema unbefragt auf unser Verhältnis zur Welt übertragen. Der ganzen, gräßlichen Unberatenheit des Menschen in seiner Biosphäre entspricht das Fehlen einer Theologie der Natur; nur in Ansätzen wird sie bei Paulus sichtbar, wenn er von der Kreatur spricht, die in Wehen liegt bis in unsere Tage.

Sicher: die Kirche hat später den Begriff des ‹Naturrechts› bei den Hellenisten erborgt. Aber für das Verhältnis Mensch-Natur, das wir hier im Auge haben, ist daraus nichts zu gewinnen. Als Illustration genüge ein einziges Dilemma, das sich bis in unsere Tage erhalten hat: das Dilemma der Geburtenkontrolle. Wir wollen es hier in einer Form behandeln, die sich grundsätzlich von der üblichen Pro- und Contra-Deklamation unterscheidet.

Das Nein zur Geburtenkontrolle, das sich auf das sogenannte Naturrecht stützt, hält daran fest, daß der menschliche Wille sich dem Willen des Schöpfers, wie er in Anlage und Konsequenzen eines natürlichen Aktes zum Ausdruck kommt, unterordnen muß. Dieses naturrechtliche ‹Wesen› des Geschlechtaktes wird aber völlig isoliert in einem widernatürlich-kasuistischen Sinne behandelt. Der Wille des Schöpfers kommt nämlich nicht nur in der Zeugungs-Offenheit des Aktes zum Ausdruck, sondern auch in seiner Korrelation zur allgemeinen ‹Natur›, zur Kreatürlichkeit des Menschen. Diese Kreatürlichkeit war auf eine Todesrate von vier zu eins vor Erreichung der Geschlechtsreife abgestellt. Naturrecht wäre also nicht nur das Recht Gottes auf unsere Einhaltung der Zeugungs-, sondern auch der Todes-Regel: Human-Medizin in der heute praktizierten Form, ja Human-Medizin als einer der nobelsten Versuche des Menschen, wenigstens den schlimmsten Folgen seiner Kreatürlichkeit zu entrinnen, wäre damit ebenso regelwidrig, ebenso gegen das ‹Naturrecht› wie die Geburten-Kontrolle selbst.

Ich hielte es durchaus für möglich, daß in irgendeiner reaktionären Schreibstube in Rom oder anderswo noch ein Prälat sitzt, der nur zähneknirschend davon Abstand nimmt, eben dies auszusprechen und den ganzen Fortschritt der Human-Medizin zum Teufel wünscht, wohin er (vielleicht) seiner Meinung nach gehört. Aber er hütet sich selbstverständlich, dies auszusprechen. Er weiß zu genau, daß die Menschheit in ihrem Triumph über die alten Geißeln, über Pest, Kindbettfieber, Typhus und Malaria, die erste und vornehmste Garantie der Genesis, den absoluten und unbestreitbaren Wert jedes Menschenlebens, nicht nur verinnerlicht, sondern erfolgreich durchgesetzt hat. Eine Rückkehr zu natürlichen Auslese-Verhältnissen wäre nicht nur praktisch unvorstellbar (auch wenn sie genetisch wesentlich sinnvoller wäre als der jetzige Zustand), sondern widerspräche auch einem zentralen Anspruch der Botschaft selbst.

So bleibt die Frage der Geburtenkontrolle im Zwielicht eines ‹Naturrechts›, das keines ist, nicht einmal im magisch-abergläubischen Sinne der heidnischen Römer; und man duldet mehr oder weniger ratlos eine Bevölkerungsexplosion, die auf nichts anderes zurückzuführen ist als auf den Triumph des Menschlichkeitsprinzips und die Weigerung großer Teile der Menschheit, die natürlichen Konsequenzen solchen Triumphes zu begreifen. Notfalls zieht man sich auf einen Gedanken zurück, den Kardinal Wyszynski ausgesprochen haben soll: «Es ist ja noch so viel Platz im Himmel.»

Der Platz im Himmel – das ist die *absolute Zukunft*. Hier stoßen wir an die letzte und schwierigste Frage, die sich der Christ, speziell der christliche Theologe heute zu stellen hat. Die absolute Zukunft, das Prinzip Hoffnung, das Angelegtsein auf eine Erfüllung, die unsere Zurüstung unvorstellbar übersteigt: das ist, nach vielen, der eigentliche Kern der christlichen Botschaft, ihr eigentliches Existenzial. Alles, was an Planen darunterliegen mag, betrifft danach nur die relative Zukunft, betrifft Arrangements in der Zeitlichkeit, in jenen Bereichen, die dem Handeln des Menschen freigegeben sind.

Die Antwort sei eine nüchterne Gegenfrage. Ist die Kurve, die wir eingangs erwähnt haben; ist die von Professor Ehrlich in Kalifornien ventilierte These, daß die Weltmeere ab 1980 kein Leben mehr bergen können, für die absolute oder nur für die relative Zukunft interessant? (Natürlich kann Ehrlich unrecht haben; es genügt, daß seine These heute bereits wissenschaftlich möglich ist.) Ist transzendierendes Vertrauen noch sinnvoll, wenn die hypothetische Gefahr einer selbstgefertigten und totalen Vernichtung der Sauerstoffbasis – und darauf liefe es hinaus – in der ‹relativen› Zukunft ausgemacht werden kann?

Angenommen, diese Hypothese würde sich als realistisch erweisen: Was wäre die theologische Folge? Der ‹Platz im Himmel›, der dann den Kindern des Wohlgefallens so oder so sicher wäre? Wäre das, nach allem, was wir heute theologisch wissen und reflektieren, nicht ein Bankrott? Ein Bankrott, der entweder auf ein individuelles Entwischen oder auf ein schon rechtzeitig erfolgendes eschatologisches Eingreifen von ‹außen› hinauslaufen müßte?

Halten wir fest: eben die Hoffnung auf die absolute Zurüstung von außen oder unten, von Gott oder von der dialektischen Entwicklung her, ist der Blankoscheck, den die Menschheit – so wie sie ist, nicht wie sie sein sollte – in voller Höhe einfordert. Das Christentum hat diese Entwicklung beschleunigt; erstens durch den Hunger nach der Verheißung, der profaniert wurde, zweitens durch den Pragmatismus, mit dem die Kirchen alles Weltliche, Wirtschaftliche, Politische dem freien Ermessen einer räuberischen Spezies zum Fraße vorwarfen. Halten wir fest: alle die rastlosen Eroberer und Ausbeuter handelten wenigstens in diesem einen Punkt in ‹bestem Glauben›, nämlich im Glauben an jene Garantien der Genesis, welche die christliche Botschaft so überaus erfolgreich internationalisiert hat. Sie glaubten alle richtig zu handeln, denn ihres totalen Herrschaftsauftrags waren sie ja sicher.

Aber wenn wir heute eines sicher wissen, dann ist es dies: der Blankoscheck kann nicht honoriert werden, ob Ehrlich nun recht hat oder nicht. Wir haben heute die Möglichkeit, die Erde selbst zu zerstören; sei es durch zwischenmenschliche Aggressionen, sei es durch die extraspezifische Aggression auf die gesamte Biosphäre. Wie wir schon sahen, ist der Joker im Deck, der nicht ausgespielt werden kann und dessen Wert so irritierend schwankt, nicht mehr Satan, sondern es ist der Schöpfergott selbst, der Schöpfer Himmels und der Erde. Hiobs Urenkel haben gesiegt, haben den großen Leviathan und den Behemoth umgebracht und die Brunnen der Tiefe ausgetrunken. Allein, als scheinbare Sieger, stehen sie auf dem biosphärischen Schlachtfeld. Und sie erleben, daß der Gott, gegen den sie sich prometheisch erheben, in seiner Abwesenheit am mächtigsten ist. Im totalen Sieg erlebt Hiob erst eine tiefste Ohnmacht, seine unheilbaren Schwären: erfährt aus der Evidenz des Weltzustandes, daß ihm nichts gehört, nichts, nichts, nicht einmal das Hemd am Leibe, daß er kein Eigentum besitzt, das er nicht teilen muß – und zwar nicht nur mit seinen menschlichen Gefährten, sondern mit allem, was lebt, ist, sich verändert und schwindet.

Das, so möchte ich meinen, ist ein Theologumenon. Und es gibt meines Erachtens einen einzigen Weg, es zu honorieren und zu respektieren. Wir haben auch diesen letzten Denk- und Handlungs-Spielraum zu profanieren, freizugeben: wir haben auch die Zukunft so zu behandeln, ‹als ob› sie profan bestimmt werden kann und muß. Ganz gleich, was in den Wolken des Himmels heraufzieht: wir müssen so denken und handeln. Und wir dürfen nichts und niemandem genehmigen, dahinter noch ein Türlein offenzulassen; irgendein mirakulöses Eingreifen, das uns schon aus der selbsterdachten und selbstangerichteten Misere herauswischen lassen wird. Wir müssen, theologisch gesprochen, auf diese letzte *Kenosis*, diese letzte Selbstentäußerung hinaus: auf die Entäußerung von der garantierten Zukunft. Nur wenn wir sie verlieren, werden wir sie gewinnen; nur wenn wir handeln, als gäbe es sie nicht, wird sie uns – vielleicht – zufallen. Wir sind in eine neue dialektische Phase der Unberechenbarkeit Gottes eingetreten.

Ich bin kein Theologe und möchte es den Theologen überlassen, zu ermitteln, was das im einzelnen bedeutet. Ich habe aber eine Vermutung, daß es mit dem toten, liquidierten und ersetzten, dem ganz in Jesus subsumierten Gott nicht mehr getan ist. Wir werden uns auch mit der Frage befassen müssen, warum aus der Unbekümmertheit Jesu um leibliche Vorsorge unsere Weltstadt gewachsen ist, die sich zwar so viel auf ihre Rationalität und ihre Planung einbildet, aber ausgerechnet in der heute entscheidenden Lebensfrage der Menschheit und ihres Sterns so blind und zerstörerisch vorgeht. Sollten wir uns nicht ein wenig stärker an Bruder und Schwester Sonne, Mond, Esel, Tau und Regen gewöhnen, wie dies das Preislied des Francesco von Assisi ahnen läßt? Sollte nicht auch die Moraltheologie, die sich in unseren Zeiten schon so oft an ganz neue Ansätze gewöhnen mußte, genötigt sein, einen neuen Katalog von Prioritäten aufzustellen? (Wir werden auf die moralische Frage noch zurückkommen.)

Und, vor allem, die schmerzlichste Frage an uns alle: werden wir es fertigbringen, *offen* zu reden? Werden wir Verantwortung auf uns nehmen – *diesmal*? Nur dann werden wir den Dialog mit der Welt beginnen können, auf den es jetzt vor allem anderen ankommt: den Dialog über unsere gemeinsame Arbeit an der Schöpfung des abwesenden Gottes.

Anfrage an die Sozialisten

Genossen!
Wie wollen wir uns stellen zu den neuen Fakten? Welche Überprüfungen sind notwendig?

Zunächst scheinen wir ja, wenigstens theoretisch, weil besser placiert als unsere kapitalistischen Rivalen, mit den Problemen des Globus fertig zu werden. Das Chaos der Welt ist – so heißt es ganz selbstverständlich – die direkte Folge der spätkapitalistischen Produktionsbedingungen; Ostwestkonflikt, Konflikt zwischen industrialisierten und nichtindustrialisierten Ländern, Konflikt mit der biosphärischen Umwelt: das scheint sich alles machen zu lassen, wenn erst einmal das grundlegende Verhältnis zwischen Kapital und Arbeit geklärt ist. Dann werden die übrigen Verhältnisse verwandelt werden, und zwar so radikal, daß die wirkliche Herrschaft des Menschen über die Welt und über sein Geschick überhaupt erst ermöglicht wird.

Aber hier setzen meine Zweifel ein. Wohin wird sich denn die Welt zunächst einmal verändern, wenn das Verhältnis zwischen Kapital und Arbeit geklärt ist? Sie wird sich – das geht jedenfalls aus dem Zusammenhang der elften These gegen Feuerbach ganz einwandfrei hervor – zugunsten des absoluten Herrschaftsauftrags des Menschen verändern. Die Welt wird als absolutes Objekt erst richtig interessant werden; die hoffende Zukunftsgewißheit im ehernen Pendelgang der dialektischen Uhr ist unmittelbar verbunden mit dem Pathos der weltverändernden Arbeit.

Und worauf soll Arbeit hinaus? Doch wohl auf Bedürfniserfüllung – wie immer die praktische Geschichte der sozialistischen Staaten aussehen mag. Bedürfniserfüllung aber bedeutet Produktion – Mehr-Produktion. Der Held ist der Mehrarbeiter, der Recke der Realitätsveränderung im Sinne der Produktionssteigerung. Hier liegen die unmittelbaren Interessen; und zwar die Interessen der technischen Intelligenz und der Massen (sowohl als Produzenten wie als Konsumenten). Hier wird das Pathos generiert, auf das es noch in allen Sozialismen ankam: der *homo oeconomicus* des Adam Smith wird ja vom Sozialismus keineswegs geleugnet. Wenn überhaupt, soll er durch die Ökonomie, durch die Ordnung der Volks- und Weltwirtschaft überwunden werden.

Unzählige Orden, Bulletins, Fünf- und Mehrjahrespläne, Romane und Filme, das ganze Arsenal der Traktor- und Fabrik-Propaganda, der Erzeugungsschlachten zwischen Elbe und Amur dient doch wohl dazu, zu beweisen, daß erst mit dem Sozialismus die Ausbeutung der Erde so richtig in Schwung kommen wird; oder was soll es sonst beweisen? Worin unterscheidet sich aber dieses Pathos von der Fetischisierung der Ware, die man dem kapitalistischen Westen vorwirft – jedenfalls in der Auswirkung auf das Selbstverständnis des Menschen in dieser Welt?

Freilich, so werden wir erwidern: es unterscheidet sich in einem ganz wesentlichen Punkt. In dem Punkt nämlich, daß der Sozialismus es nicht nötig hat, künstliche Bedürfnisse zu wecken. Er kann sich auf die konkreten, auf die wahren Bedürfnisse des Menschen konzentrieren, die durch den Konsum-Fetischismus des Westens sogar hintangehalten werden.

Aber darüber – erinnern wir uns? – haben wir uns bereits unterhalten. Konkrete und ‹wahre› Bedürfnisse sind im Einzelfall sehr, sehr schwer von der falschen und manipulierten Sorte zu unterscheiden. Im Laufe der Menschheitsentwicklung haben wir notgedrungen und in langwierigen Prozessen wahre Bedürfnisse abgestreift oder verdrängt, deren Begründung in unserer Geschöpflichkeit wir schon gar nicht mehr zu erkennen vermögen; und in der Gegenwart sind wir dabei, uns weiterer konkreter Bedürfnisse notgedrungen zu entledigen, wie etwa des Bedürfnisses nach Kindern, die unsere eigenen Möglichkeiten fortführen und variieren, die – was man früher sagte – der Trost und die Freude unseres Alters sind. Notgedrungen tun wir es; selbst dann notgedrungen, wenn unser Bewußtsein der Manipulation der Notpropaganda freudig zuzustimmen scheint. (Als der greise Horkheimer diese selbstverständliche Tatsache erwähnte, antwortete ihm ein Aufschrei aller Aufgeklärten; ein Zeichen dafür, wie hart unter der Oberfläche unsere Pillen-Freiheit noch immer aufhört.) Weitere Vitalbedürfnisse haben wir in anderem Zusammenhang bereits erwähnt: Tiere, mit denen man leben könnte; ein Jagd- oder Fischrevier; eine Portion privater Stille, von den kleinen Geräuschen der Natur erfüllt, und dergleichen mehr. Man kann auch sie als Konsumer-Idylle denunzieren – Marx hat es nicht getan, sondern hat sie als Utopie in seine «Deutsche Ideologie» eingebaut. Er hat noch nicht nach einem guten Grund für eine schlechte Entwicklung gesucht – eine Entwicklung, die uns laufend die Erfüllung weiterer Vitalbedürfnisse verweigert.

Eine weltweite oder auch nur kollektive Erfüllung im Rahmen der gegenwärtigen Verhältnisse gibt es also nicht mehr. Im Streit um diesen Punkt kann es nur mehr um die Methode gehen, mit der Bedürfnisse akzeptiert oder verworfen werden; und um die Instanz der Bedürfnisregulierung. Wie das im spätkapitalistischen System aussieht, wissen wir alle: hier ist die Wirtschaft bereits mit der Wirtschaftskriminalität identisch, gleichgültig, ob die entsprechenden Tätigkeiten von Paragraphen erfaßbar wären oder sind. Aber wer wird im Sozialismus regulieren? Und nach welchen Prioritäten?

Die Alternative der Instanz zunächst. Entweder wird sie eine Zentralbehörde sein, die nach Planziffern vorgeht – mit den bekannten Folgen, nämlich der Fortsetzung der Entfremdung. Oder es werden in irgendeiner Form Räte sein. Räte der Betriebe? Räte der Regionen? Der Verbraucher? Der Wissenschaftler? Sie werden, das ist leider menschlich und in einem menschlichen Sozialismus also nicht zu umgehen, allemal versuchen, zu hoch zu greifen, um das Beste für ihre Mandatare, ihre Betriebskollegen, ihre Wohnviertel herauszuholen; Rohstoffe auf Kosten des Nachbarbetriebs, Wasser auf Kosten der Nachbardörfer, Etatmittel auf Kosten der anderen Fakultät.

Wer wird sie dann belehren, daß sie zu weit gehen? Und wie? Wird die letzte Verfügungsgewalt doch bei der Zentrale bleiben? Und welche exekutiven Mittel werden notfalls eingesetzt werden müssen? Woher wird das Wahre, das Notwendige seine Weihe holen? Aus den konkreten Erfordernissen der Gegenwart oder der Zukunft?

Das, Genossen, ist nämlich längst das zentrale Problem: die Interessen der Ungeborenen stehen in krassem Gegensatz zu denen der *present generation*, der lebenden Generation. Sie, die Ungeborenen, sind unsere Unterdrückten. Harvey Wheeler, der Denker aus Santa Barbara in Kalifornien, vergleicht das Verhalten der Menschheit gegenüber ihrer Umwelt, ihrer planetarischen Biospäre, mit dem des *Ancien régime* vor 1789, wobei die industrialisierte Menschheit *als ganze* die Rolle der sorglosen, ausbeuterischen Aristokratie übernommen hat. Irgendwie, so lautet die Parole, wird es weitergehen, und wenn nicht: *après nous le déluge*.

Nach uns die Sintflut: das war und ist immer eine Parole der untergehenden Klasse. Wenn die entwickelte Menschheit als ganze nach dieser Parole handelt, dann ist sie historisch-dialektisch bereits gerichtet. Vorläufig hält sie sich für siegreich, weil sie das neue dialektische Subjekt (die Biosphäre als Kämpferin für unsere ungeborenen Enkel) noch nicht als solches anerkannt hat. Die Schlacht tobt dennoch äußerst real. Hier sollen beispielshalber ein paar Anweisungen für die Schlacht folgen, die sich dauernd eskaliert:

«Um der gefürchteten Krautfäule und Dürrfleckenkrankheit vorzubeugen, setze man jetzt schon 200 g Dithane in 100 l Wasser ein. Spritzungen nach der Blüte sollen mit Kupfermitteln wie 900 g/100 l Cuproxy durchgeführt werden. Bei Auftreten von Blattläusen sind zu dieser Spritzbrühe 50 ccm/100 l Systox (ein besonders schweres Gift, d. V.) zuzusetzen.

Beim Auftreten der ersten Kartoffelkäfer und ihrer Larven

200 g/100 l Multanin einsetzen. Es wirkt auch gegen die häufig auftretenden Zikaden ...»

Das ist eine Heeresdienstvorschrift mit dem ganzen Vokabular des *chemical warfare*, der chemischen Kriegführung. Und eben darum, um chemische Kriegführung, handelt es sich. Es ist eine Empfehlung an Kartoffelbauern, die aus einer westdeutschen landwirtschaftlichen Wochenzeitung stammt; aber es ist wohl nicht zu leugnen, Genossen, daß sie genausogut aus einer sozialistischen Agrar-Direktive stammen könnte – mit anderen Markenbezeichnungen für die C-Waffen vermutlich. Die Schlacht eskaliert sich; das dialektische Subjekt, der Klassenfeind, schlägt zurück – mit Schädlings-Mutationen, mit Entzug freundlicher Lebensformen, mit Verteilungsmechanismen, die das Gift in unsere Erde, unsere Flüsse, unsere Meere treiben. Und worum geht es in diesem Krieg? Um den Alleinvertretungsanspruch der Menschheit im Kosmos; um eine dumme und anmaßende Parole der Macht.

Damit hätten wir, Genossen, den nächsten Schritt der Dialektik; jenen Schritt nach dem Sieg der Arbeiterklasse, der unseren Theoretikern soviel Kopfzerbrechen macht. In den Schritten der historischen Entwicklung wurde eine Klasse nach der anderen im Zusammenhang mit ihren Produktionsformen, die sich überlebten, gestürzt, ihre Interessen denen der aufsteigenden Klasse untergeordnet, wobei das Schicksal von Individuen völlig gleichgültig war.

Die Tatsache, daß es noch andere, ältere zwischenmenschliche Unterdrückungsverhältnisse gibt, besagt philosophisch nichts. Natürlich herrscht noch keine Gerechtigkeit zwischen Arbeit und Kapital im Westen; natürlich gibt es auch noch den Kaiser von Äthiopien, und es gibt noch Steinzeitmenschen in Australien und Westbrasilien. Entscheidend ist doch, welche Dialektik in den entwickeltsten Produktions- und Gesellschaftsverhältnissen vorliegt; diese sind maßgebend für das künftige Schicksal der Menschheit, so wie gestern die Verhältnisse Englands maßgebende Modellbedeutung für die gesellschaftliche Prognose hatten. Die Verhältnisse älterer Zustände ordnen sich in der Praxis den Problemen der avanciertesten Gruppen unter.

Ihr, Genossen, seid der Ansicht, daß die sozialistischen Verhältnisse heute die fortschrittlichsten, die maßgeblichsten sind.

Das Gebot der Stunde muß also lauten: der Sozialismus, als avancierteste Gesellschaftsform der Menschheit, muß die neue Dialektik, das neue dialektische Subjekt akzeptieren. Das neue Subjekt ist die in ihrer Existenz bedrohte zukünftige Menschheit, deren Interessen wir mit ebenso ungeeigneten, da klassenfeindlichen Mitteln wahrzunehmen behaupten, wie dies noch alle alten Régimes ‹für das Wohl aller› zu tun behaupteten. Die Interessen der Zukünftigen sind schon heute weitgehend identisch mit denen der uns umgebenden Biosphäre, also den unseren entgegengesetzt.

Zwei ungemein praktische Aufgaben sind daher in Angriff zu nehmen. Erstens ist der Begriff der Ausbeutung auf die Höhe der Zeit zu bringen. Wir müssen uns damit befassen, die Immoralität *jeder* Ausbeutung als eines Instruments der Herrschaft zu entlarven. Bisher haben wir den Begriff willkürlich (und weil wir die Garantien und Perspektiven der jüdisch-christlichen Tradition ohne die notwendige Reflexion übernommen haben) auf die Ausbeutung des Menschen durch den Menschen eingeengt. Diese Schlacht ist noch nicht ausgestanden. Daß sie jedoch bereits in der Realität, nicht in unserem Bewußtsein, von der nächsten, viel kritischeren Phase der Auseinandersetzung überlagert wird, ist eindeutig.

Ebenso eindeutig ist die Prognostik über das, was sich ereignen wird, wenn wir diesen Schritt verweigern oder seine Notwendigkeit nicht zur Kenntnis nehmen. Je starrer wir, die Feinde der Ungeborenen, an unserer Selbstinterpretation als Herren der Erde festhalten, desto vernichtender wird die Niederlage sein, welche uns die Biosphäre beibringt.

Der pathetische Satz des linken amerikanischen SDS in seinem Gründungsmanifest: «Diese Generation kann vielleicht die letzte im Experiment der lebenden Materie sein», setzt die Potenz des Feindes viel zu niedrig an. Selbst wenn wir, stolze Sieger eines globalen Vietnam, nicht nur die Dschungel des Mekong-Deltas, sondern sämtliche Voraussetzungen für die Existenz bisheriger Lebensketten ruinieren sollten, wird die Biosphäre auf einer neuen Basis – die keineswegs eine Sauerstoffbasis zu sein braucht – ein neues Experiment beginnen. Unsere Interessen, diejenigen des *Ancien régime*, wären dann allerdings nonexistent. Sie wären von der wahrhaft totalen Revolution der Ausgebeuteten, Vergifteten, Unterdrückten total liquidiert.

Damit ist die zweite Aufgabe klar: die Zielvorstellung einer neuen, der nächsten dialektischen Synthese zu schaffen und auf sie hinzuarbeiten. Diese Synthese wäre das Ziel einer gesamtplanetarischen Solidarität, der wir unsere intraspezifischen Beutemacher-Interessen unterzuordnen haben.

Das Pathos der menschlichen Arbeit wäre damit keineswegs erledigt; aber sie würde vor gänzlich neue Aufgaben und Produktionsziele gestellt. Größen wie Rentabilität und Quantität, Menge und Charakter von Arbeitsplätzen nähmen sich völlig anders aus. ‹Rentabel› wäre eine Tätigkeit nur dann, wenn sie die Chancen der Ungeborenen in der Biosphäre nicht vermindert oder, wenn irgend möglich, vergrößert; Arbeitsplätze als solche wären überhaupt kein Kriterium für erfolgreiche Produktion; Dienstleistungen an der Zukunft stünden im Mittelpunkt des Arbeitsinteresses und an der Spitze der Prestige-Skala. Die Quantität der Produktion, ihr Verfahren, ihre Ausrichtung und Schwerpunkte hätten einer ständigen und effektiven Kontrolle auf biosphärische Auswirkungen zu unterliegen. Die Liste kann fortgesetzt werden.

Natürlich würde eine solche Akzeptierung der neuen Dialektik unsere alten Beschwerden gegen die Schöpfungsordnung – das, was wir ‹Zwang› und ‹Entfremdung› nennen – nicht beseitigen; im Gegenteil, sie würde sie zunächst verstärken. Dabei handelt es sich aber um keine objektive Erscheinung, sondern lediglich um eine Offenlegung der Gründe dafür, warum es bisher noch keiner sozialistischen Gesellschaft gelingen konnte, mit Zwang und Entfremdung fertig zu werden. Denn – das scheint mir ein Gesichtspunkt zu sein, der noch viel zuwenig berücksichtigt worden ist – Zwang und Entfremdung erwachsen aus ihrer eigenen Negation, aus der frontalen und daher unzweckmäßigen Glücks-Appetenz des einzelnen und der Gesellschaft (theologisch nannte man das einmal die ‹Begehrlichkeit›).

Glück, auch repressionsfreies Glück, ist allemal nur ein Nebenprodukt; die Suche nach dem Endreich als Selbstzweck hat dies grotesk verdunkelt. Die sinnvolle Zuordnung unserer Sublimationen, unserer Bedürfnisverzichte auf ein konkretes zukunftsgeschichtliches Ziel war noch immer die Ursache für die Überlegenheit aufstrebender Gruppen oder Bewegungen: nicht ihr Anspruch, Verzicht abzuschaffen, sondern ihre Potenz, Verzicht-Energie zu aktivieren. Eine solche ‹Sublimation› wird, falls die neue Dialektik akzeptiert und die neue Synthese angesteuert werden sollte, auf jeden Idealismus verzichten können, jeder ideologische Anspruch von außen würde verschwinden. Aber davon wird im nächsten Kapitel zu sprechen sein.

Und nun warte ich auf euren Aufschrei, Genossen. Er wird natürlich so sicher kommen wie das negative Amen der Kirche zum vorhergehenden Kapitel. Ihr werft mir vor, daß ich die Mitarbeit an den Aufgaben des Tages verweigere, daß ich die Genossen verwirre durch die Einführung eines neuen dialektischen Subjekts, daß ich als Seher und Warner auf billige Distanz gehe und damit typisch bürgerliche Ohnmacht reproduziere. (Ich brauche im Grunde gar nicht zu warten, ich kann mir alles lebhaft genug vorformulieren.)

Wenn der Aufschrei kommt, beweist er nur eines: daß ihr nach wie vor von den unreflektierten Prämissen der jüdisch-christlichen Tradition nicht loskommt. Daß ihr euch Geschichte nur als intraspezifische, als Menschengeschichte vorstellen könnt. Daß ihr euch ein neues antagonistisches Subjekt der Dialektik nicht vorstellen könnt, das nicht mit humanen Sprechwerkzeugen ausgestattet ist. Strikt philosophisch gesprochen seid also ihr die Idealisten. Ziel meiner Warnungen (Visionen habe ich keine, ich halte mich an Fakten) ist nicht die Lähmung der Kämpfer, sondern ihre Aktivierung zum Kampf an der neuen Front. Denn an die Aufgabe, so schwer sie ist, müssen wir heran; vor ihr erblassen alle alten Prioritäten.

Im Zuge zum Endreich zur Zukunft ohne Leid und Tränen haben wir einen Bergkamm erobert, den wir fast schon für das Ziel hielten.

Nun tun sich dahinter erst die riesigen, gleichgültigen Gipfel auf, und vor ihnen der Abgrund, in dem wir zerschmettert werden können. Wir müssen hinunter. Es bleibt uns keine Wahl – außer der Zustimmung zum Ende aller noch sinnvollen Zukunft. Entsetzliche Härten – politische, gesellschaftliche, wirtschaftliche – werden uns bevorstehen. Aber wir werden nicht einmal imstande sein, den ersten Schritt zu tun, wenn wir nicht die Prämissen revidieren, das Rüstzeug, das uns bisher zur Verfügung stand, die Verheißungen, die uns vorantrieben. Und während die Agonie dieser Revision vor sich geht, werden wir weiterleben müssen, mit oder ohne sinnvollen Bezug zum Kommenden, mit oder ohne Ethik, die uns wenigstens die ersten Schritte ermöglicht.

Aber wie in allen totalen Konfrontationen liegt auch in dieser eine Chance. Wenn wir uns das Menschheitsproblem in seinem ganzen Ernst klarmachen, wird es – wie alle Situationen der kollektiven Gefahr – die grundsätzliche Einfachheit der fälligen Entscheidungen offenbaren; wird uns vor ein Entweder-Oder stellen und uns von einem Albdruck befreien, der immer schwerer auf dem scheinbar gesättigten Teil der Menschheit lastet: dem Albdruck der Beliebigkeit ethischer Entscheidung.

Übung sechs:

Moby Dick in Marienbad

Der letzte Bartenwal – nennen wir ihn nach seinem berühmtesten Ahnen Moby Dick – stellt bei seiner Durchpflügung der Meere fest, daß es ihm ständig schwerer fällt, eine Gefährtin zu finden. Er konsultiert die Veröffentlichungen der FAO und entdeckt, daß er auf dem Aussterbe-Etat steht.

Fair wie Bartenwale sind, möchte er wissen, ob dieser Entwicklung eine zwingende Notwendigkeit zugrunde liegt, und besucht anno 1967 eine Konferenz der Paulus-Gesellschaft in Marienbad, welche dem christlich-marxistischen Dialog gewidmet ist. Er hat die instinktive Vermutung, daß beide Bewegungen mit seiner existenziellen Not etwas zu tun haben.

Er nimmt stumm an den Dialogen und Referaten teil.

JÜRGEN MOLTMANN: Der christliche Glaube versteht sich authentisch als Anfang einer Freiheit, wie sie die Welt noch nicht gesehen hat. Darum stehen an seinem Ursprung die schöpferischen Symbole der Freiheit: des Exodus Israels aus der Knechtschaft ... und die Auferweckung Christi vom Tod am Kreuz ins kommende Reich Gottes. Darum steht an seinem eschatologischen Ziel eine neue Schöpfung, die diese Welt von der Knechtschaft der Vergänglichen befreien wird.

MOBY DICK (beginnt zu hoffen)

JÜRGEN MOLTMANN: Mit dem christlichen Glauben wurde in der Welt des antiken Humanismus ein neuer, freier Mensch geboren. Für ihn heißt Existieren nicht mehr, sich in die göttlichen Weltgesetze des in sich geschlossenen Kosmos einzuordnen, sondern auf Grund der am erniedrigten Christus erschienenen Zukunft Gottes zu einem Leben freier Entscheidungen befreit zu sein.

MOBY DICK (ahnt wieder Übles)

ROGER GARAUDY: Befreiung und Freiheit sind nur möglich durch die Idee einer Schöpfung, die kein Akt der Notwendigkeit ist. Dies brachte das Christentum zum Ausdruck, wenn es sagte, daß die Schöpfung ein freiwilliges Geschenk, ein Akt der Liebe ist. Zum Unterschied von der Beziehung zwischen Herr und Knecht oder der Beziehung zwischen Ursache und Wirkung impliziert die Beziehung der Liebe als einzige die Einheit zwischen dem Ich und dem anderen – jeder ist dem anderen Ziel und schöpferische Überwindung des eigenen Ich.

MOBY DICK (hofft wieder und wartet auf die logische Fortführung des Gedankens, die auch ihn betreffen wird)

ROGER GARAUDY: Dadurch wird, wie Harvey Cox gezeigt hat, dreierlei möglich: erstens die Entsakralisierung der Natur; die Natur wird von den Geistern und Göttern des Animismus, aber auch von den ‹unveränderlichen Wesenheiten› eines dogmatischen Denkens befreit ...

MOBY DICK (erinnert sich sehnsüchtig der Zeiten des Animismus)

JIŘI ČERNY: Als Summe der chemischen Elemente, als System der Atome oder Moleküle ist der Mensch Bestandteil der Natur und Bestandteil einer Totalität, die in Entstehung und Verfall kein Ende hat.

MOBY DICK (stimmt zu)

JIŘI ČERNY: Aber der Mensch kann nicht ... als eine Summe von physikalischen, chemischen, biologischen oder anderen Elementen und ihren bindenden Kräften definiert werden. Der Mensch ist immer etwas, was diese Ewigkeit der Natur, diese Ewigkeit der Summe aller Entstehung und allen Verfalls überschreitet ... Der Mensch transzendiert die ewige Bewegung der Natur durch seine Historizität.

MOBY DICK (fragt sich, warum er nicht transzendiert)

HEINRICH FRIES: Daraus folgt, daß der Mensch in seinem

Erkennen und Denken und dem, was daraus für sein Tun und Verhalten sich ergibt, auf das andere, auf das Gegenüber, auf den Partner ... angewiesen ist –

Moby Dick (atmet auf: man ist auf ihn angewiesen)

Vitězslav Gardavsky: Indem er – als Sinnsucher – seine eigene Evolution in seine eigenen Hände nimmt, entsteht durch den Menschen im Kosmos eine zielbewußte Evolution – wie sowohl Marx wie Teilhard de Chardin betonen. Durch den Menschen wird das Weltall zu einem strebenden Universum, zum sinnsuchenden Kosmos.

Moby Dick (will schreien, kann nicht)

Vitězslav Gardavsky: Dennoch erscheint der Mensch nicht als ein ‹Herr› der Natur, als ein Träger der Willkür, sondern er braucht zu einem sinnvollen Leben auch die Dimension der Demut der Realität gegenüber.

Moby Dick (atmet auf)

Giulio Girardi: Das moderne religiöse Bewußtsein bestätigt ..., daß die Gestaltung dieser Welt durch und für den Menschen vom Glauben an Gott selbst gefordert wird.

Moby Dick (sieht seinen schlimmsten Verdacht bestätigt)

Yves Congar: Die Bibel ist entschieden historisch. Sie setzt die volle Wahrheit der Dinge an das Ende der Geschichte. Sie macht diese Wahrheit von einer neuen und endgültigen Schöpfertat abhängig, aber auch von einem historischen Prozeß, in dessen Verlauf sich etwas wirklich Neues ereignet ... Diese Geschichte ist ein Kampf, ein schwieriges Gebären. Erst am Ende dieses Prozesses wird man in aller Wahrheit sagen können: Der Mensch ist geschaffen, ja, «der Mensch ist die Zukunft des Menschen».

Moby Dick (ringt nach Luft, findet wie im Albtraum keine, glaubt zu ersticken, kann plötzlich wie im Albtraum schreien und spricht):

Meine Hoffnung? *Meine* Zukunft? *Mein* Gebären? –

Alle (sehen ihn mißbilligend an)

Yves Congar: Wie Luther sagte, ist der Himmel nicht für die

Vögel da.

ROGER GARAUDY: Wenn der Mensch etwas anderes ist als das notwendige Produkt der Naturgesetze . . ., Verlängerung oder Resultante seiner Vergangenheit, kann er die Notwendigkeit nur aufheben, wenn er selbst am kontinuierlichen Schöpfungsakt teilnimmt.

JIŘI ČERNY: Die Weltgeschichte ist die Geschichte der Selbstdarstellung des Menschen, die Geschichte der Bildung einer menschlichen Welt.

JÜRGEN MOLTMANN: Die Freiheit dessen, der die Geschichte offen hält, und in den geöffneten Horizont der Geschichte dem Menschen voranschreitet, öffnet diesem eine Zukunft über die Natur, ja sogar über jedes bisherige Menschsein hinaus.

Moby Dick ist längst abgereist. Er meditiert einsam in den Polarmeeren und wird Jahre später, der letzte Wal, vom letzten russischen Fangschiff erlegt. Es trägt den Namen SCHÖNERE ZUKUNFT und wird auf den Fang von Krillkrebsen umgerüstet.

Seeleute, die dabei waren, behaupten später, Moby Dicks totes Antlitz habe ein unangenehmes Grinsen gezeigt. Aber vielleicht behaupten sie dies nur auf Grund späterer, viel zu später Einsicht.

Ethischer Ausblick

Wenn wir zum Abschluß unserer schmerzlichen Bilanz eine neue ethische Orientierung der Menschheit, zumindest ihres aktivsten und aggressivsten Teils, fordern, dann haben wir von der Tatsache auszugehen, daß noch nie die moralischen und ethischen Werte der Zeitgenossen so weit von den objektiven Anforderungen ihrer Epoche entfernt waren wie heute.

Jede große ethische Satzung, welche die Menschheit hervorgebracht hat, war darum bemüht, die erkannten, erfühlten und erahnten Forderungen eines allgemeinen Sittengesetzes mit den praktischen Gegebenheiten der Menschengruppe zu harmonisieren, für welche der Gesetzgeber tätig war. Wenn Zarathustra dem Bogenschießen einen hohen moralischen Wert zuschreibt, trifft dies ideal mit den Bedürfnissen eines kriegerischen Reitervolkes zusammen, welches sein Imperium zusammenhalten mußte. In der alttestamentarischen Verfassung des Sittengesetzes, aus dem wir den Dekalog exzerpiert haben, stehen nüchterne Hygiene-Vorschriften für ein Nomadenleben in der Wüste neben den zeitlosen ‹Du sollst› und ‹Du sollst nicht›, die jeder von uns, ob Jude, Christ oder Freigeist, in irgendeiner Weise verinnerlicht hat. Und die großen Tugendsysteme der Griechen, von Platon über Aristoteles zu den Stoikern und den Epikuräern, entsprachen ziemlich genau den Bedürfnissen und dem Bewußtseinszustand einer Epoche, in der wachsende Bewußtheit der Lebensgestaltung mit den Aufgaben griechischer und später römischer Urbankultur konfrontiert wurde.

Wie wir sahen, sind diese Systeme ziemlich geschmeidig vom Christentum absorbiert und assimiliert worden. Ihren ersten großen Bruch erlitt diese Methode in dem Augenblick, wo ein siegreiches Christentum sich in zwei Formen der Lebensführung spaltete: einen ‹vollkommenen› Weg, der den Geist der Bergpredigt zu konkretisieren versuchte, und einen unvollkommenen, der anderen, mehr oder weniger vernachlässigten Ständen der Christenheit vorbehalten blieb. Das ‹Minimalprogramm› für diese Stände war ein buntes Gemisch aus alten heidnischen Erfahrungen, dem jüdischen Dekalog und einer Reihe von Untertanentugenden, die man – aus leicht ersichtlichen Gründen – für wichtig und notwendig hielt.

Das doppelgleisige System funktionierte lange Zeit überraschend gut. Natürlich wurden immer wieder Versuche gemacht, diese doppelte Buchführung abzuschaffen: Interessierte seien etwa auf die Ordensregel verwiesen, die Bernhard von Clairvaux für einen Ritterorden im Heiligen Land entwarf, und die eine enorme positive Wirkung auf den Lebensstil der halbwilden Feudalbarone ausübte. Dennoch blieb der Abgrund zwischen Klerus- und Laienethik im Mittelalter so gut wie unüberbrückbar; auch Bernhards Regel ist in der Praxis der Grenzkriege im Nahen Osten, später unter den imperialistischen Ambitionen der Templer und Deutschordensritter gründlich zusammengebrochen.

Von Grund auf änderte sich diese Situation durch den Protestantismus. Er schaffte einerseits die Klöster ab, vernichtete den Zölibat, führte aber andererseits die intensive Seelenkultur der Klöster in die Arbeits- und Familien-Ethik seiner Gläubigen ein. Damit schuf er ein Instrument der Weltbewältigung, das historisch konkurrenzlos war.

Die Katholiken (nicht so sehr die Orthodoxen) zogen nach. Der Jesuitismus war von Anfang an nicht nur auf den Orden angelegt, sondern bemühte sich um die möglichst lückenlose Mobilisierung aller Stände im Sinne der Gegenreformation. Da das Prinzip der Gegenreformation von einer fast totalen Seelenführung durch den gebildeten Klerus ausging, bestanden natürlich von Anfang an erhebliche Unterschiede zum Protestantismus; doch was die Intensität der psychologischen Auswirkungen betraf, konnte sich die innere jesuitische Mission vor allem in Bürgerkreisen durchaus mit den Resultaten des Calvinismus messen. Einer der positivsten Leitfäden für die neue bürgerliche Existenz der anhebenden Epoche wurde von Franz von Sales entworfen. In allen Fällen kam es – und das ist für unser Thema wichtig – auf individuelle Seelenkultur an; eine Seelenkultur, welche es dem frommen Laienchristen ermöglichen sollte, ein Leben unter Berücksichtigung aller seiner Standespflichten zu führen.

In beiden Fällen – dem calvinistisch-protestantischen wie dem neukatholischen Moralmodell – blieb viel Mehrwert, viel Antriebsüberschuß; und da die Welt eben expansiv erschlossen wurde, waren diese Modelle den Verhältnissen hervorragend angepaßt. Ihre gemeinsamen Wurzeln hatten sie in der *Devotio Moderna*, einer kleinbürgerlichen Erweckungsbewegung, die schon im Spätmittelalter in der aktivsten europäischen Landschaft entstanden war, nämlich in Brabant und Holland. Ihr hervorragendstes Dokument war die «Nachfolge Christi» des Thomas à Kempis, ein Buch, das jahrhundertelang neben der Bibel der Bestseller Europas blieb.

Dieses Werk des Thomas à Kempis ist deshalb so bedeutsam, weil es bis in unsere Tage die bedeutsamsten Folgen hatte. Es hat Hunderttausende von Christen dem Gefühl der Frustration entrissen; denn es sicherte gerade den Demütigen und Bescheidenen, den kleinen Leuten, einen entscheidenden Anteil am Heilsplan zu. Der Fromme wurde hier darauf hingewiesen, daß seine unbedeutende Existenz teilhat am Reich der Lebenden und Toten, daß sie gewissermaßen von unten am Muster eines Teppichs mitknüpft, den Gott eines Tages in seiner ganzen herrlichen Harmonie enthüllen wird. Eck- und Schlußstein aller Motive des Teppichs würde dann gerade der Beitrag jener sein, die in diesem Leben und mit irdischen Augen keinerlei historische Relevanz ihrer Arbeit und ihrer Entbehrungen zu gewahren vermögen: «Der Stein, den die Bauleute verwarfen, ist zum Eckstein geworden.»

Mit der kleinbürgerlichen *Devotio Moderna* und der nachreformatorischen Leistungsethik gelangte die weiße Menschheit sozusagen wieder auf die Höhe der Zeit; die Opfer, welche sie dem einzelnen materiell und psychisch abverlangte, flossen als Potenzen der Re-Investition der Aufgabe der Welteroberung zu.

Solche Leistungsethik prägt in säkularisierter, aber funktional kaum veränderter Form noch heute die ‹offiziellen› Werttafeln von West und Ost. Sie ist als Produktionsethik unentbehrlich geblieben; Arbeitsmoral ist selbst in unserer ‹dekadenten› westlichen Welt die letzte Bastion der alten Tugendlehren. Ihre Belohnungen und Strafen, der Ausweis von Erfolg bzw. Tugend und Mißerfolg bzw. Laster, ist handfester geworden, das ist alles; er besteht in vermehrten oder verminderten individuellen und kollektiven Lohntüten.

Natürlich ist die Relation zwischen Tugend und Tugendlohn nicht peinlich eingehalten: Privilegien von Eliten sorgen dafür, daß es zusätzliche Gnadengeschenke von oben gibt. Dennoch ist in Ost und West diese Leistungsethik puritanischer Herkunft so weit in den Massen verinnerlicht, daß sich das Anti-Faulenzer-Ressentiment, die blinde Anbetung der Werkelei in der UdSSR nicht minder feststellen läßt als bei uns oder unter der sogenannten schweigenden Mehrheit der USA.

Im Westen ist allerdings eine neue ethische Haltung entstanden, die scheinbar zu ihr in krassem Gegensatz steht: die Konsumentenmoral. Sie ist durch einen Triumph der alten Ethik entstanden, und zwar durch die unheimlich wachsende Produktivität pro Arbeitsstunde. Bibliotheken sind über diese Tatsache und ihre Folge geschrieben worden; hier genügt es festzuhalten, daß die Konsumer-Moral mit ihrer heiligen Pflicht zum Verschleiß und Verbrauch nur die Kehrseite der Produktionsmoral ist. Dieselbe mönchische Energie, die sich in den letzten Jahrhunderten damit befaßt hatte, die Produktion auszuweiten, wendet sich nun der kaum minder anstrengenden Aufgabe zu, das Produzierte mittels Verbrauch, Verschleiß und glatter Zerstörung zu bewältigen. Es ist deshalb nur komisch, wertbewußte Produzenten über den Verfall der Arbeitsmoral jammern zu hören: ohne die Umfunktionierung der alten Energien zum Konsumbetrieb müßte die Produktionsmaschine heißlaufen wie ein Motor ohne Schmieröl und schließlich zusammenbrechen (was sie sicherlich eines Tages ohnehin tun wird).

Global unheimlicher ist schon die Tatsache, daß es noch unter- bzw. fehlentwickelte Gebiete der Erde gibt, die bis heute noch nicht die entscheidenden Margen der Produktivität erreicht haben. Da sie angesichts des ins System eingebauten Rentabilitätszwangs kaum noch Hoffnung haben, den Anschluß zu finden, müssen sie sich entweder sozialisieren – oder es entstehen Minoritäten, die von vornherein mit der Konsumer-Ethik des Westens geimpft sind und nun versuchen, auf Kosten ihrer bitterarmen Mehrheiten die Symbole des tugendhaften Verbrauchers zu erlangen und vorzuzeigen.

Wird sozialisiert, ist die erste zwangsläufige Folge eine puritanische Ethik mit allen ihren asketischen Merkmalen. Weder das rumbatanzende Kuba noch die weise altöstliche Gelassenheit sind diesem Zwang entronnen. Solchen neuen, straffen Regimen gegenüber nimmt sich der Versuch der USA, der in Ibero-Amerika, auf den Philippinen und in Vietnam zu beobachten war und ist, Demokratie durch die mehr oder weniger gewaltsame Schaffung einer ‹Mittelklasse› zu zementieren, ebenso irreal wie zerstörerisch aus. Es kommt nichts anderes dabei zustande als eine Horde von einheimischen Aasgeiern, die uralte Ausbeutungspraktiken mit den Annehmlichkeiten der Konsum-Zivilisation wohl zu verbinden wissen. Harmloser, aber ethisch noch konsequenter sind die Cargo-Kulte, die unter den steinzeitlichen Bewohnern Neuguineas entstanden sind: durch die Anlage magischer ‹Flugplätze› und die Hantierung mit Bambus-‹Antennen› versuchen sie jene mythischen Riesenvögel anzulocken, aus denen sich die himmlische Fülle der Güter für die Weißen ergießt. Wer sich die Mühe macht, den dornigeo Wer von Vertretern und Kleinhmndlern durch unsere heimischen Landgebiete zu verfolgen, wird feststellen, daß die Psychologie der vom Cargo-Kult befallenen Steinzeitler auch hierzulande noch zu finden ist; an die Stelle der Bambus-Antenne tritt der in blindem Vertrauen auf die Vorsehung unterzeichnete Ratenkaufvertrag. Leider werden dann, wenn Kurzschlußhandlungen infolge solchen Mißverständnisses in der Bank- oder Handtaschenraub-Statistik zu Buche schlagen, die armen Eingeborenen vor den Kadi zitiert und nicht die betrügerischen Medizinmänner.

Aber all dies ist wohl bekannt. Kehren wir zur Feststellung zurück, die dieses Kapitel einleitet: noch nie waren die ethischen Systeme, nach denen die Zeitgenossen mehr schlecht als recht leben, so weit von den tatsächlichen Anforderungen der Epoche entfernt wie heute. Beide Systeme – das der Produktionsethik wie das der Konsumethik – gehen von der blinden, längst unhaltbaren Macht der Vorsehung aus, für produktive wie für konsumierende Raubzüge ständig und überall die nötigen Ressourcen bereitzuhalten; ein eßbares Floß also, das von selbst auf wundersame Weise nachwächst.

Beide Orientierungen verstoßen also ganz klar und offensichtlich gegen die langfristigen Interessen der Menschheit, wie sie jedem Einsichtigen heute erkennbar sind. Man kann die Schwierigkeit betonen, die darin besteht, sie abzuschaffen; man kann auf die vielen intraspezifischen Probleme hinweisen, die es noch zu lösen gilt: Reichtum und Armut, Rassenfrage, Wettrüsten. Man kann (wie es in diesem Buch geschehen soll) die historischen Wurzeln solcher Fehlhaltung freilegen. All das ist gut und schön, aber es ändert nichts an den Tatsachen, und von diesen Tatsachen ist die gültigste die Gleichung zwischen dem Planeten und seinen Bewohnern. Man kann die eine Seite der Gleichung quantitativ nur innerhalb der einzelnen Faktoren verändern – das Produkt auf der anderen Seite bleibt konstant. Solange sich die Menschheit noch auf Kosten anderer Faktoren in Zahl und Macht vermehren konnte, war ihr Wachstum gesichert. Nun erreicht sie den Punkt in der Rechnung, wo dies nicht mehr möglich ist, das ist alles.

Ist ein Ausweg möglich? Wie kann die totale Krise, in der wir leben und die nichts anderes ist als das Resultat eines sehr realen Sieges, überhaupt noch gemeistert werden?

Ich bin mir nicht sicher, daß sie gemeistert werden kann. Es ist interessant, daß angelsächsische Denker (vor allem seit dem Bau der Atombombe und verstärkt in jüngsten Reflexionen über die Umweltkrise) nach einer religiösen Erweckungsbewegung rufen. Die Tradition der religiösen Erweckung hat gerade in England und Amerika immer wieder über sehr gefährliche Klippen hinweggeholfen; sie war auch dort wirksam, wo sie nach den Analysen von Marx niemals hätte Erfolg haben dürfen, etwa bei der Entfaltung eines reformistischen Sozialismus. Da der Weg aus der gegenwärtigen Krise der Menschheit jedenfalls ungeheure Opfer auferlegen wird, und da diese Opfer kaum mit unmittelbaren Interessen begründet werden können, liegt der Ruf nach der religiösen Erweckung nahe.

Sie stünde allerdings vor Schwierigkeiten, die wir bereits erörtert haben. Bisher hat es noch keine wirksame Erneuerungsbewegung im jüdisch-christlichen Raum gegeben, die auf breiter Basis ohne die Verheißung des Paradieses ausgekommen wäre; und zwar eines kollektiven, eines allen zugänglichen Paradieses. (Die Glücks-Techniken der Minderheiten: der Mystiker, der Mönche, der schwärmerischen Gruppen, blieben im christlichen Bereich immer von der mehrheitlichen gesellschaftlichen Praxis isoliert – eben aus diesem Grunde.) Diese Verheißung des kollektiven Paradieses aber ist zu folgerichtig mit den Ursachen der gegenwärtigen Krise verbunden, als daß sich eine wirksame Erweckung vorstellen ließe, die auf dem Boden der jüdisch-christlichen Tradition verbleibt. Und die Rückkehr in eine kosmisch-mantische Naturreligiosität ist in der gegenwärtigen gesellschaftlichen Verfassung unvorstellbar.

Überraschenderweise erinnert eine neue Variante des Sozialismus stark an antike ethische Strukturen: jene Variante, die man ungenau Freudomarxismus nennt, also die Neue Linke einer bestimmten Art, deren Denken von Herbert Marcuse beeinflußt ist. Diese Neuen Marxisten sind stark an der ökologischen Zukunft des Planeten interessiert, und es ist wohl kein Zufall, daß sie letzten Endes das Proletariat als Träger der Bewegung in solche Zukunft vernachlässigen.

Die Welt der Lust, der Stille, des Glücks einer bukolischen Menschheit (darauf läuft diese Anthropologie hinaus) wäre, das geben ihre Sprecher offen zu, nur durch eine Diktatur der Besten, das heißt ihre Diktatur, erreichbar. Die konkreten Bedürfnisse, die man den Massen gerade noch zugestehen will, sind – vom Standpunkt der Massen aus gesehen – natürlich ein grausames Verzichtprogramm; jedenfalls bei uns im Westen. Nahegelegt wird, daß diese Verzichte sich lohnen würden, weil hinter ihnen, hinter dem Nadelöhr, durch welches man das kapitalistische Kamel jagen muß, eine Welt von ruhiger Schönheit wartet, die solche Verzichte mehr als rechtfertigen werde.

Nun ist es durchaus möglich, daß die Neue Linke recht hat, was die Notwendigkeit des Verzichtprogramms betrifft. Die ‹konkreten Bedürfnisse› werden sich ziemlich rasch definieren lassen, wenn erst einmal die Futurologie von ihrem optimistischen Pferd heruntersteigt und mehr Berechnungen von der Art angestellt werden, wie sie das MIT durchgeführt hat. Aber indem die Neue Linke ein solches Verzichtprogramm im Namen der künftigen restlosen Freiheit und Harmonie fordert, ist sie selbst Opfer der alten Verheißungen geworden und beweist mit solcher Propagierung ihre Abhängigkeit von den trügerischen Traditionen des Fortschritts.

Damit aber wird sie automatisch für die Mehrheit unglaubwürdig. Die Mehrheit hat nämlich ein langes kollektives Gedächtnis und erinnert sich genau daran, daß dies – die Zumutung gegenwärtiger Leiden im Dienste künftiger allgemeiner Herrlichkeit – immer die Masche einer neuauftretenden Herrschaftsgruppe gewesen ist. Sie zieht es daher im allgemeinen vor, sich im vorhandenen Unvollkommenen schlecht und recht einzurichten – und sei es auf Kosten nicht persönlich bekannter Nachbarn.

Wenn etwas den Weg zum Sozialismus, zur Gesellschaft aller Freien und Gleichen, zum Tausendjährigen Reich aufgehalten und verzögert hat, dann war es dieses kollektive Gedächtnis der Massen und ihr daraus resultierendes Mißtrauen. Es läßt sich rein statistisch beweisen, daß die Volksaufstände mit Vendée-Charakter – also mit reaktionären Zielsetzungen – häufiger waren als die progressiven Volksaufstände, und daß sie bei den Teilnehmern mindestens ebensoviel Enthusiasmus und Kampfgeist entfachten.

Nur wenn das Benehmen der Herrenschicht jenes kolossale Ausmaß an Idiotie und Repression erreicht wie das *Ancien régime* vor 1789 oder der Zarismus vor 1917, wird dieses kollektive Mißtrauen überwunden, und die Volkskraft fällt mit voller Wucht in die Waagschale des wirklichen oder vermeintlichen Fortschritts. Lenin, der ein sehr guter Politiker war, hat dies klar erkannt und – gegen den Widerstand seiner doktrinären Genossen – die entsprechenden Folgerungen gezogen.

Es gibt Denker (vor allem solche, die aus dem Marxismus kommen und ihm den Rücken gekehrt haben), welche dieses Mißtrauen der Massen, ihren fast immer spürbaren Mangel an Bedürfnis nach Vollkommenheit der Gesellschaft und ihr Talent, sich im Zeitlichen einzurichten, als Evidenz gegen den großen Hunger zitieren, der die Völker Europas auf der Suche nach dem Millennium voranpeitschte. Nach diesen Denkern ist der kleine Mann immer falsch interpretiert worden; ist er, so oder so, zum Opfer abstrakter Entwürfe gemacht worden, die seine bescheidene Suche nach Glück als Rechtfertigung ihrer selbst benutzten und mißbrauchten. Sicher haben die Obrigkeiten ihre Untertanen mit Füßen getreten, und die Untertanen haben mit Recht darüber gemurrt; aber was die Untertanen wirklich wollten, war ein Leben, in dem kleine Bedürfnisse auf befriedigende Weise erfüllt werden konnten, nicht die heroische Verwendung in den Kreuzheeren der Maximalisten. Ein Abend auf der Gartenbank bei Rotwein oder Slivowitz; die Freude an hübschen Mädchen, die wiegenden Schritts in die untergehende Sonne schreiten: das wäre sozusagen der existenzielle Beweis gegen den Kurs, den die Beherrscher wie die Demagogen der Befreiung genommen haben. Und zweifellos gab und gibt es – in alten menschlichen Räumen vor allem, die unter dem Einfluß Roms, Österreichs, Frankreichs standen – genug solcher verführerischen Möglichkeiten zu einem unreflektierten, gegenwartsfrohen Genuß des Lebens, der auch der guten Erde ihr Recht läßt.

Aber wir haben darüber schon gesprochen: von den Inseln im Strom, die immer wieder den Eindruck hervorrufen mochten, daß es dem Tröster gelungen sei, Gott und die Welt zusammenzubringen. Immer wieder wurden diese Inseln weggeschwemmt – und heute ist es für die Anrufung solcher Kronzeugen endgültig zu spät.

Die Suche nach dem Millennium in dieser Welt war nur allzu erfolgreich: der Kleine Mann (wo immer er zu finden ist) hat sich voller Unschuld den aktiven Kräften der Weltzerstörung angeschlossen. Er fährt Auto und legt Wert auf klopffreies Benzin; er profitiert von der Ausbeutung der Dritten Welt; er verwendet ökologisch katastrophale Insektizide auf seinen Äckern; er mißt sein eigenes wirtschaftliches Schicksal am Tempo der Expansion, an der er teilnimmt. Mit anderen Worten: die Ursachen der Katastrophe gehören – wenigstens in unseren Breiten – schon zu seinem Besitzstand, und er wird, genau wie der Bauer des 16. und der Wilderer des 18. Jahrhunderts, mit der Leidenschaft der Vendée auf alle obrigkeitlichen Versuche reagieren, diesen seinen Besitzstand zu schmälern. Dieser Leidenschaft werden sich auch die benevolenten Diktatoren der Neuen Linken ausgesetzt sehen, in dem Augenblick, wo sie anfangen, ihr Verzichtsprogramm in die Praxis umzusetzen.

All das gehört bereits zum unmittelbaren Bereich der Ethik, um den es geht; einer Ethik, die wir vorläufig nicht oder nur in blassen Konturen wahrnehmen. Seit dem Beginn der Geschichte, das heißt der großen Menschheitsüberlieferung, hat sich mindestens ein Teil der Menschheit auf eine Moral geeinigt, die das Überleben sozialer Gruppen in einer feindlichen Um- und Mitwelt sicherstellen sollte. In dem Maß, in dem dieses Problem kollektiv bewältigt erscheint (und für die Spezies *ist* es bewältigt – die Elendszustände der meisten Kontinente sind kein naturgeschichtliches, sondern ein humanitäres und soziales Problem), wird die alte Ethik fragwürdig, und das heißt heute, die Produktions- und die Konsumentenethik.

Soll dies heißen, daß die großen Erkenntnisse aller großen Menschenfreunde der Geschichte irrelevant geworden sind? Keineswegs. Im Gegenteil: das Zusammenleben der Menschen auf engem Raum (und das wird wohl auf unabsehbare Zeit unser Los bleiben) ist heute schon unerträglich barbarisiert, und es bedarf der Verfeinerung der Kommunikation, des Aufbaus oder der Wiederaufnahme aller bisherigen Einsichten, um es erträglich zu machen. *Aber* – und darauf kommt es hier an – die Menschheit hat sich an den Gedanken zu gewöhnen, daß ihre erste und realste Verantwortung heute eine kollektive Verantwortung nicht nur für die eigene Gruppe oder die eigene Art, sondern für den Planeten als Ganzes geworden ist.

Mit anderen Worten: die Priorität der ‹Todsünden› und der ‹läßlichen Sünden› hat sich vollständig verändert. Erlaubt sei hier ein etwas frivoles Beispiel: ein junger Mann fährt zum Rendezvous mit einer verheirateten Frau. Vor fünfzig Jahren war dies noch ein Problem ersten Ranges, auch ein moralisches Problem. Wir sind heute gestimmt, es toleranter zu behandeln. Ich würde trotzdem daran festhalten, daß der junge Mann seine Verantwortlichkeit gegenüber den Mitmenschen – der Dame selbst, ihrem Gemahl, vielleicht ihren Kindern – wohl erwägen sollte, desgleichen die Wirkung, welche das Unternehmen auf ihn selbst hat.

Was jedoch unverzeihlich ist, sind Dinge, die er überhaupt noch nicht in Erwägung zieht; zuvörderst die Tatsache, daß er in einem Kleinauto mit schlechtem Vergaser und bleigespicktem Benzin fährt. Hier stiftet er quantitativ feststellbaren Schaden; hier nimmt er in aller Unschuld an einer weltweiten Verschwörung teil, die für unsere Enkel wesentlich gefährlicher ist als die bisher so genannten moralischen Folgen seiner Unternehmung.

Ich hoffe mich klargemacht zu haben:

Diese Ethik der planetarischen Verantwortung wird, wenn sie noch Erfolg haben soll, einen ungeheuren Schock auslösen müssen. Sie wird gegen den Strich der sogenannten Menschennatur gehen; zumindest jener Menschennatur, die in unseren Breiten mit immer neuen Prämien des Erfolges überschüttet wurde. Sie wird auf die vereinigte Wut der Reaktionäre wie der Progressiven stoßen. Beiden wird sie, wenn sie Erfolg haben soll, ihre Lieblingsspielzeuge wegnehmen. Die Propheten dieser Ethik werden – darüber kann gar kein Zweifel bestehen – in dem Augenblick hingeschlachtet werden, in dem der Umfang der Agonie klar wird, die sie der siegreichen und krisengeschüttelten Menschheit zumuten. Greifen wir, um diese Tatsache zu illustrieren, noch einmal ein einziges modernes Symptom auf: unsere Art zu wirtschaften. Angesichts der planetarischen Krise, vor der wir stehen, ist sie grotesk und kriminell; und zwar in allen bisher bekannten Spielarten, ob sie nun kapitalistisch oder sozialistisch firmieren. Was die Ausbeutung des Menschen durch den Menschen betrifft, haben wir inzwischen gelernt, diese Kriminalität zu erkennen; völlig außerhalb der Betrachtung blieb die Kriminalität der Ausbeutung der nichtmenschlichen Hilfsquellen des Planeten. Sie wird mit der totalen Unbekümmertheit betrieben, die Herrenschichten von einst gegenüber ihren Hintersassen, Leibeigenen und Sklaven auszeichnete. Bisher war es einigen Naturaposteln vorbehalten, ihre Stimme für den Singkranich, den Zedernwald, den geschändeten deutschen Rhein oder den Mississippi zu erheben; jetzt ist daraus längst eine Frage des Überlebens geworden – eine Frage nackter Interessen. Und zwar nicht der Interessen der USA, nicht der Interessen des Zehnerklubs, des sozialistischen Blocks oder der Dritten Welt, sondern eine Frage der gesamten ungeborenen, vielleicht schon der nach 1950 geborenen Generationen. Die bisherigen Wirtschaftsformen basieren restlos auf dem sogenannten Rentabilitätsprinzip und der sogenannten Expansion; das heißt auf dem Prinzip des unbekümmerten Verschleißes der Ressourcen von morgen. Diesen Prinzipien muß eine simple Wahrheit gegenübergestellt werden; eine Wahrheit, die wir im Vorhergehenden immer und immer wieder betont haben und die der amerikanische Schriftsteller Philip Wylie so formuliert: «Eine Wahrheit muß die Menschheit erst noch zur Kenntnis nehmen: Niemand besitzt irgend etwas. Alles, was wir haben, ist der Gebrauch unserer sogenannten Besitztümer. Das ist das ökologische Gesetz. Es gilt für Kommunisten wie für Kapitalisten, für unglückliche Völker wie für die reichen industriellen Gesellschaften. Und es ist absolut.»

Betrachten wir im Lichte dieses absoluten Gesetzes das Bewußtsein unserer planetarischen Mitbürger – und unser eigenes Bewußtsein! Die Ergebnisse sind niederschmetternd; und wie furchtbar die Umstellung sein wird, wird sich erst herausstellen, wenn wir sie in politische Forderungen übersetzen.

Aber der Moralist darf vor unangenehmen Folgen der ethischen Konsequenz nicht zurückschrecken – und eine angenehme Folge von wahrer Konsequenz ist, daß sie die Verhältnisse wenigstens für den menschlichen Geist vereinfacht. In der Tat hat die totale Krise, in der wir uns befinden, wenigstens diesen methodischen Vorteil: sie vereinfacht die ethischen Probleme, vor denen wir im Bewußtsein der Unzulänglichkeit unserer bisherigen Bemühungen stehen. Auf diese Einfachheit der neuen Ethik – die eine Einfachheit der Konsequenz ist – möchte ich zum Schluß eingehen.

Erstens kann die neue Ethik weitgehend darauf verzichten, mit Bewußtseinsmanipulationen zu arbeiten. Sie ist eine schlichte Ethik der Verursachung; Gut und Böse bedeuten in ihr nichts anderes mehr als Überleben – und zwar kollektives Überleben – oder Sterben – und zwar den Untergang der Spezies, jedenfalls in ihren bisher bekannten Lebensmöglichkeiten. Sie wird der Menschheit vorstellen, was sie sich leisten kann, und was sie sich nicht leisten kann. Sie ist *selfenforcing*; das heißt, sie bedarf keines weltlichen Arms und keiner verinnerlichten Schuld-Strafe-Mechanismen, um ihre Wertwelt zu begründen. Sie hat die schlichte und massive Einsichtigkeit eines Betonblocks, der an einem Nylonfaden über unseren Köpfen hängt. Reißt der Faden (oder raspeln wir ihn an), werden wir plattgequescht. So einfach ist der Schuld-Strafe-Mechanismus, der ihr zugrunde liegt. Der Industrielle, der die letzte, biologisch entscheidende Dosis Gift in die Weltmeere kippt, kann persönlich noch so feinsinnig sein, er mag ein Förderer der Künste, ein zärtlicher Ehemann, ein vorbildlicher Arbeitgeber, ein überzeugter Christ oder Sozialist ein; in dem Augenblick, wo seine Ladung von der Kippe oder vom Schleppkahn rutscht, ist er der planetarische Schurke Nummer Eins. Der Sittenstrolch, der Heroin-Fixer, der Massenmörder mögen nach unserem gegenwärtigen Empfinden wesentlich tiefer stehen; ihre Taten oder Unterlassungen sind ein wahres Nichts, verglichen mit der Endgültigkeit des Verbrechens, das er (von unseren Gerichten vermutlich mit 5000 DM Geldstrafe geahndet) an der Menschheit begeht.

Frühere Kulturen kannten dennoch Sanktionen für dergleichen. So sah ein Gesetz des Zarathustra vor, daß jeder, der einen Fluß verunreinigte, an den Ufern eben dieses Flusses aufgehängt werden sollte. Die vierhundert verantwortlichen Aufsichtsräte Westeuropas am Lorelei-Felsen baumeln zu sehen, wird uns wohl nicht vergönnt sein, aber hier genügt es, die Größe ihrer Verantwortlichkeit (und das heißt immer noch die Größe ihres fortlaufend begangenen Verbrechens) festzuhalten.

Sollte der Prophet erstehen, der dieses Verbrechen der Öffentlichkeit in Herz und Hirne brennen könnte, würde er ohne Zweifel von den genannten Herren zuerst gehängt werden; aber auch dies ändert nichts an den tatsächlichen ethischen Gewichten, ändert nichts an den schlichten Kausalitäten.

Ähnliches gilt selbstverständlich für das Problem der atomaren Bedrohung und für das Problem der Verelendung der Dritten Welt. Überall sitzen die Veranlasser, die – bestimmt mit den einleuchtendsten Gründen – den angesammelten Zündstoff zur Explosion bringen können. In einem besseren Jenseits (wie immer die Betreffenden sich dieses Jenseits vorstellen) werden sie sicher diese ihre einleuchtenden Gründe zum Vortrag bringen; den Toten (oder, was fast noch schlimmer ist, den Überlebenden) werden sie nichts bedeuten, weniger als nichts.

In jedem Fall – und darauf kommt es an – ist die Ethik der neuen Situation eine solche der schlichten Kausalität. ‹Schuld› ist auf dieser Ebene nicht mehr eine Frage komplizierter Beziehungen zu einem unsichtbaren, aus religiösen oder philosophischen Voraussetzungen abstrahierten Prinzip, sondern so evident und berechenbar wie der Tritt oder der Kieselstein, der eine Lawine auslöst.

Das bringt uns zum zweiten Vorteil der neuen Ethik. Seit einiger Zeit – etwa seit dem Ende des Zweiten Weltkriegs – leiden viele denkende und fühlende Menschen unter der Angst, daß für uns das zu Ende geht, was man bisher Geschichte genannt hat; daß wir unwiderruflich in den Mechanismus einer Maschine geraten sind, in der wir als Rädchen laufen, und daß über die Erhaltung der eigenen Existenz hinaus kein großes historisches und kulturelles Ziel mehr sichtbar ist. Wenn ich mich nicht irre, sind viele Erscheinungen unter der Jugend, die den Philister in uns so irritieren, auf diese Angst zurückzuführen. Sowohl der Rauschgiftverfallene, der sich aus dem Mechanismus selbst ausschaltet (‹ausflippt›, wie das bildhaft heißt) wie der radikale Fahnenschwinger suchen auf ihre Art dem Würgegriff der Belanglosigkeit zu entrinnen.

«Wir sitzen so in Westeuropa herum»: das ist die beste mir bekannte Formulierung dieser kollektiven Gemütskrankheit.

Demgegenüber steht die Tatsache, daß wir planetarische Geschichte machen; und zwar wir alle, und zwar in einem bisher unbekannten, lebens- oder todesentscheidenden Umfang. Der letzte Mopedfahrer, die letzte Waschmittelverbraucherin wirkt negativ an dieser Entscheidung mit. Es ist der zweite große Vorteil der neuen Ethik, daß sie diese Tatsache ins allgemeine Bewußtsein heben kann.

Die neue Ethik wird wirkunglos bleiben, wenn es ihr nicht gelingt, große Massen mit ihrer planetarischen Geschichtsmächtigkeit vertraut zu machen; ihnen klarzumachen, daß es sich dabei nicht um eine vorborgene Heilsgeschichte, auch nicht um das Pathos eines zukünftigen Reiches, sondern um das Leben oder Sterben der einzigen Heimstatt geht, die wir und unsere Nachkommen mit allen unseren Sinnen erleben. Alle bisherigen Sinngebungen – ganz gleich, ob sie religiös firmierten oder nicht – waren und sind insofern noch mythisch bzw. magisch, als sie einen verborgenen, einen noch zu enthüllenden, einen futurischen oder eschatologischen Sinn proklamieren mußten, um ihren Jüngern das Gefühl ihrer Mächtigkeit zu vermitteln.

Sie mußten die Jünger davon überzeugen, daß sie selbst an der Unterseite des Teppichs tätig seien, dessen strahlendes Muster eines Tages durch einen eschatologischen Akt sichtbar werden würde. Die neue Ethik wird diese Vorstellung (die uns allen, auch den sogenannten Ungläubigen und insbesondere den Marxisten, in Fleisch und Blut übergegangen ist) radikal widerrufen. Sie wird zeigen, daß Heil oder Unheil hier und heute gewirkt wird, daß seine Muster offen zutage liegen und in ihrer schlichten Kausalität ohne weiteres einzusehen sind. Und es wird sich dabei vielleicht herausstellen, daß die Suche nach dem Glück, auch nach dem kollektiven Glück, die sich immer wieder in die Suche nach dem Reich der Zukunft organisierte, viel stärker durch die Methoden der Glücksuche selbst als durch äußere feindliche Einflüsse behindert und frustriert wurde. Indem wir die Welt hominisierten, das heißt zum alleinigen Rohstoff einer einzigen Spezies machten, haben wir sie enthumanisiert. Sie zu rehumanisieren, wird nur möglich sein, wenn wir die Partnerschaft mit allem Lebenden bejahen und praktisch ernst nehmen. Der Typus des Beutemachers, des Expansionisten, der bisher von unseren eigenen Vorstellungen mit der Prämie des Erfolgs honoriert wurde, wird geächtet werden und einer Haltung Platz machen müssen, die man ohne Scheu als weltliche Askese bezeichnen soll.

Dies, der ganz reale und legitime Platz einer neuen, weltlichen Askese, ist meines Erachtens der dritte große Vorteil der notwendigen neuen Ethik.

Askese – der Ausdruck läßt alle zusammenzucken. Nicht zuletzt die Kirchen, die ihn heute scheuen wie weiland ihr großer Partner, der Teufel, das Weihwasser. Solche fromme oder unfromme Scheu vor einem Wort hat bestimmt gute historische Gründe. An sich ist nämlich gegen Askese überhaupt nichts einzuwenden, im Gegenteil: sie war allen nenneswerten Kulturen, ob heidnisch, jüdisch oder christlich, wohlbekannt und war immer Überlebenstraining. (*Askesis* heißt philologisch nichts anderes als Training.) Dieses Training schuf jene individuellen und sozialen Mächtigkeiten, mit deren Hilfe Hochkulturen sich entwickeln konnten.

Woher kommt es also, daß alle zusammenzucken? Daß selbst der glühendste Freiheitskämpfer, der 18 Stunden täglich damit zubringt, den Kampf gegen den Klassenfeind zu organisieren, nicht um alles in der Welt als ‹Asket› charakterisiert werden möchte?

Das Wort ist historisch falsch besetzt worden: und zwar im Laufe der Entwicklungen, die wir im ersten Teil unseres besprochen besprochen haben. Es wurde erstens mit Weltflucht identifiziert – und zweitens mit Aggressivität. Der weltflüchtige Mensch von heute, der – sagen wir – in esoterischen Kommunen sein Seelenheil sucht, legt wenigstens Wert darauf, kein lächerlicher Zölibatär zu sein (selbst wenn ihm das schwerfallen sollte) und definiert sich so gegen den historischen Begriff. Dazu kommt, daß die letzte, die schärfste Ausprägung der Askese – die jesuitisch-puritanische – die bisher machtvollste und unheilvollste Kanalisierung der Agressivität erzielt hat: der finstere Abstinenzler der neuenglischen und der finstere Conquistador der spanischen Expansion waren die extremen Typen solcher säkularisierter Askese. Sie hat viel zur Enthumanisierung der Welt beigetragen und ist heute darum widersinnig geworden; im Schrei nach totaler Repressionsfreiheit wird vor allem der berechtigte Unwille gegen solchen Widersinn hörbar.

Aber natürlich gibt es keine totale Repressionsfreiheit. Es liegt gerade im Wesen der menschlichen Freiheit, daß sie ohne Auswahl ihrer Antriebe – und das heißt schon Askese – nicht artikuliert werden kann. – Die bisherige Askese, jedenfalls diejenige, die im christlichen Teil der Menschheit führend geworden ist, vermag jedoch das Notwendige nicht mehr zu artikulieren, weil ihre Zielsetzungen mit den Notwendigkeiten der neuen Lage nichts mehr zu tun haben. Der Verfall der Bußpraxis in den Kirchen ist ein Indiz solcher Entfremdung, und wohl nicht einmal das wichtigste; bezeichnender noch scheint mir die Verachtung, die ein großer Teil der Jugend dem Arbeitsethos ihrer Väter entgegenbringt. Hier stoßen zwei Formen der Askese aufeinander, die sich gegenseitig nicht wahrhaben wollen.

Nach allem, was wir bisher besprochen haben, sollten die Natur und die Zielrichtung der neuen Askese völlig klar sein. Sie wird Existenzformen einzuüben haben, die dem gemeinsamen Überleben von Menschheit und Biosphäre nicht widersprechen. Wie schwierig und gleichzeitig realistisch solche Einübung sein muß, ist ebenfalls klar. Sie betrifft keineswegs nur den einzelnen, sondern fordert von allen, die sich der Dringlichkeit unserer Lage nicht verschließen, eine Solidarität der Haltung und der Aktion. Sie wird in allen (vor allem den sogenannten ‹zivilisierten›) Kulturkreisen auf äußerste Ablehnung stoßen. Sie wird den machtvollen Interessen fast aller Maßgebenden auf der ganzen Welt einen neuen *way of life* entgegenzusetzen haben; eine Kultverweigerung, die um nichts ungefährlicher ist als die Kultverweigerung der Juden und der Urchristen im spätrömischen Imperium.

Damit sollte die politische Relevanz unserer gemeinsamen Anstrengung hinlänglich klar sein. Dennoch wird – der Deutlichkeit halber – den politischen Aussichten der notwendigen Revolution ein zusätzliches Kapitel gewidmet sein.

Politische Aussichten

Als dieses Buch im Frühjahr 1972 fertiggestellt wurde, fuhr soeben der erste Wind der Futurologie in die politischen Zweige: Einiges begann zu rauschen. Durch die Veröffentlichung von «Limits of Growth» und einen gemeinsamen Appell britischer Wissenschaftler in der Zeitschrift «Ecologist» wurde die Wahrheit klarer, welche die betulichen Umwelt-Plaudereien bislang eher verdunkelt als formuliert hatten: die Wahrheit über den Krebscharakter unserer Wachstumsideologie.

Es ist den Warnern gelungen, einiges Nachdenken zu erzeugen. Der europäische Sozialplan von Sicco Mansholt, die Vorschläge der UN, die schärfere Gangart der Strafverfolgungsbehörden zunächst in den USA, dann in Italien und in der Bundesrepublik bemühen sich bereits um konkrete Folgerungen aus solcher Reflexion. Für die Bundesrepublik wurde das Problem gewissermaßen hochoffiziell durch zwei Reden: eine des Bundespräsidenten und eine des Entwicklungsministers auf einem Kongreß der IG-Metall. Erhard Eppler blieb es vorbehalten, die bisher klarste Formulierung für das anstehende Muß zu finden: den Übergang vom ökonomischen zum ökologischen Denken.

Schon vorher hatten die Metropolen praktische Bekanntschaft mit der neuen Lage gemacht. Kommunalpolitiker sind überall die ersten gewesen, die auf die immanente Gefahr des Wachstumsfetischismus hinwiesen. Wenn ein Mann wie der Münchener Oberbürgermeister Hans-Jochen Vogel, der sehr präzise Vorstellungen von Macht hat, seit Jahren seinen Namen und sein Renommee für solche Anliegen einsetzt, ist aller Wahrscheinlichkeit nach vorauszusehen, daß sich nächstens einige politische Gewichte massiv verschieben werden.

Die Zahl der internationalen Konferenzen, die sich mit ökologischer Planung (genauer gesagt: ökologischen Anliegen) befassen, wächst ebenfalls. Die Ostsee-Anrainer, also Staaten, die besonders hart vom Vermögen des Menschen zur Zerstörung seiner Umwelt betroffen sind, scheinen die ersten zu sein, die konkrete Ergebnisse anstreben. (Die Stockholmer Umwelt-Konferenz konnte hier noch nicht berücksichtigt werden.)

Genügt das alles? Zeigt es, daß die Menschheit politisch in der Lage sein wird, ihre totale Krise zu meistern?

Es ist wohl noch ausgeschlossen, mathematische Wahrscheinlichkeiten auch nur als Hypothesen aufzustellen. Mangels anderen Materials habe ich einen privaten Test unternommen: In der Nummer 41 des Jahrgangs 1970 brachte der «Spiegel» die verdienstvolle Titelgeschichte «Vergiftete Umwelt». Sie umfaßte sechs volle Textseiten – nach Abrechnung der Randinserate. In der gleichen Nummer befanden sich:

11 ganzseitige Werbeanzeigen für Fluglinien;
4 solche für Benzine;
11 für verschiedene Automarken, keine davon umweltneutral;
7 für Zigaretten;
ca. 12, die von anderweitigem Technik- und Fortschritts-Pathos tremolierten;
5 für unzerstörbare Folien und andere Kunststoffe;
7 für Institute, die schnellen Reichtum verheißen; also 60 Inseratenseiten, die der Tendenz der Titelgeschichte genau entgegengesetzt waren.

Das ergäbe eine numerische Chance von 1 zu 10 gegen eine sinnvolle konkrete Politik für heute und morgen; jedenfalls unter den Auspizien unseres gegenwärtigen Systems. Ich halte diese Proportion für realistisch. Nicht nur unsere Meinungsfreiheit, sondern auch unsere Politik funktioniert noch immer so, daß der Wirtschaftsteil und die Inseratenabteilung wasser- und luftdicht von den tapferen Manifesten der politischen und der Kultur-Abteilung abgeschirmt sind. (In der Lokalpresse und folglich auch in der Lokalpolitik von Klein- und Mittelstädten ist es schlimmer, wie manches Journalistenschicksal beweist.) Ja, Gott scheint so gütig über dem Markthimmel des Wirtschaftsteils und der Inseratenabteilung zu regieren, daß es im Politik- und Kulturteil gar nicht düster und radikal genug zugehen kann. Das Ganze funktioniert ähnlich wie die Regionalprogramme des Fernsehens zwischen sechs und acht: je blutiger da die Indianer oder die *Badmen* über Dodge City kommen, je bleihaltiger dort die Luft ist, desto positiver wird das aufgerührte Adrenalin der Kunden auf die beseligenden Botschaften der Cognacpantscher und der Waschmittelproduzenten in den Werbespots reagieren. In den Werbeagenturen unserer Wirtschaft, wo so ziemlich die cleversten Leute der Republik zusammensitzen, wird dies kaum unberechnet bleiben.

Dazu kommt die glatte Chuzpe. Ausgerechnet die Branchen, die am meisten sündigen, haben einen guten Prozentsatz ihrer Werbung ohne Erröten auf Umwelt umgestellt und bessern das Image ihrer Aktivität mit Bildern von kristallklaren Flüssen und schweigenden Wäldern auf. So spurt das in den USA und bei uns, in «Time» und im «Spiegel».

Die Politik, jedenfalls in den meisten Ländern des entwickelten Westens, folgt aufs kläglichste diesem Muster. Die sozialliberale Koalition von 1969 mochte manchem Bundesbürger (darunter auch dem Verfasser) als das Optimum dessen erscheinen, was momentan erreichbar ist; aber sie bringt es vielleicht mit Mühe und Not fertig, den größeren Teil der Nation nach 25 Jahren davon zu überzeugen, daß wir wirklich den Zweiten Weltkrieg verloren haben. Das ist nicht schlecht und muß gemacht werden; aber im Vergleich zu dem, was ansteht, ist es ungefähr so wichtig wie die Sonntagsergebnisse der Bundesliga. Es kann keinem Fernsehzuschauer verborgen bleiben, mit welcher Unverfrorenheit unsere Wirtschaftskriminellen jede nur denkbare Regierung unter Druck setzen; der Wirtschaftsminister darf dann gelegentlich auf Verbandstagen antreten und mit staatsmännischer Miene den Beleidigungen lauschen, die ein Wirtschaftsführer voll burgundergetränkten Selbstbewußtseins nicht nur ihm, sondern dem Rest der Nation ins Gesicht sagt. Die Kriminellen brauchen nur Wörtlein wie ‹Rezession›, ‹Arbeitsplätze›, ‹Konkurrenzfähigkeit› zu flüstern, und schon wieder ist alles bis weit in die systemsprengfreudige Linke hinein an die Kette der Wirtschaftsraison gelegt – einer *raison*, die schon längst keine Vernunft mehr ist, sondern in Kauf genommener Völkermord. Als Peccei auf der erwähnten Managertagung seine Botschaft verkündete, registrierte der anwesende Wirtschaftsberichter der «Welt» gekränkt, man sei als ‹Volksschädling› angeprangert worden – und auf dem sogenannten Umweltforum der chemischen Industrie am 30. November 1971 wurden einige Minimalforderungen von Professor Picht mit ‹homerischem Gelächter› aufgenommen.

Solches Gelächter erinnert an die Reaktion einer französischen Notabelnversammlung auf Vorschläge des Ministers Calonne. Der Minister, dem es nur darum ging, das *Ancien régime* zu retten, und zwar durch ein Gleichgewicht im Staatshaushalt, schlug die Abschaffung der Ungleichheit in der Steuererhebung vor. Der erste und der zweite Stand lachten ihn aus. An die Stelle des Staatshaushalts ist der Haushalt der Welt getreten; die Uneinsichtigkeit ist die gleiche geblieben. Die Versammlung fand übrigens im Jahre 1787 statt.

Das Stichwort 1789 leitet über zum Osten. Wie steht's dort, wo rot die Sonne aufgeht? Kommt von dort die systemsprengende, die rettende Lösung?

Gehen wir auch hier ins Detail, ein einziges muß genügen. Es ist die *Concorde*-Affäre. Längst weiß die Mehrheit der beteiligten Nationen, daß es besser wäre, diesen gottverdammten Unsinn nicht zu bauen. (Ich gebrauche das Adjektiv im vollen Wortsinn.) Trotzdem wird natürlich weitergewurstelt, da es, wie sattsam bekannt, um den Fortschritt geht. Die Russen aber, denen Fortschritt und Prestige nicht minder am Herzen liegen, stibitzten das Design und brachten den Totenvogel unter anderer Bezeichnung etwas früher auf die Pisten.

Wohlgemerkt: im Grunde ist es gleichgültig, ob die Russen westlichen *know-how* stehlen oder nicht. Die Episode zeigt lediglich, wo nach wie vor die Prioritäten liegen. Der Bau eines Monstrums, das Lärm und Gift über breite planetarische Gürtel streut, gilt als großartige wirtschaftliche und technische Tat; ihre fürchterlichen Nebeneffekte werden kavaliersmäßig in Kauf genommen, wenn es darum geht, die Sowjetmacht zu fördern und zu mehren. Selbst wenn man der UdSSR zugesteht, daß sie sich gegenüber der Technologie der kapitalistischen Länder nach wie vor im Aufholzwang befindet (aber warum eigentlich?), sind die Resultate eindeutig. Und auf Resultate kommt es an.

Die einzige Macht, die (wenigstens ansatzweise) die Größe des Problems begriffen zu haben scheint, ist China. Von dort sind Aufforstungsprogramme bekanntgeworden, die alles übersteigen, was der Westen und der sonstige kommunistische Osten zu unternehmen imstande sind; und auch in der Frage der Geburtenkontrolle scheinen die Chinesen eine wirksame kollektive Praxis erreicht zu haben. Leider sind die Nachrichten aus China spärlich und widersprüchlich; zudem werden sie noch nicht genügend nach diesem Gesichtspunkt ausgewertet. Falls die Tendenz solcher Nachrichten auf Realität beruhen sollte, können zwei Voraussetzungen nicht übersehen werden, die wir mit China nicht teilen: erstens hat die Regierung der Volksrepublik ein fleißiges und energisches Volk schon durch bescheidene Anhebung des Lebensstandards davon überzeugen können, daß solche Anstrengungen nicht nur erforderlich, sondern auch vertretbar sind; und zweitens haben die Chinesen eine jahrtausendalte Tradition des Denkens in kosmischen Harmoniemodellen, deren Wirkung oberhalb oder unterhalb der marxistisch-leninistisch-maoistischen Staatsdoktrin für uns nicht abschätzbar ist.

China ist, trotz seiner Bevölkerungszahl, nicht die Welt. Selbst wenn seine Anstrengungen, eine nationale Balance zwischen den Ansprüchen der Natur und des Menschen zu erzielen, erfolgreich sein sollten, werden sie nichts nützen, wenn es den vereinten Kräften aller Nicht-Chinesen gelingen sollte, die Ressourcen des Planeten auszuplündern und die Weltmeere zu vergiften. Aber genau in diesem Sinne sind alle Nicht-Chinesen rüstig am Werk.

Die Chance von 1 zu 10 scheint also eher übertrieben optimistisch zu sein. Trotzdem müssen wir nach politischen Lösungen suchen; und wenn aus keinem anderen Grund, dann aus dem, daß es trotz allem schade um den Menschen wäre. Und um den geht es doch dem christlichen und postchristlichen Abendland. Bislang jedenfalls war es sein Stolz, sich jeder Herausforderung mit dem Mut der Hoffnung oder der Verzweiflung gestellt zu haben. Ich bin zwar nicht Hölderlins Ansicht, daß dort, wo Gefahr ist, auch das Rettende wächst (es gibt zu viele Gegenbeispiele), aber ich bin der Ansicht, daß selbst in der gegenwärtigen grauenvollen Situation der Ansatz gewagt werden muß. Zu verlieren ist nämlich nichts mehr; eine, recht verstanden, eindeutige und darum tröstliche Lage.

Eine Lage wie diese erfordert die Würdigung auch der kältesten Alternative. Eine der kältesten wäre eine globale Diktatur, die der unvorbereiteten Menschheit fünf Minuten vor zwölf den grausamen Weg der Vernunft aufzwingt. Dabei ginge es, nach der MIT-Prognose, um Jahre: nur bei einer rechtzeitigen Umstellung unserer Aktivitäten vor oder um 1975 wären katastrophale Folgen von globalem Ausmaß abzuwehren. Jedes weitere Jahr verschlechtert die Chancen und damit die Möglichkeit, die Zukunft mit erträglichen Mitteln zu bewältigen. Das hieße, daß die Menschheit vermutlich an irgendeinem Punkt ohnehin zu brutalen Repressionsmaßnahmen übergehen müßte. Diesen wäre der aufgeklärte Absolutismus einer mit allen Polizeivollmachten ausgestatteten Weltbehörde sicher vorzuziehen.

Eine solche Alternative mag allen unseren Instinkten widersprechen (meinen widerspricht sie total), aber es gibt historische Beispiele dafür, daß Völker und Gesellschaften in einer Sackgasse diesen Ausweg akzeptiert und ihn mit Nutzen akzeptiert haben. Der französische Absolutismus Ludwigs XIV. war nicht einmal aufgeklärt; dennoch gab es keinen der zahlreichen großen Männer Frankreichs, der nicht den Pyrenäenfrieden von 1659 und das ihm folgende System begeistert oder wenigstens maßvoll resigniert begrüßt hätte. Dem Pyrenäenfrieden waren anderthalb Jahrhunderte der Anarchie vorhergegangen, sterbender Feudalismus und Religionskriege hatten eine tägliche Wirklichkeit geschaffen, die einem Albtraum glich. Der Coup des Sonnenkönigs schaffte wenn nicht Recht, so doch Rechtseinheit; die Konzentration der Staatswirklichkeit auf eine einzige Person beseitigte die Anarchie, der Feudalismus wurde an die Kette von Versailles gelegt. So wurde Macchiavellismus des Coups in Kauf genommen, weil man den Fortbestand Frankreichs sichern wollte. Ähnliches läßt sich heute in Staaten der Dritten Welt beobachten: der Druck des Tribalismus nach Erlangung der Unabhängigkeit ist anarchisch, und die starken Männer jener Länder sind nicht nach den Kategorien des Faschismus zu beurteilen (der übrigens kein Ausweg, sondern ein Atavismus war).

Sind die Gefahren, vor denen wir stehen, groß genug, um die Alternative zu rechtfertigen? Zweifellos. Ja, sie sind sogar wesentlich größer als die, welche den Franzosen des 17. oder den Zentralafrikanern des 20. Jahrhunderts drohten. Wenn es darum geht, zu überleben, ist politische Zimperlichkeit nicht am Platze.

Trotzdem ist die Lösung der globalen Diktatur nicht nur widerwärtig, sondern auch impraktikabel, und zwar aus mehreren Gründen.

Erstens – es fehlt (noch) die unmittelbare sinnliche Erfahrung der globalen Gefahr. Die Franzosen des 17. und die Zentralafrikaner des 20. Jahrhunderts erlebten und erleben Situationen, welche den Ausweg um jeden Preis täglich, stündlich suggerieren. Das ist ausgerechnet in jenen Ländern heute nicht der Fall, von denen die ernsthafteste Gefahr für den Fortbestand der Spezies Mensch ausgeht. Gerade die Gesellschaften mit der größten Ausbeutungsintensität (ob sie nun rechts oder links vom Eisernen Vorhang liegen) können sich einer Prosperität nie erlebten Ausmaßes erfreuen. Der Notstand, von dem Aurelio Peccei spricht, liegt vor, aber er ist der überwältigenden Mehrheit der maßgebenden Zeit- und Raumgenossen noch nicht erkennbar; und sie werden dementsprechend auf die Zumutung einer solchen Diktatur reagieren. Denn *zweitens* – eine solche Diktatur müßte, wenn sie den Sinn ihres unbegrenzten Machtauftrags erfüllen will, Maßnahmen treffen müssen, vor denen alle Rigorismen der Vergangenheit verblassen. Keine Verbesserung der Lebensverhältnisse – wie etwa im Frankreich des 17. Jahrhunderts – würde den Verlust der Freiheit kompensieren – im Gegenteil: ohne eine drastische Verschlechterung unseres eigenen Standards zugunsten der Chancen unserer Kinder und Enkel ist eine Lösung nicht vorstellbar. Nun mag es in Diktaturen theoretisch keine Interessenvertreter und Lobbies geben – praktisch gibt es sie fast immer (nie blühten sie mehr als unter Hitler), und zumindest brauchen sie eine Schicht von Individuen, die von den unfreien Verhältnissen profitieren. Wer aber profitiert von den notwendigen Maßnahmen der Zukunft? Nur die Ungeborenen und die stumme Kreatur. Eine solche globale und intensiv unpopuläre Diktatur würde also

drittens – eben jene Welt zum Feind aller Lebenden machen, deren Rettung der Sinn des Unternehmens wäre. Der Glücksanspruch der *present generation*, der augenblicklich Lebenden, ist viel zu tief in unserer Tradition verwurzelt, als daß man bei seiner Blokkierung durch obrigkeitliche Schikane etwas anderes erwarten könnte als eine globale und permanente Vendée. Keine Weltpolizei, und wäre sie noch so zahlreich, wäre imstande, die Feindseligkeit von Milliarden wirksam zu neutralisieren: es gibt zu viele Buchten auf der Welt, aus denen nachts die Dynamitfischer auslaufen können; zu viele Kiesgruben, in die man giftigen Müll kippen kann; zu viele lokale Behörden, die bereitwilligst mitspielen würden, der Weltdiktatur ein Schnippchen zu schlagen. Der Umwelt- oder Zukunftssünder würde zwangsläufig in die Rolle eines Volkshelden aufrücken; Balladen würden auf den Tapferen gesungen, der seine Rosen mit Spritzgift pflegt oder nachts mit heulendem Motor über die Kesselbergstraße rast. Jede Bildung von Partisanenverbänden fände genau das Wasser vor, in dem die Fische schwimmen können. Und da die Balance der Ökologie viel zu verwundbar ist, um sich gegen solche Feindseligkeit durchsetzen zu können (eine Feindseligkeit, die heute schon mindestens unbewußt am Werke ist – man beobachte den Trotz, mit dem Lkw-Fahrer minutenlang ihre Motoren im Leerlauf dröhnen lassen!), wäre das Ende solcher Diktatur schlimmer als ihr Anfang.

Was folgt daraus? Es folgt, daß die mühselige Arbeit von der Basis her nicht zu umgehen ist. Mit anderen Worten: jede zukunftsbewußte Politik muß den Konsens zumindest der Meinungsmacher haben.

Die politische Aufgabe, die Welt von morgen zu sichern, ist also zunächst und ganz konkret eine Erziehungsaufgabe. Sie könnte in Asien und anderswo auf Denk- und Gefühlsstrukturen stoßen, die ihr bereitwillig entgegenkommen: hierzulande ist sie zunächst eine fürchterliche Strapaze. Aber abgesehen von der Schwierigkeit der Aufgabe sind ihre Ziele klar. Sie hat sich auf folgende Nahziele zu konzentrieren:

Erstens – PGZ – das heißt *Population Growth Zero* (Bevölkerungswachstum Null) – oder, wenn möglich, PGM – *Population Growth Minus*. Mit den bisherigen Ressourcen – wissenschaftlichen wie politischen – kommt es frühestens um das Jahr 2000 als globale Realität in Frage; jüngste Fortschritte – so die in der (ausgerechnet!) päpstlichen Universität Chile entwickelte ‹Jahresspritze› – könnten bei entsprechender Konzentration der Aufmerksamkeit und der Mittel diese Prognose ändern. Wie schon aufgeführt, ist eine solche Bevölkerungsdisziplin nicht ‹natürlich› – aber sie ist nicht unnatürlicher als die Elimination der natürlichen Bevölkerungskontrolle durch Seuchen und Kindersterblichkeit, derer wir uns entledigt haben.

Zweitens – Totaler Kampf gegen die Heiligen Kühe der Wirtschaft: ‹Wachstum› und ‹Rentabilität›. Es bedarf ständiger Anstrengungen, ihre Kriminalität aufzuzeigen; geschieht dies wirksam genug, werden Blutzeugen nicht zu umgehen sein. Um so schlimmer für die Wirtschaft!

Drittens – Neu-Definition der menschlichen Arbeit. Sie ist, recht verstanden, Dienstleistung an einer planetarisch-solidarischen Lebensgemeinschaft und sonst nichts. Als solche kann sie eine Würde beanspruchen, die ihr durch die bisherigen Ethiken der Werkelei nur mühsam vermittelt werden kann.

Viertens – Abbau der Erfolgsprämien für Aggressoren und Einführung von Erfolgsprämien für Dienste an der planetarischen Solidarität.

Die Forderung klingt etwas abstrakt; sie impliziert jedoch die notwendigsten und gleichzeitig schwierigsten politischen Aufgaben der nächsten Jahrzehnte. Da die Rettung nicht durch die Abwendung von, sondern nur durch die äußerste Anspannung der wissenschaftlichen und technischen Intelligenz erreicht werden kann, wird es vor allem darauf ankommen, die Belohnung neuer wissenschaftlicher, technischer und politischer Errungenschaften zur Überwindung der Krise von jeder Erwägung ihrer ‹Rentabilität› zu trennen. Was dies für die ganze politische Wertwelt, aber auch für die Selektion der politischen und gesellschaftlichen Führungskräfte bedeutet, kann hier im einzelnen nicht weiter erörtert werden. Ein Hinweis genüge: in Ost wie West scheinen heute immer mehr Typen an die Schaltpulte der Macht zu kommen, die sich ihrem Charakter wie ihrem Habitus nach ausgezeichnet im Überlebenskampf der Fauna unter einem nassen Stein behaupten würden. Sie dorthin zurückzubefördern, wäre eine der angenehmeren Aufgaben der Zukunft.

Soweit das – keineswegs vollständige – Minimalprogramm. Spätestens hier ist dem Verfasser das Gelächter der Realisten sicher. Es wäre leicht, dem zu entgegnen, daß am besten lacht, wer zuletzt lacht; aber das Gelächter, das sich im Massengrab der Menschheit erheben dürfte, wäre wohl für niemand besonders heiter.

Sinnvoller ist es, zu entgegnen, daß die bisherige Bilanz des ‹Realismus›, des jeweils nächsten ‹praktischen Schrittes›, der in der Regel nichts als die blinde Resultante der bewegenden Kräfte war und ist, nicht gerade erfolgreich aussieht. Der Realismus der politischen und gesellschaftlichen Praxis hat, immer in völlig naiver Annahme der (zuletzt völlig säkularisierten) alten Garantien und Verheißungen, die Welt immer unwirtlicher gemacht und sie an den Rand ihrer endgültigen Katastrophe geführt. Die famose Vokabel vom ‹Sachzwang› ermöglicht es heute diesen Realisten, unrealistischer denn je die verschiedensten Einflußfaktoren in die Richtung der explosiven Interaktion voranzutreiben, von der Peccei warnend spricht.

Wird, gegenüber solchem Realismus, die Menschheit sich zur Vernunft, wird sie sich auf die Höhe ihrer Zeit erheben? Schon die Hoffnung auszusprechen, hieße sündigen. Es hieße auf einen Blankoscheck sündigen, dessen mangelnde Deckung wir im Lauf unserer Untersuchungen und Überlegungen freigelegt haben. Es ging uns um die Folgen und Resultate einer Entwicklung aus der jüdisch-christlichen Tradition. Wir haben sie nicht beim Wort genommen, sondern bei den Resultaten; wir haben nicht ihre großen Intentionen verherrlicht, aber wir haben auch nicht – wie dies heute gemeinhin geschieht – den großen Abfall von diesen Intentionen beklagt. Wir haben vor allem festgestellt, daß gerade die gefährlichsten Gefühls- und Verhaltensprämissen, die sich als Resultate der Tradition allmählich ergaben, von den fortschrittlichen Erbauern der *Secular City* unserer Tage kritiklos und freudig übernommen worden sind: Einzigartigkeit des Menschen, sein Gegensatz zu jeder anderen Geschöpflichkeit; sein totaler Herrschaftsauftrag über die Welt; seine ursprünglich geplante und deshalb auch wieder erreichbare Vollkommenheit, welche die Unvollkommenheiten kreatürlicher Existenz nur als Skandal empfinden kann; Garantie des ökologischen Gleichgewichts durch einen bilateralen Vertrag mit der Schöpfung – und, schließlich, die Gewißheit einer absoluten Zukunft, eines Endreichs, das zwangsläufig entweder durch göttliche Gnade oder durch den Gang der historischen Dialektik heraufgeführt werden wird.

Von diesen Mustern werden wir uns trennen müssen; jedenfalls in jeder konkreten Aktion und Reflexion. Wir werden davon ausgehen müssen, daß die Erde keine garantierte Heimat ist, daß wir sie und damit uns sehr wohl vernichten können, daß kein außer- oder innerweltliches Bündnis uns von der Verpflichtung für die eigene Zukunft entbindet und entbinden kann.

Als ich solche Gedanken in einem Treffen mit wachen Menschen andeutete, fragte mich ein junger Mann: «Was ist dann noch der

Sinn des Lebens?» Derlei Fragen sind immer höchst peinlich zu beantworten, weil schon die Frage nach dem Sinn des Lebens eine Störung solchen Lebenssinnes anzudeuten scheint. Dennoch sei's gesagt: ich glaube nicht, daß unser Leben aufhören wird, sinnvoll zu sein – genausowenig wie das eines Zehnjährigen, der entdeckt, daß er kein Cowboy mehr werden kann. Ich glaube im Gegenteil, daß sich erst im Licht der vollen gesellschaftlichen, politischen, ethischen Veranwortung für den Planeten das Selbstverständnis einer erwachsenen Menschheit bilden kann. Bislang sind wir in Platos Höhle gesessen und freuten uns an der Wärme des selbstentzündeten Feuers. Nun müssen wir hinaustreten ins Licht des faktischen Tages. Wir müssen lernen, die Welt und unseren Platz in ihr zu sehen – von Angesicht zu Angesicht. Die Welt, die unsere Heimat nicht werden wird, wenn wir nicht begreifen, daß sie die einzige Heimat ist, die wir je hatten, haben oder haben werden.

Wort des Abwesenden Gottes

was rufst du um hilfe, törichter? Ich helfe dir nicht. du hast dir selbst geholfen.

erwählt, geprüft, verbündet mit der allmacht, wie du sie verstehst, hast du aus deiner winzigen weltecke die erde erobert. du hast die zeichen deines sieges und die zeichen der vernichtung in die flanken der berge, in den schoß der erde, auf die linien des wassers geschrieben. und nun, da du mit deiner siegerfahne auf den leichen stehst, da du dich einsam fühlst und von der zukunft verlassen, willst du von Mir die alten verheißungen einfordern.

warum forderst du? Ich fordere nichts von dir.

Ich fordere Meine blauwale, Meine laufvögel, Meine schmetterlinge und zedern nicht zurück, Meine flüsse und Meine kohle. Ich fordere nicht einmal Meine huronen, tasmanier, pruzzen und australier; ja, nicht einmal Meine geliebten und frommen diener, die du auf scheiterhaufen verbranntest in Meinem namen.

sie gehören alle dir. du stehst auf ihnen, du hast ihre kadaver in die brunnen deiner welt geworfen und klagst nun, daß das wasser faul ist.

was habe Ich dir versprochen, was du dir nicht selbst holen wolltest?

du hast geschrien: geh fort, solange Du da bist, bin ich ein untertan, Du kannst nicht wollen, daß ich untertan bin.

Ich ging also fort, Ich gab dich frei. Ich bin abwesend, weil du es so willst. was schreist du also, daß du in Meinem auftrag gehandelt, daß du Mir vertraut hast? Ich habe dir alles überlassen – auch die vorsorge für dich selbst.

aber was hast du mit Meiner abwesenheit gemacht?

du hast Mich einen finster-weisen natur-baal genannt; und du selbst warst den deinen ein finster-dummer moloch.

du bist kein untertan mehr, aber den deinen bist du ein pfähler und röster, brauchst ihre qualen, um dich deiner herrschaft zu freuen.

solange du gefressen wurdest, hast du die welt des fressens und gefressenwerdens unerträglich gefunden. nun frißt du selbst, frißt und frißt, und schreist darüber, daß du nun vielleicht doch gefressen wirst.

du schreist; ich allein bin nach Deinem bild und gleichnis gemacht! Ich aber sage dir: an dir allein ist es, bild und gleichnis zu werden.

du schreist: der himmel ist nicht für die vögel da, die weltgeschichte nicht für die abkömmlinge von schimpansen. Ich aber sage dir: kein Himmel, der nicht für die vögel da ist, war und ist je für dich da; und ferner: was du dem geringsten Meiner schimpansen, deiner brüder, antust, das hast du dir selbst getan; und abermals: wenn du nicht wirst wie der geringste dieser schimpansen, wirst du nicht in das Reich eingehen.

du fragst: wo ist dieses Reich, das Du mir versprochen hast? Ich aber sage dir: das Reich, das paradies, ist in dir und um dich, und du hältst deine augen, daß du es nicht sehen mußt.

du fragst: ist nicht alles auf meine freiheit, mein glück, meine befriedigung allein angelegt? und Ich sage dir: glück für einen allein gibt es nicht.

du fragst: wo ist das Neue Jerusalem, wo sind die zedertore, wo die edelsteinernen türme? Ich aber sage dir: zweimal zwei ist vier. du hast Meine zedern für deine hurenhäuser gebraucht und Meine edelsteine deinen huren umgehängt, Ich fordere sie nicht zurück, aber zweimal zwei ist vier. soll Ich, der Abwesende, wunder wirken, die du dem Anwesenden nicht glaubtest?

du fragst: hast Du mir nicht den Sohn geschickt mit der Verheißung einer Zukunft, die alle meine zurüstungen übersteigt? Ich aber sage dir: Er hat dir ein beispiel gegeben, daß du tust, wie Er getan hat. geh hin, gib deine untertanen frei und diene, wie Er gedient hat: diene deinen brüdern und schwestern sonne, mond, ochs, esel, schimpansen, ameisen, bäumen, regen und tau.

wen habe Ich je erwählt, den anderes erwartet hat als dienen?

gedenk, daß du staub bist und zum staub zurückkehrst. dann – kannst du Mein Sohn sein.

Inhalt

Erster Teil: Materialien 7

Einleitung 9
Das Bündnis 15
Übung eins: Prominenter Laie auf Safari 31
Das Fest 39
Er kam nicht wieder 49
Orthodoxe und Ketzer 65
Übung zwei: Ein Mann des Heiligen Büros 83
Linsen und Kanonen 91
Magnalia Christi Americana 99
Auf zum letzten Gefecht 113
Übung drei: Ein Spezialist 125
Das progressistische Klima 131

Zweiter Teil: Bilanz und Herausforderung 145

Übung vier: Wissenschaftler im Labor 147
Totaler Erfolg als totale Krise 149
Gefunden und verloren 165
Übung fünf: Der zehnte Kreis 185
Anfrage an die Christen 191
Anfrage an die Sozialisten 207
Übung sechs: Moby Dick in Marienbad 217
Ethischer Ausblick 221
Politische Aussichten 239
Worte des Abwesenden Gottes 251

Gerhard Szczesny

Das sogenannte Gute

Vom Unvermögen der Ideologen

Dieses Buch handelt vom Unvermögen der Ideologen, dem Menschen nützlich zu sein. Ein Linker nimmt Abschied von der Linken, weil sie ihm – wie es seinerzeit schon dem Christentum geschah – auf den Irrweg des Dogmatismus, der Lebens- und Menschenfeindlichkeit geraten zu sein scheint. Der Autor, bekannt geworden durch sein vieldiskutiertes Buch «Die Zukunft des Unglaubens» und als Gründer und Vorsitzender der «Humanistischen Union», zieht in diesem, die ganze Problematik der menschlichen Existenz abschreitenden Essay, die Summe seiner Erfahrungen.

Fritz J. Raddatz / Frankfurter Rundschau: «Entstanden ist ein ungewöhnliches Buch (dem man weiteste Verbreitung wünscht): glanzvoll geschrieben, kontrovers, ja widersprüchlich, höchst ungerecht, von brillanter, nahezu süffiger Intellektualität. Das Buch dann in seiner eindringlichen Rationalität ist ein Leseabenteuer, ist Widerspruch nicht nur gegen Zwang zum Glück, gegen die Verheißung auf eine immer wieder verschobene Freiheit – es ist auch Widerspruch gegen sich selbst. Szczesnys entpolitisierter Politikbegriff ist hochpolitisch, sein Buch, hochgradiger politischer Explosivstoff, gehört zu den wichtigsten Publikationen der letzten Zeit.»

224 Seiten. Geb.